# スーパー図解雑学
# 見てわかる
# 心理学

目白大学教授
渋谷 昌三 監修

心のしくみを知れば、
毎日をもっと
上手に楽しく
過ごせる！

ナツメ社

# 名画にみる心理学

ときとして、１枚の絵が強く心を揺さぶることがあります。絵画には画家の情熱や内面に潜《ひそ》む思いが表現されているのです。絵にこめられた画家の心理を少しさぐってみましょう。

よく見ると、どこか歪《ゆが》んだ画面からゴッホの不安や緊張も伝わってくる

## ゴッホ

**ヴィンセント・ファン・ゴッホ**
**Vincent van Gogh,1853-1890**
オランダの画家。職業を転々としたのち27歳で画家を志す。強烈な色彩で激しい内面世界を表現したが、生前は１枚しか絵が売れなかった

↑「アルルの寝室」1888
ファン・ゴッホ美術館蔵

ゴッホ自身はこの絵を「さまざまな色彩によって絶対的な休息を表現した」と述べている。この寝室のあったアルルの「黄色い家」での画家ゴーギャンとの共同生活は、わずか２か月で破たんし、ゴッホは耳切り事件を起こしたのち、自ら命を絶つ

黄色は最も光に近い色。向上心や意欲を象徴するといわれる

←「ひまわり」1889
ファン・ゴッホ美術館蔵

ゴッホは、色彩は精神を表現するものだと考え、「黄色い家」ですごした３年の間、とりつかれたように黄色い絵を描きづつけた

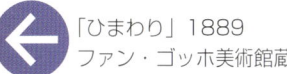

赤い空、うねったフィヨルド、身をくねらせた人物…すべてが見る人の不安をかきたてる

「叫び」1893
オスロ国立美術館蔵

「わたしは2人の友と道を歩いていた。太陽がまさに沈もうとしていて、少し憂《ゆう》うつな気もちになっていた。突然空が血のような赤に染まり、わたしは歩みを止め、疲れはてて手すりにもたれ、青いフィヨルドと町の上に血と剣さながらに燃える雲を見わたした。友は行ってしまい、わたしは不安に震えて立ちつくしていた。そして自然をつらぬく大きな叫び声を聞いた」

（ムンクの日記より）

# ムンク

**エドワルド・ムンク**
**Edvard Munch,1863-1944**
ノルウェーの画家。人の内面に潜《ひそ》む、生命、死、恐怖、孤独などを描きだした。表現主義の先駆者《せんくしゃ》といわれる

「マドンナ」1895
岐阜県美術館蔵

5歳で母、14歳で姉をなくしたムンクは、早くから死や闇《やみ》を恐れながらも惹《ひ》かれていた

死と生命が隣りあわせであることを表現したといわれる

### 空の赤さは噴火の赤さ？

インドネシアのクラカトア火山の大噴火のため、「叫び」が描かれた10年前の1883年には、欧州などで実際に真っ赤な夕焼け空が見られたという記録もある

ギュスターヴ・モロー
Gustave Moreau,1826-1898
フランスの画家。緻密《ちみつ》な画風で神話や聖書を題材にとった作品を描き、独自の神秘的な世界をつくりあげた

# モロー

### ギリシャ悲劇
### ソフォクレス作『オイディプス王』

テーバイの王子オイディプスは、「その子は父を殺し、母をめとる」という神託を得た父王ライオスに捨てられるが、成長したのち道で父王を、そうとは知らず殺してしまう。町の人々を苦しめていたスフィンクスを退治したオイディプスは、テーバイの王妃であり実は母であるイオカステと結ばれる。やがて町に疫病《えきびょう》がはやり、その原因は実の父を殺した自分にあると知ったオイディプスは、自ら両目を刺し、町を出た

「オイディプスとスフィンクス」1864
メトロポリタン美術館蔵

**オーストリアの精神科医フロイトは、ソフォクレスのギリシャ悲劇『オイディプス王』にちなんで、「エディプス・コンプレックス」の理論を唱えた**
(→P55)

この絵はフロイトにインスピレーションを与えたらしい

フロイトは、自らの精神分析の理論を、小説や絵の分析にも応用した。「モナリザ」をはじめ、レオナルド・ダ・ヴィンチの作品についても分析を試みている

レオナルド・ダ・ヴィンチ
「アンナと聖母子」
ルーブル美術館蔵

**フロイトは、レオナルドが実の母と育ての母をアンナとマリアとして描いたと考えた**

# 目は簡単にだまされる

**わたしたちは視覚の情報に依存して生活しています。でも、目がとらえるものがいつも真実だとは限りません。あなたの目はありのままをとらえることができるでしょうか？**

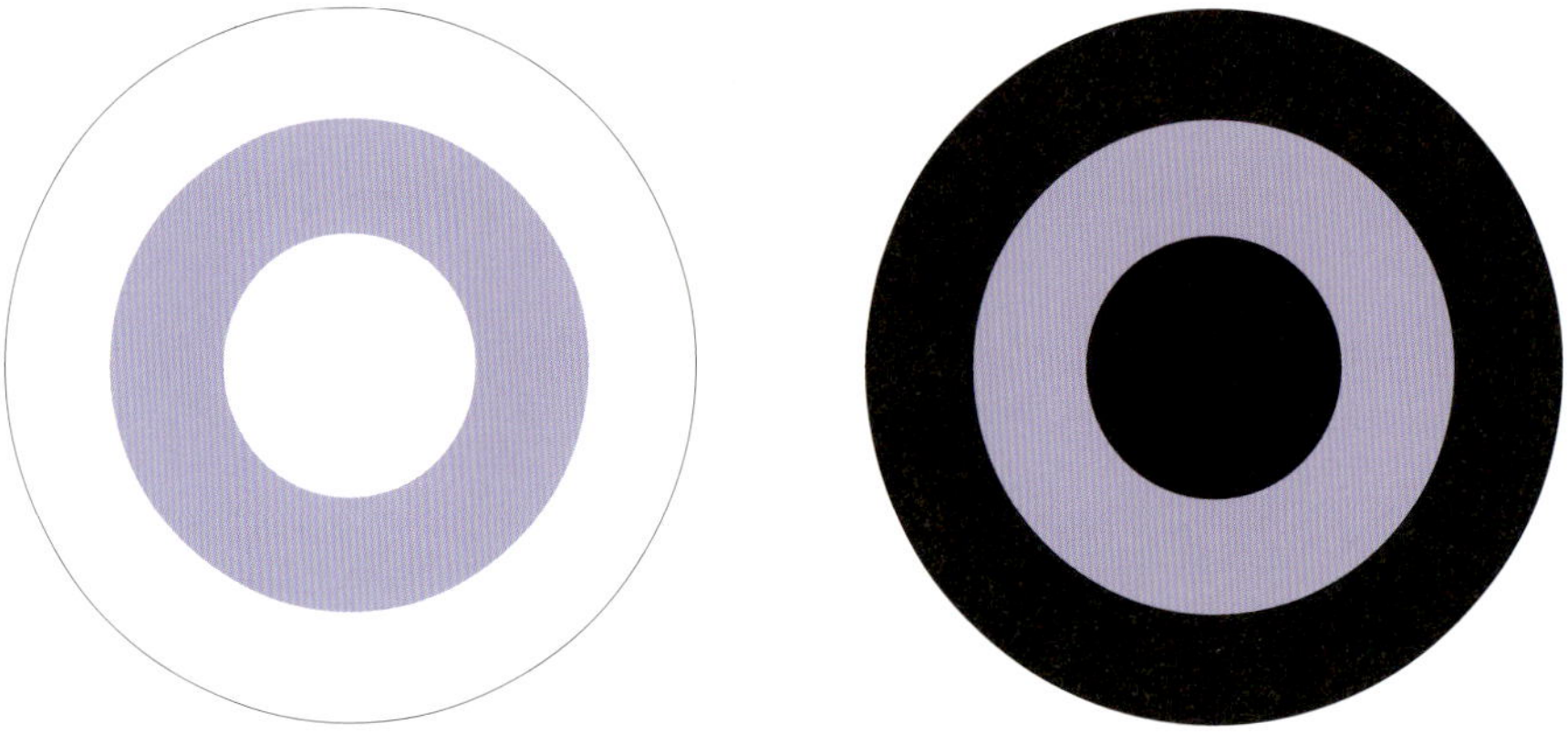

**●対比**
同じ濃度のはずの真ん中の円が、
右側のほうが薄く見える

対比の働きで、まわりの円が小さいと大きく、大きいと小さく見える

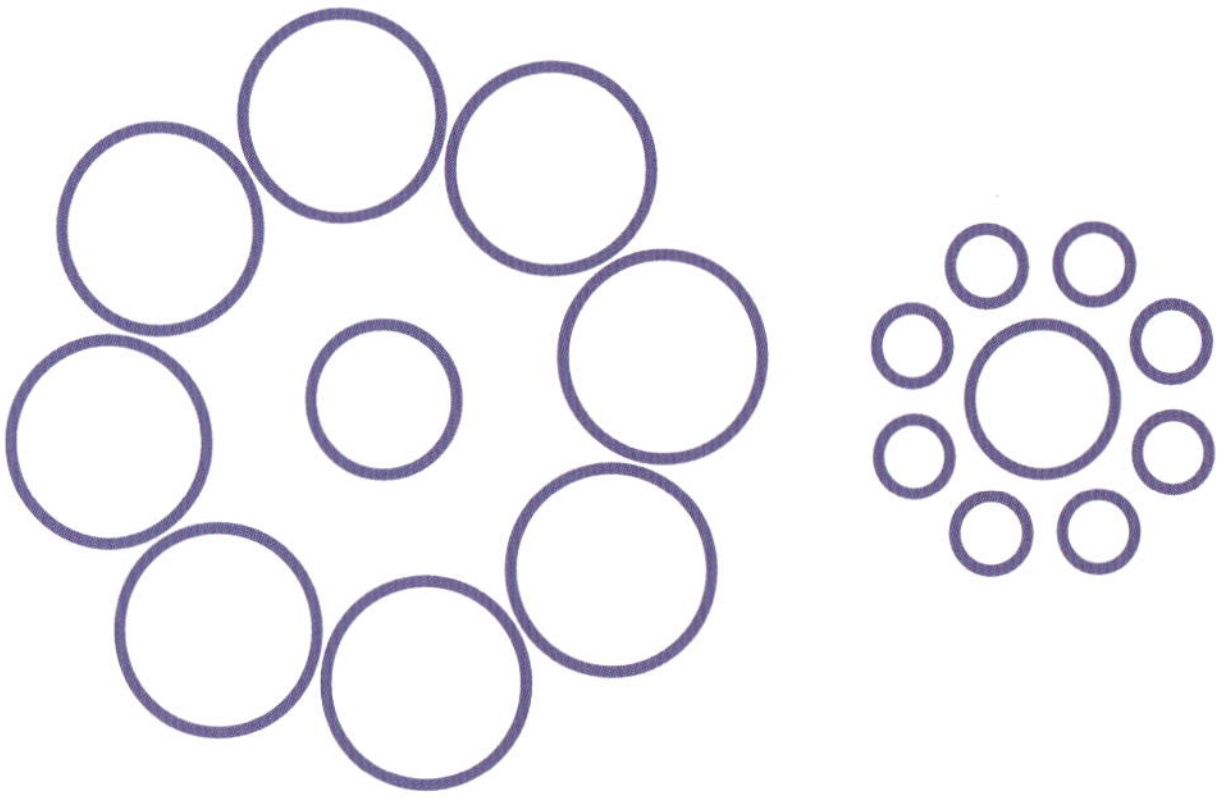

**●エビングハウスの円**
まん中の円は同じ大きさなのに、
右のほうが左よりも大きく見える

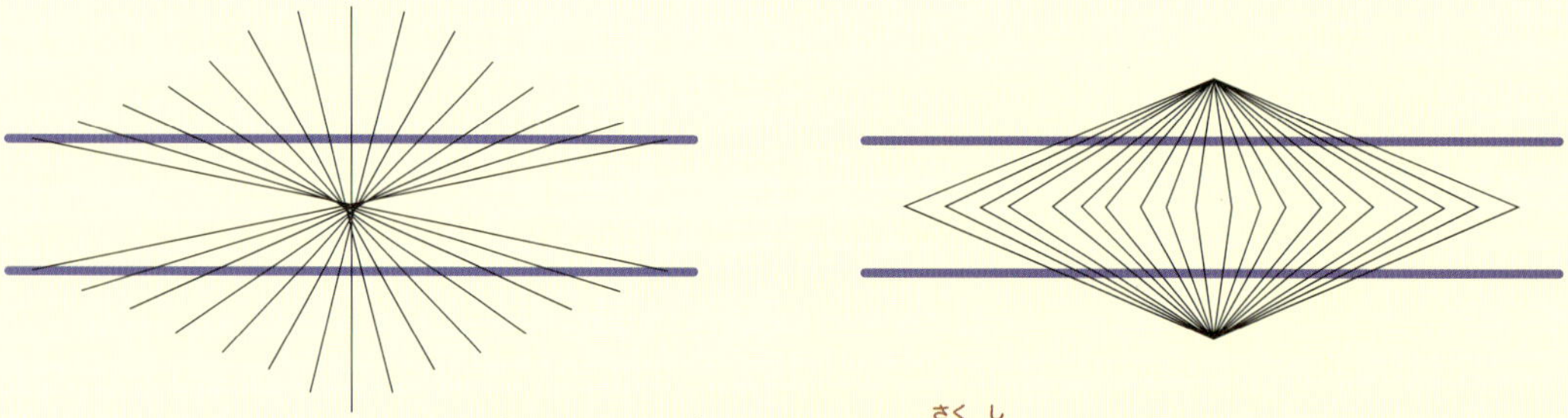

**●ヘリング・ヴントの錯視《さくし》**
後ろにある図形の影響で、平行な２本の直線が曲がって見える。左の図形を「ヘリングの錯視」、右の図形を「ヴントの錯視」という

安野光雅「ふしぎなえ」（福音館書店　原画は安野光雅美術館蔵）

## ●ありえない世界

階段を昇って踊り場を通るとまた階段があった。でも、その階段を昇った先は……？

人は平面の図形を立体としてとらえがち。これもありえない図の1つ

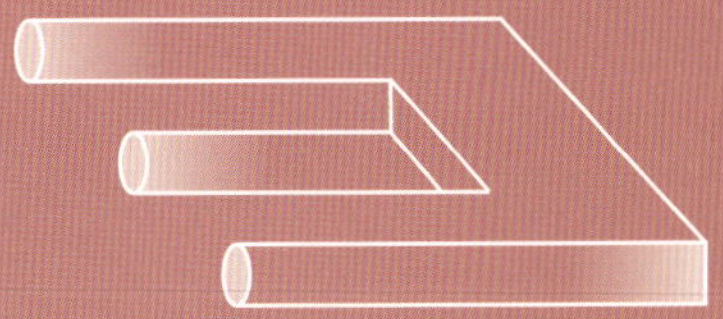

## ●ルビンの盃《さかずき》

浮かびあがって知覚されるものを「図」、背景となるものを「地」という。白い部分を図と見ると盃が見え、黒い部分を図と見ると向きあった人の横顔が見える。2つの図を一度に見ることはできない

# 色であらわす心理マップ

色彩は無意識に働きかけて人の心理に影響を与えます。感情をあらわす色をいくつかピックアップしてみました。いまのあなたの気もちにぴったりくる色があるでしょうか？

## 喜

### 幸福

解放感やなごやかな休息をイメージさせるピンク

おだやかな幸せを思わせる淡く緑がかった黄色

ゆったりした喜びを感じさせる黄色がとけこんだ緑

### 躍動

競技場の芝生などに使われる生命感あふれる黄緑

エネルギーにあふれた赤みの強いオレンジ

鮮やかなピンクやオレンジ、緑は活力に満ちた喜びの色

## 怒

### 情熱

闘牛やフラメンコの衣装のような情熱的なピンク

マサイ族がまとう布のような生命力みなぎる深い赤

### 興奮

激しい怒りや深い憎しみを潜《ひそ》ませている濃い赤

爆発的なエネルギーをもった猛々《たけだけ》しく鮮やかな赤

想像と破壊を象徴する火山をイメージした強い赤

赤は血の色。赤の生命力は怒りや興奮をもあらわす

## リラックス

春の小川のような青みがかった澄んだ緑

安らかで美しい音楽のようなおだやかなピンク

思春期の恋を思わせるような黄色がかったピンク

気楽でナチュラルな淡いオレンジがかった黄色

春がすみのような静かで幻想的な青

満足感や心地よさをあらわす潤いのある青

## 静寂

情感にあふれ哀愁ただよう紫がかった青

ロシアの針葉樹林のような静かで神秘的な深い緑

パステルカラーはおだやかで心地のよい気分をあらわす

冬の木の葉のような寂しく落ち着いた茶色

青は冷たさや涙を、グレーは閉じた心を連想させる

## 哀愁

洪水のように哀しげで不安定なグレー

ひっそりと孤独を味わうような緑がかった白

孤独な人の沈んだ心のようなブルーグレー

## 孤独



久野尚美＋フォルムス・色彩情報研究所『色の小事典　カラー＆イメージ』（グラフィック社）をもとに作成

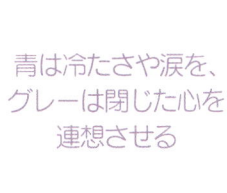

# 色にこめられた意味

色は光があってはじめて色となります。赤外線や紫外線と同じく、可視光線は人の心や体に影響をおよぼしています。可視光線の７色は何を象徴しているのでしょうか？

赤
野性、生命、生殖、性など
生きることの象徴
オレンジ
家庭、労働など
現実的なものの象徴
黄
知恵、意欲、向上心、
好奇心を象徴
緑
平和、バランス、調整など、
社会性を象徴
青
理性、理解、抑制、合理性など、
左脳的なものを象徴
青紫
気品や孤独など、
精神的なものを象徴
紫
神秘、美、死、霊性など、
非現実的なものを象徴
本能
精神

可視光線の７色は虹の７色。波長の長い赤から短い紫に近づくにつれ、より精神的な意味をもつ

## 恋に力を発揮する色は？

女性を優しい気もちにさせるピンクは、恋の成就や結婚を願う女性に最適の色。ただ、結婚をのぞむときに淡いピンクと白の赤ちゃん的配色では、男性に引かれてしまいます。自分に似合うピンクで大人っぽいコーディネートを心がけましょう。男性もピンクのワイシャツを着ると、優しく魅力的に見えてモテるようです。

色気の演出には、美の象徴の紫が効果的です。下着やインテリアに紫を用いて、毎日触れているとよいでしょう。

彼に結婚を決意させるのは、ピンクよりも青です。母なる海のような深い青は、あなたを落ち着きのある女性に見せてくれます。

なお、彼のお宅へのごあいさつには、お母様が嫉妬《しっと》するピンクよりも、家庭の象徴のオレンジが入ったピーチ色のほうが無難です。

# まえがき

このところ、「心理学」「深層心理」といった言葉を、毎日のように見聞きします。性格の分析や恋愛の心理などについてだけでなく、社会的な影響の大きい出来事や事件が起きたときにも、必ずといっていいほど、「心理」が話題になります。どんな組織的な犯罪の背後にも、その行動をもたらす「心理」があります。人の行動は、意識しているにせよ無意識にせよ、心の働きのあらわれなのです。

人が人たるゆえんは、自分はなぜこの世に生を受けたのか、そして、人生の意味に思いをめぐらしている、この「心」とはいったいなんなのかを考えることだといえるでしょう。科学としての「心理学」が生まれたのは、19世紀の後半になってからですが、「心理学」は、人類が誕生して以来の思惟《しい》の歴史のうえに成り立っている、奥深い学問なのです。

本書は、広大な心理学の入り口にいざなう本です。心理学の基本的な知識を、図解を用いながら、テーマごとに見開きでまとめてありますので、興味のあるところから読みすすめてみてください。

本書を手にとったあなたにひとつつけ加えておきたいのは、心理について考えるとき、人と人との関係性や社会全体に目を向けてほしいということです。人は人間関係がうまくいかない原因を、自分や相手の性格のせいにしがちです。しかし、個人の性格とソーシャルスキルとはまた別の問題です。社会は、人と人とのネットワークで成り立っていることを忘れないでほしいと思います。

心理学の知識は、きっとあなたのコミュニケーションを円滑にし、人生を豊かにしてくれることでしょう。本書がその一助となれば幸いです。

渋谷昌三

# もくじ

## 第3章 人の性格と深層心理

第4章

# 人の成長と心理学

第5章 社会で役立つ心理学

第6章

# 心の問題と心理学

写真提供
P2 （上）AFLO
（下）岐阜県美術館
P3 （左）AFLO
P5 （上）福音館書店発行「ふしぎなえ」より
©ANNO & ANNO ART MUSEUM

第1章

# 心理学の基礎の基礎

「心理学」とひとくちにいいますが、
心理学はひじょうに多岐《たき》にわたる学問です。
最初に、心理学の概要と歴史に
簡単に触れておきましょう。

心理学の巨人たち 1

## ウィルヘルム・ヴント
Wilhelm Wundt,1832-1920

ドイツのネッカラウの牧師の子。幼いころから大人びた勉強家だった。はじめ医学を志すが、1858年にハイデルベルグ大の生理学教授ヘルムホルツの助手となり、しだいに心理学に関心をもつ。74年『生理学的心理学綱要』を出版し、実験心理学を確立。79年にはライプチヒに世界初の心理学実験室を創設、世界中の学者に指導し、「心理学の父」といわれた。時間ぴったりに黒づくめの服装であらわれて講義をしたという。

# 「心」を科学的に分析するのが心理学

## 「心理学」ってどんなもの？

「心」とは何か。この古くて新しい問いに対して、科学的なアプローチをして、心について研究するのが「心理学」です。

心は目には見えないので、観察することができません。そこで「心理学」は、外にあらわれた「行動」を観察して、行動の理由や原因を分析し、内にある心の動きを明らかにしようとします。

心理学でいう「行動」とは、歩く、楽器を奏《かな》でる、笑う、泣くなどの目に見える動作のほか、考えたり感動したりすることや言葉なども含みます。ひとことでいえば、現代の心理学は「行動理解の学問」だといえます。

## 基礎のうえに応用がある

心理学は大きく「基礎心理学」と「応用心理学」の2つに分かれます。

基礎心理学は、実験・観察・調査をもとに、心理学の基礎となる法則を研究していく心理学です。応用心理学は、基礎心理学で得た法則を実際の現場で役立てる心理学です。膨大《ぼうだい》な基礎研究のうえに、臨床心理学や性格心理学などの応用心理学が成り立っているのです。

### 心理学は行動を手がかりにする

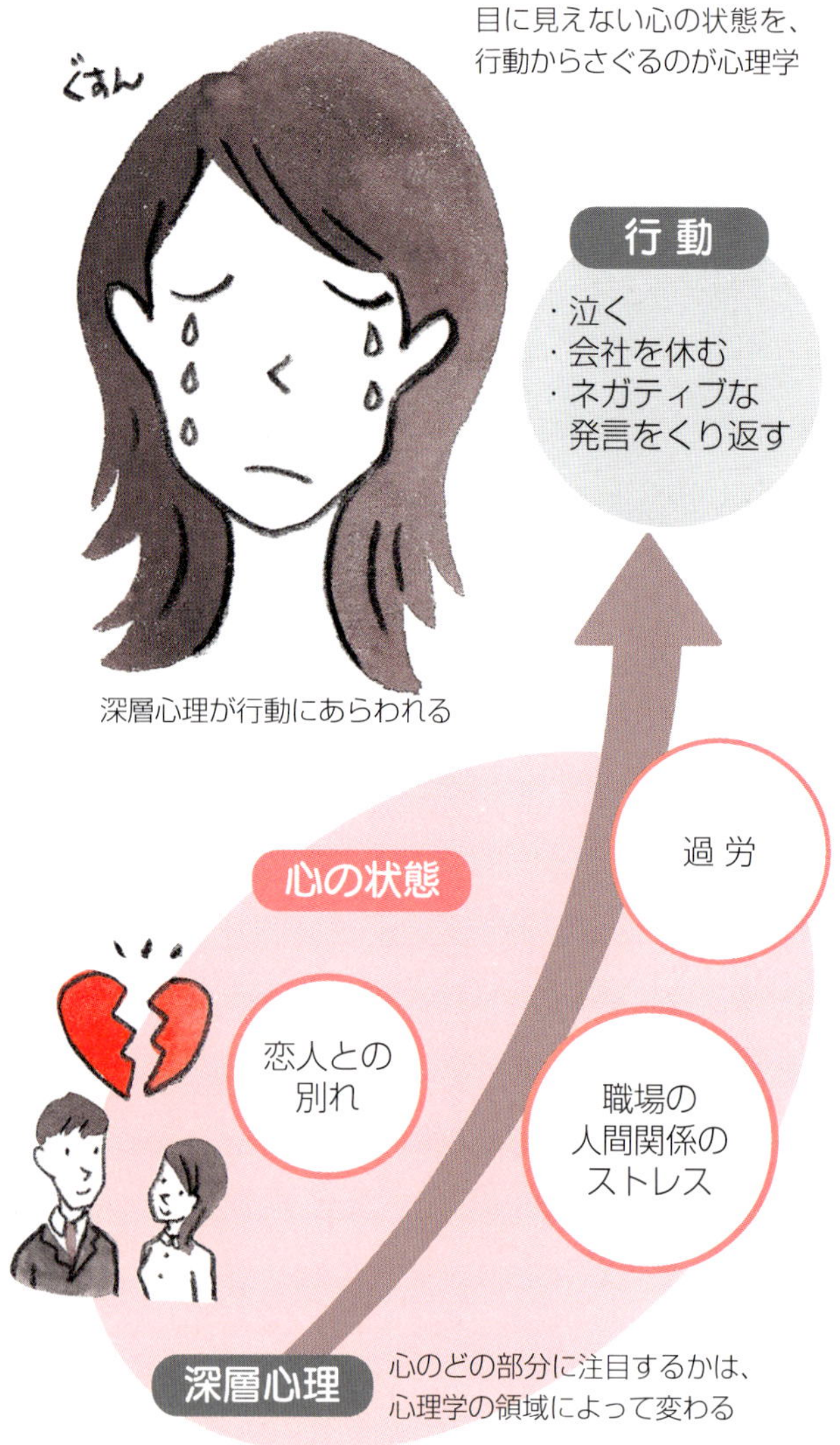
目に見えない心の状態を、
行動からさぐるのが心理学
ぐすん
行動
・泣く
・会社を休む
・ネガティブな
発言をくり返す
深層心理が行動にあらわれる
心の状態
過労
恋人との
別れ
職場の
人間関係の
ストレス
深層心理
心のどの部分に注目するかは、
心理学の領域によって変わる

Column

### 「○○心理学」がふえるワケ

**人間は「心」をもっているので、人間が関係する事柄にはすべて心理学がかかわっています。ITが発達し、インターネットの使用があたりまえになった現代では、「IT心理学」「ブログ心理学」「ネット株心理学」のような言葉を目にするようになりました。社会で新たな分野が開拓されればされるだけ、「○○心理学」が誕生するのです。**

心理学概論

# 心理学にはさまざまな領域がある

心理学の領域の分け方は１つではない。また、ここに載せた領域はごく一部。特に応用心理学の領域はひじょうに多《た》岐《き》にわたる

## 応用心理学

**● スポーツ心理学**
スポーツと人間のかかわりを心理学的に研究する

**● 臨床心理学**
心の問題に苦しむ人の、問題の原因を明らかにし、問題への対処の援助をする

**● 犯罪心理学**
犯罪の抑止や犯罪者の更生《こうせい》を目的に、犯罪行為の分析・研究をする

**● 家族心理学**
家族にかかわる心理や問題の研究、家族単位の心理療法に取り組む

**● 災害心理学**
災害に遭遇した人の心理や、被災者の心の傷のケアについて研究する

**● 性格心理学**
性格（パーソナリティ）が形成される要因や性格の分類などについて研究する

**● 産業心理学**
企業などの組織における心理やマーケティングなどについて研究する

**● 教育心理学**
心理学の理論を教育活動に活《い》かし、教育効果を高める研究をする

基礎心理学と応用心理学は、ひんぱんに行き来し、互いの成果を役立てあっている

## 基礎心理学

基礎心理学は、実験や観察・調査などが中心の地道なものが多い

**● 社会心理学**
対個人、対集団など、社会での個人や集団の行動のメカニズムを研究する

**● 発達心理学**
人の発達のしくみや人の一生の各段階の心身や行動の変化を研究する

**● 認知心理学**
人間の知的な情報処理のメカニズムを研究する。コンピュータとの比較も盛ん

**● 欲求心理学**
人を行動に駆り立てる動機や欲求と、それらから生じる行動について研究する

**● 感情心理学**
喜怒哀楽をはじめとする人の感情や情動のしくみについて研究する

**● 行動分析学**
人間や動物の行動の法則や原因を発見し行動の問題の解決をはかる

# 心理学の起源はギリシャ哲学にあり

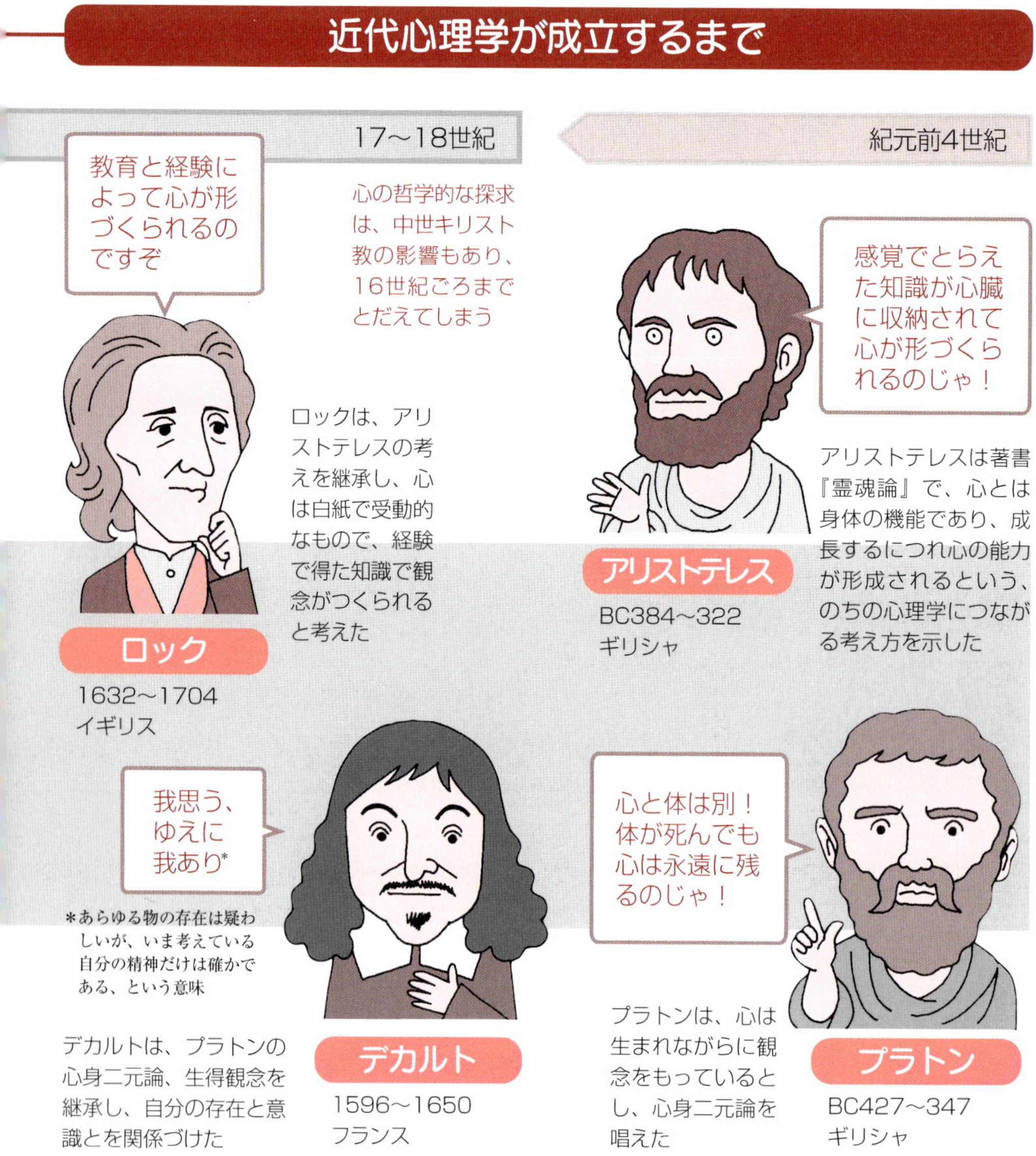
近代心理学が成立するまで
紀元前4世紀
感覚でとらえた知識が心臓に収納されて心が形づくられるのじゃ！
アリストテレス
BC384〜322
ギリシャ
アリストテレスは著書『霊魂論』で、心とは身体の機能であり、成長するにつれ心の能力が形成されるという、のちの心理学につながる考え方を示した
心と体は別！体が死んでも心は永遠に残るのじゃ！
プラトン
BC427〜347
ギリシャ
プラトンは、心は生まれながらに観念をもっているとし、心身二元論を唱えた
17〜18世紀
心の哲学的な探求は、中世キリスト教の影響もあり、16世紀ごろまでとだえてしまう
教育と経験によって心が形づくられるのですぞ
ロック
1632〜1704
イギリス
ロックは、アリストテレスの考えを継承し、心は白紙で受動的なもので、経験で得た知識で観念がつくられると考えた
我思う、ゆえに我あり*
＊あらゆる物の存在は疑わしいが、いま考えている自分の精神だけは確かである、という意味
デカルト
1596〜1650
フランス
デカルトは、プラトンの心身二元論、生得観念を継承し、自分の存在と意識とを関係づけた

## 哲学者たちの心の探求の時代

ドイツの心理学者エビングハウスの「心理学の過去は長い。しかし、歴史は短い」という言葉のように、「心理学」という言葉が生まれる前から、人間は、心とは何か、心とはどこにあるのかについて考えてきました。

心についての学問的考察をはじめて示したのは、古代ギリシャの哲学者アリストテレスだといわれています。

その後、暗黒の時代中世を経て、ルネッサンスの人間解放の気運とともに、再びデカルトやカント、ロックといった西欧の哲学者たちが、心の探求をはじめました。

## 精神物理学の登場が心理学を生んだ

18世紀になると、自然科学がめざましい発展をとげます。19世紀半ば、ダーウィンの進化論発表の翌年、ドイツの物理学者フェヒナーが「精神物理学」という学問を提唱し、物理的な

刺激と人間の感覚との関係を数値であらわすことを試みました。これに続き、同じドイツ人のヴントが、科学的な実験によって心を研究する「実験心理学」を旗揚げします。ここに近代心理学の歴史がはじまったのです。

1826
ドイツの哲学者ヘルバルトが『心理学教科書』を著す

このときはじめて「心理学」という言葉が使われる

1860
ドイツの物理学者フェヒナーが『精神物理学要綱』を著す

近代心理学

1879
ヴントがライプチヒ大学に世界初の心理学実験室を創設

「心理学元年」といわれる

1900
オーストリアの精神科医フロイトが、『夢判断』を著す

1912
ドイツのウェルトハイマー、ケーラー、コフカらが「ゲシュタルト心理学派」を形成

1913
アメリカの動物学者ワトソンが、論文『行動主義者の見た心理学』を発表

1948
スイスの精神医学者ユングが、チューリッヒにユング研究所を設立

当時、ライプチヒは心理学のメッカだったのだ

ヴントの実験室には、アメリカをはじめとする世界各地から学生が集まった。ヴントに学んだ学生は約2万4千人にのぼるという

ヴント
1832～1920
ドイツ

### ヴントの実験心理学

ヴントは、水が酸素と水素で構成されるように、心も複数の要素が統合されて構成されているものと考えた。この考え方を「構成主義」という。また、ヴントは外から人の体を観察する生理学にならい、人の心を内から観察しようとした（内観法）

Column

## 心理学はさまざまな学問の融合体

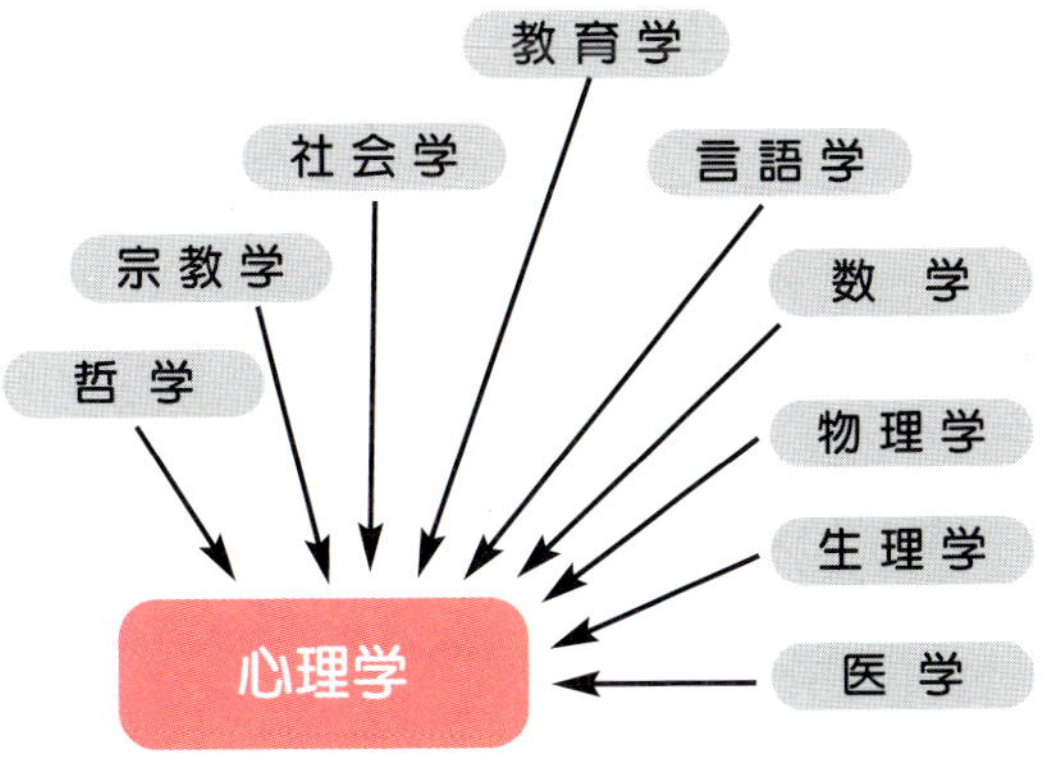


「理系と文系の中間」といわれるように、心理学には、哲学と生理学以外にも、自然科学系・人文科学系のいろいろな学問が影響を与えています。

心理学は、いまもほかの学問と深くかかわりあい、互いに発展しつづけているのです。

# 現代につながるヴント以後の心理学の流れ

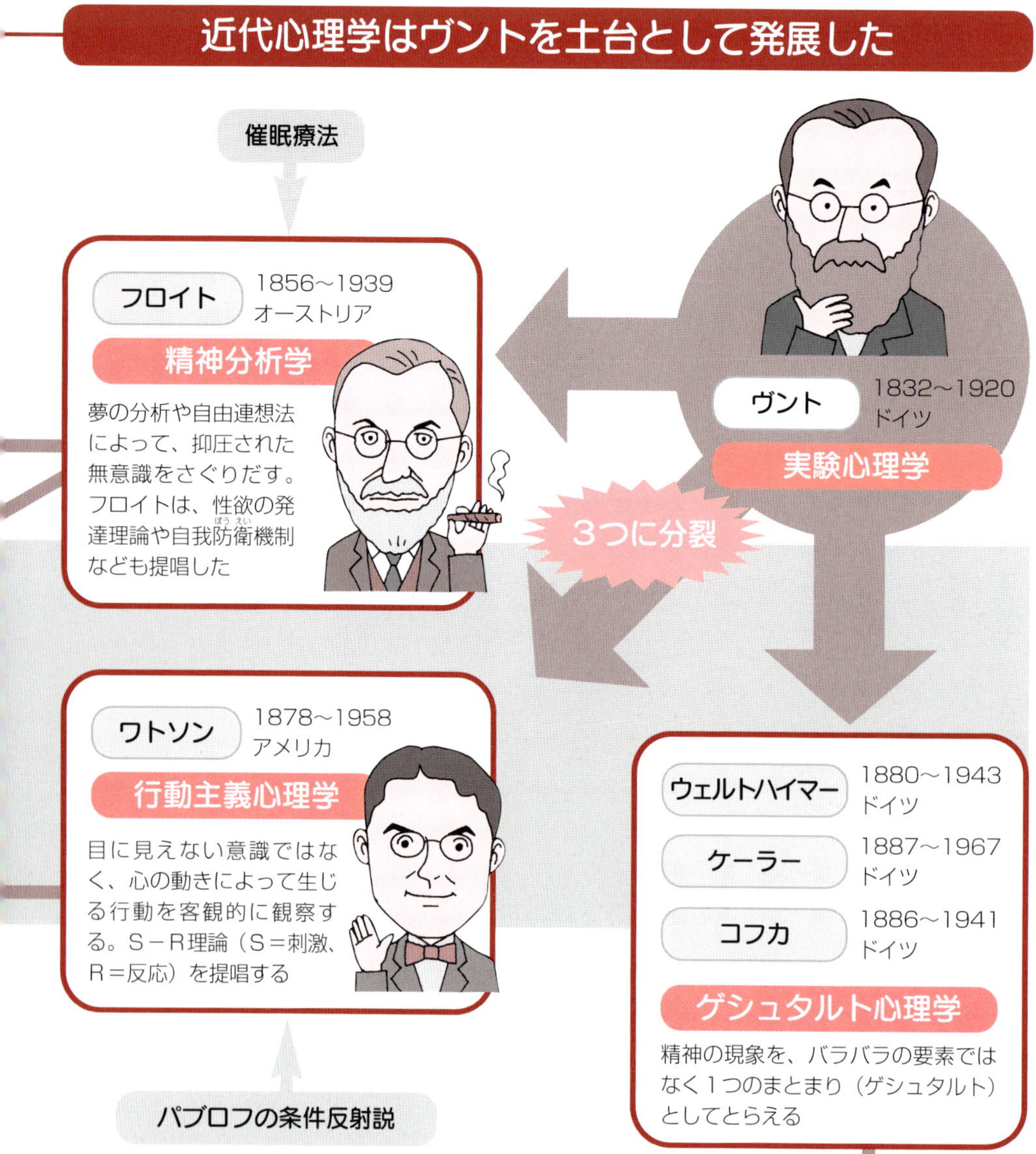
近代心理学はヴントを土台として発展した
催眠療法
フロイト 1856～1939 オーストリア
精神分析学
夢の分析や自由連想法によって、抑圧された無意識をさぐりだす。フロイトは、性欲の発達理論や自我防衛《ぼうえい》機制なども提唱した
ヴント 1832～1920 ドイツ
実験心理学
3つに分裂
ワトソン 1878～1958 アメリカ
行動主義心理学
目に見えない意識ではなく、心の動きによって生じる行動を客観的に観察する。S－R理論（S＝刺激、R＝反応）を提唱する
パブロフの条件反射説
ウェルトハイマー 1880～1943 ドイツ
ケーラー 1887～1967 ドイツ
コフカ 1886～1941 ドイツ
ゲシュタルト心理学
精神の現象を、バラバラの要素ではなく1つのまとまり（ゲシュタルト）としてとらえる

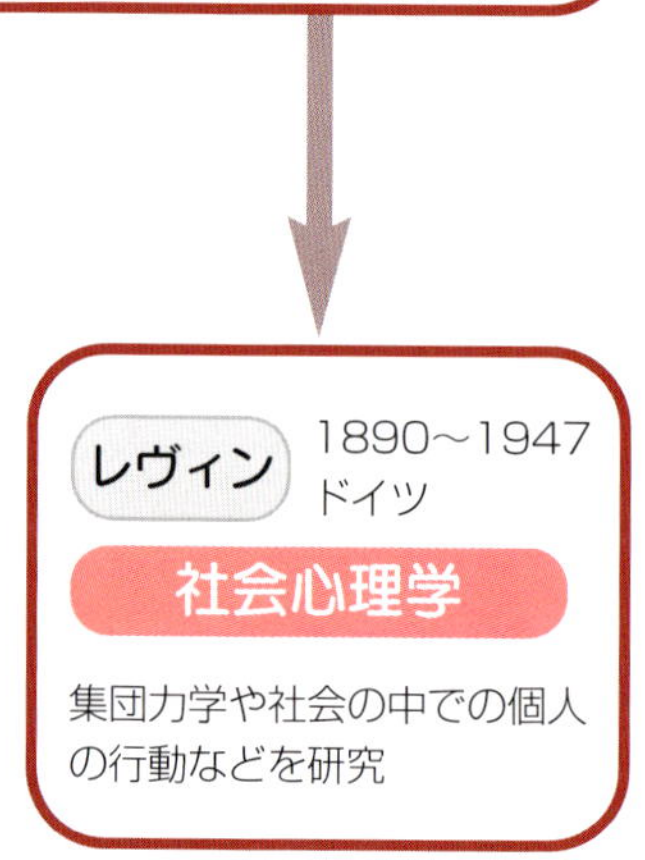
レヴィン 1890～1947 ドイツ
社会心理学
集団力学や社会の中での個人の行動などを研究

代表的な心理学の相関図を上に記したが、これはあくまで一例。ほかにもいろいろな示し方がある

## ヴントに対抗して起こった3つの心理学

20世紀になると、「心理学の父」といわれたヴントの全盛期は終わりを告げ、ヴントと異なる考え方の心理学が次々に誕生しました。

第一は、アメリカの心理学者ワトソンが提唱した行動主義心理学です。ワトソンは、あいまいで主観的な意識の観察ではなく、人の行動の客観的な研究こそ、科学としての心理学のあるべき姿だと考えました。しかし、ワトソンの行動主義は意識を極端に排除したため、のちに行動の主体を含めて研究する新行動主義が生まれました。新行動主義心理学は、現代心理学の主流の1つとなっています。

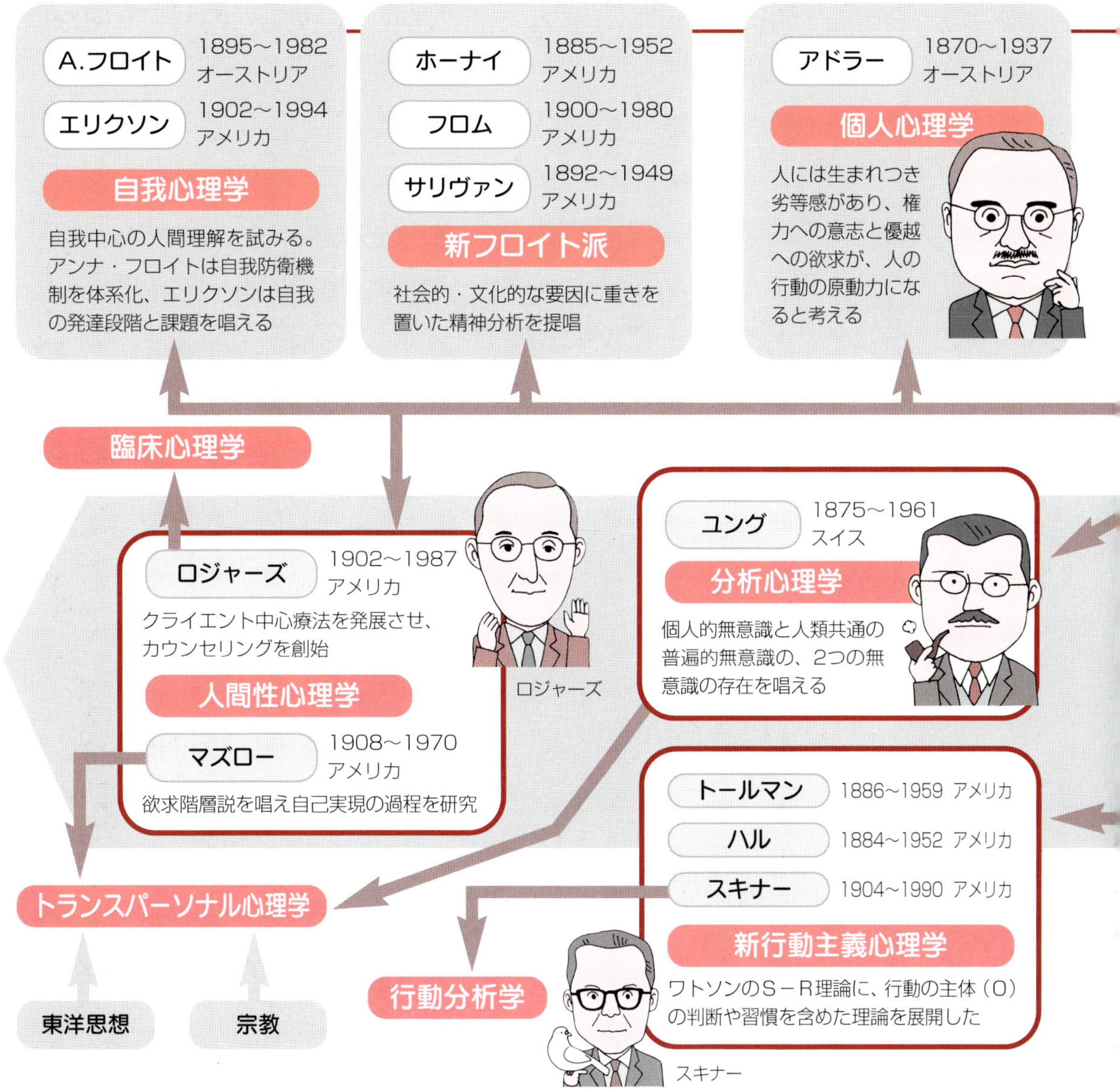
A.フロイト
1895〜1982
オーストリア
エリクソン
1902〜1994
アメリカ
自我心理学
自我中心の人間理解を試みる。アンナ・フロイトは自我防衛機制を体系化、エリクソンは自我の発達段階と課題を唱える
ホーナイ
1885〜1952
アメリカ
フロム
1900〜1980
アメリカ
サリヴァン
1892〜1949
アメリカ
新フロイト派
社会的・文化的な要因に重きを置いた精神分析を提唱
アドラー
1870〜1937
オーストリア
個人心理学
人には生まれつき劣等感があり、権力への意志と優越への欲求が、人の行動の原動力になると考える
臨床心理学
ロジャーズ
1902〜1987
アメリカ
クライエント中心療法を発展させ、カウンセリングを創始
人間性心理学
マズロー
1908〜1970
アメリカ
欲求階層説を唱え自己実現の過程を研究
ロジャーズ
ユング
1875〜1961
スイス
分析心理学
個人的無意識と人類共通の普遍的無意識の、2つの無意識の存在を唱える
トールマン
1886〜1959 アメリカ
ハル
1884〜1952 アメリカ
スキナー
1904〜1990 アメリカ
新行動主義心理学
ワトソンのS－R理論に、行動の主体（O）の判断や習慣を含めた理論を展開した
トランスパーソナル心理学
東洋思想
宗教
行動分析学
スキナー

Column

## 日本の心理学の歴史

哲学者の西周《にしあまね》はpsychologyの訳語として「心理学」という語を日本ではじめて1878年に用いました。1889年にはドイツに学んだ元良勇次郎《もとらゆうじろう》が東京大学に心理学講座を開講、その後松本亦太郎《まつもとまたたろう》が京都大学に心理学実験室を開設し、日本心理学会を設立しました。元良は「日本のヴント」とも呼ばれています。

戦後は、アメリカの心理学の影響が強くなりましたが、臨床心理学の分野などでは、東洋思想を基盤とする日本独自の心理学や療法なども発展しています。

第二は、心は個々の要素ではなく、まとまった形態でとらえるべきだと提唱したゲシュタルト心理学です。学派の1人だったレヴィンは、集団の原理を研究し、社会心理学の祖となりました。

第三は、同じころ精神医学界から誕生した、意識でなく無意識に重きを置く精神分析学です。フロイトが創始した精神分析理論は、弟子のユングやアドラー、新フロイト派らの理論とともに体系化され、今日《こんにち》まで続いています。

20世紀後半になると、自己実現を重んじる人間性心理学や、東洋思想の影響の強いトランスパーソナル心理学などが誕生しました。

# 多くを語る目のしぐさ

## 目の動きから性格がわかる?

人の目の動きには性格があらわれるという研究があります。何かむずかしい質問をされたとき、目を右に動かして考える人は理数系、左に動かして考える人は人文系の学問が得意であることが多いそうです。また、右に動かす人は、睡眠時間が短く異性に対して消極的、左に動かす人は、社交的だが暗示にかかりやすい傾向にあるそうです。

ただし、これはあくまで男性の場合。女性の場合は、性格にかかわらず両方に目を動かす人が多いということです。

## 目は口ほどにものを言う

好きな相手のことは、できるだけ長く見つめていたいと思うでしょう。視線がよく合う相手とは、互いに好意をもっている可能性大です。これは、相手を見つめたいという気もちだけでなく、相手が何を考えているのかをさぐろうとして、相手を見つめることも多くなるためです。

しかし、あなたを凝視するような視線を感じるときは要注意です。もし相手の口もとが緊張していたら、相手はあなたに反撃するチャンスをねらっています。

視線を合わせなかったりさりげなくそらしたりする場合は、話題に興味がないか、あなたのことを嫌っているしるしです。ただし、恥ずかしさからの場合もあるので、この判断は少々むずかしいときもあります。

人は親密度によって視線を使い分けています。さほど親しくない相手とは、視線を合わせすぎないのが一般的な礼儀ですが、必要以上に視線をそらしているのも冷淡な態度だと思われるので、注意が必要です。

## まばたきが多いと信用されない?

結婚式のスピーチや職場のプレゼンテーションなどのときにまばたきが多くなったことはありませんか? 心理学では、まばたきは緊張のバロメーターで、緊張度に比例して回数がふえるとされています。

もし、話をしている相手がやたらにまばたきをしていたら、相手は緊張状態にある証拠です。場合によっては、その話が信頼に足るものかどうか、一歩引いて考えてみたほうがいいかもしれません。

ただし、行動的、挑戦的な野心家タイプ(「タイプA」と呼ばれます)の人でまばたきが多い人もいます。これは、タイプAの人が緊張状態にあることが多いからだとも考えられています。

# 第2章 心のしくみを知ろう

人の心は脳にあることがわかっています。
知覚、学習、感情、欲求などの
人の心の基本的なメカニズムは
どうなっているのでしょうか。

心理学の巨人たち 2

## ジョン・ブローダス・ワトソン
John Broadus Watson, 1878-1958

アメリカのサウス・カロライナ州の農民の子。少年時代、傷害事件の逮捕歴がある。大学卒業後教職についたのち、シカゴ大の心理学科の大学院で動物心理を研究。1913年にはヴントの心理学に対抗する論文『行動主義者の見た心理学』を発表。2年後アメリカ心理学会会長となったが、赤ん坊を使った実験への非難や不倫騒ぎで20年に免職となる。のちも広告調査の仕事のかたわら研究や著作を続けたが、研究者には戻ることなく一生を終えた。

# 「心」とは脳が生みだすもの

## ドキドキするのは心臓のしわざではない

心のことをハートのマークであらわすことが多いように、19世紀半ばごろまで、いにしえの人は心は心臓にあるものだと考えていたようです。緊張すると鼓動が速くなるような生理現象も、長いことそのように思われてきた原因の1つでしょう。

1861年、フランスの外科医ブローカが、失語症患者の研究から大脳の言語中枢《ちゅうすう》を発見し、脳が心を動かしているらしいことがわかりました。心が脳と密接な関係にあるとわかったのは、それほど遠い昔ではないのです。

近年では、心は脳の機能の1つであるとされています。緊張して心臓がドキドキするのは、脳が心臓に命令を出すからなのです。

## それぞれの心の働きに対応する部分がある

人間の精神活動をつかさどる大脳は、3層構造でできています。真ん中の層の大脳辺縁系《へんえんけい》は

### 大脳は3つの層からできている

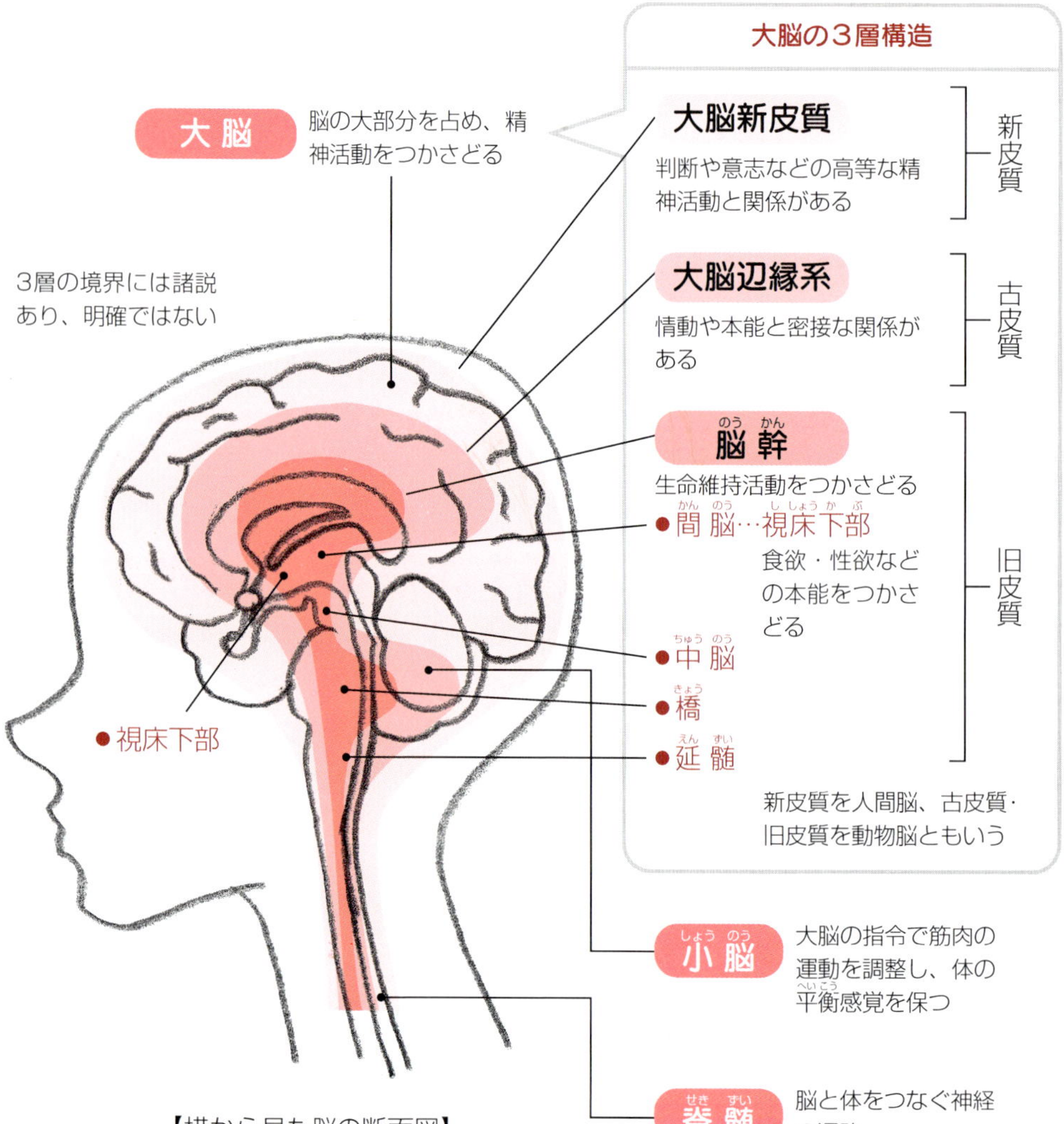
大脳の3層構造
大脳新皮質
判断や意志などの高等な精神活動と関係がある
新皮質
大脳辺縁系
情動や本能と密接な関係がある
古皮質
脳幹《のう かん》
生命維持活動をつかさどる
間脳《かん のう》…視床下部《し しょう か ぶ》
食欲・性欲などの本能をつかさどる
中脳《ちゅう のう》
橋《きょう》
延髄《えん ずい》
旧皮質
新皮質を人間脳、古皮質・旧皮質を動物脳ともいう
大脳
脳の大部分を占め、精神活動をつかさどる
3層の境界には諸説あり、明確ではない
視床下部
小脳《しょう のう》
大脳の指令で筋肉の運動を調整し、体の平衡《へいこう》感覚を保つ
脊髄《せき ずい》
脳と体をつなぐ神経の通路

【横から見た脳の断面図】

「旧哺乳類《ほにゅうるい》脳」と呼ばれ、情動（喜怒哀楽などの急激に起こる感情）に深くかかわります。外側の大脳新皮質《しんひしつ》は、理性的な判断や意志などの高等な精神活動の大半をつかさどっているといわれます。人間はほかの動物に比べ、大脳新皮質がひじょうに発達しているため、大脳新皮質は「新哺乳類脳」「人間脳」とも呼ばれます。

脳の研究は日進月歩です。脳を理解すれば、心の働きのすべてがわかるわけではありませんが、大脳生理学の知識は、現代の心理学には欠かせないものとなっています。

Column

## 無気力人間を生むロボトミー

「カッコーの巣の上で」（1975、アメリカ）という映画を知っていますか？　刑務所から脱走して精神病院に入れられた主人公が、病院内でも人間らしくあろうとして行動するうちに危険人物とみなされ、ロボトミー手術を施されて感情を失う物語です。

ロボトミーは、前頭葉《ぜんとうよう》の前頭連合野から他の部分をつなぐ神経線維を切断する手術で、1930年代～60年ごろ、統合失調症患者などに対して行われました。手術を受けた人物は、おとなしくなるかわりに何事にも無関心となり、意欲をなくしてしまいます。そのため、非人道的だとして現在は行われていません。

## 大脳新皮質は４つの葉に分かれる

大脳皮質は溝《こう》によって、前頭葉、頭頂葉《とうちょうよう》、側頭葉《そくとうよう》、後頭葉《こうとうよう》の4つのまとまりに分けられる。それぞれ異なる働きをもっている

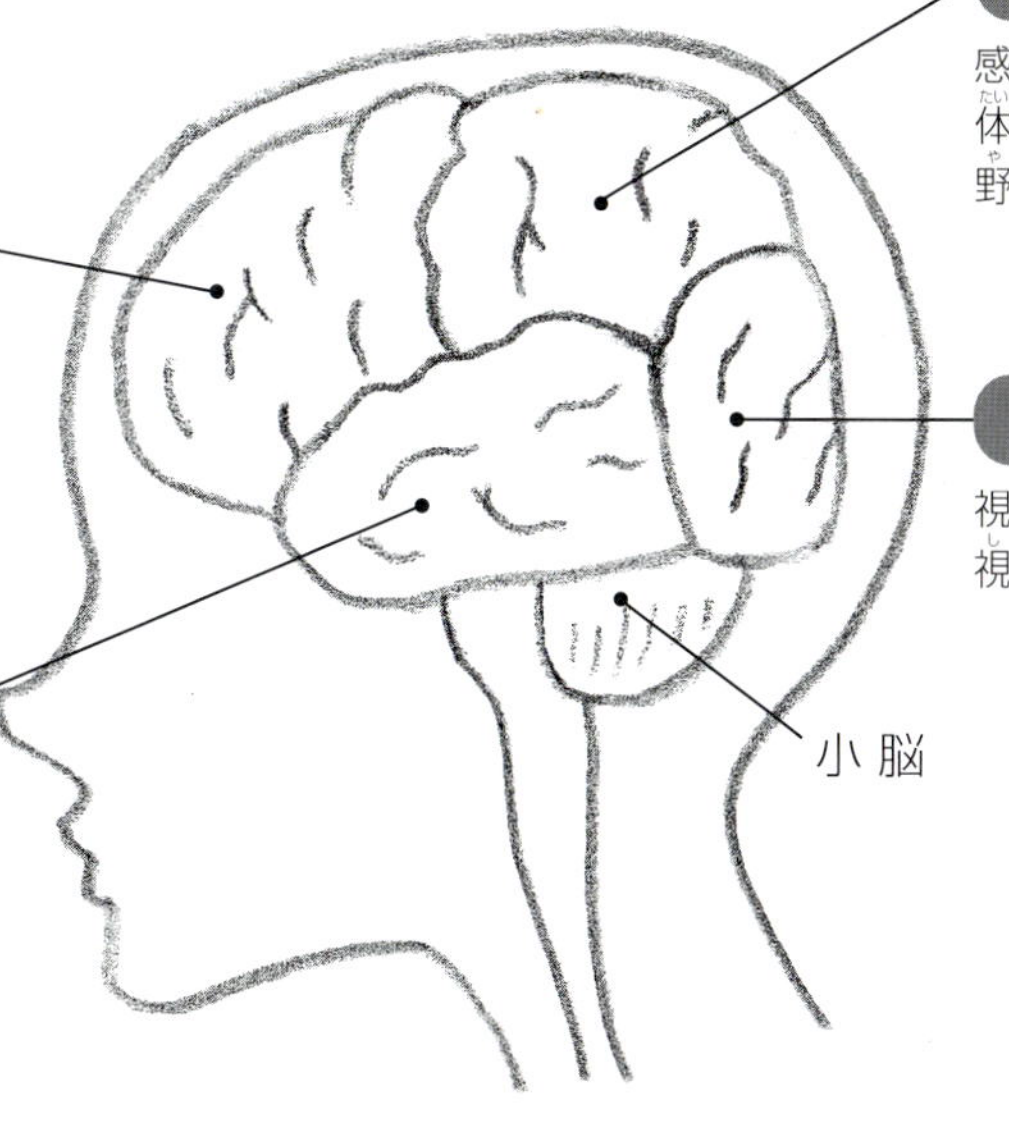
前頭葉
運動の指令を出す。言語、判断、創造性をつかさどる。運動《うんどう》野《や》、前頭前野《ぜんとうぜんや》、ブローカの運動性言語野《うんどうせいげんごや》などがある
側頭葉
聴覚情報、記憶、形や色をつかさどる。聴覚野《ちょうかくや》、側頭連合野《そくとうれんごうや》、聴覚性言語野《ちょうかくせいげんごや》などがある
頭頂葉
感覚情報をつかさどる。体性感覚野《たいせいかんかくや》、頭頂連合《とうちょうれんごう》野《や》などがある
後頭葉
視覚情報をつかさどる。視覚野《しかくや》がある
小脳

## 大脳辺縁系のおもな機能

それぞれの境界は明確ではない

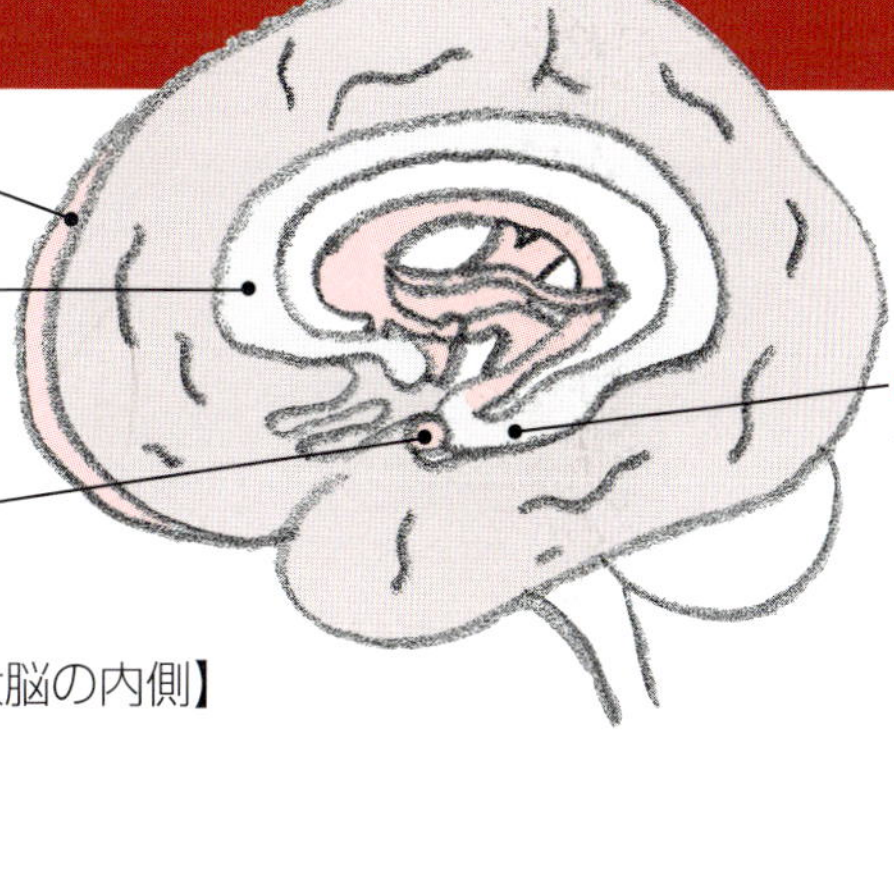
大脳新皮質
帯状回《たいじょうかい》
動機づけ、やる気にかかわる
扁桃核《へんとうかく》
快・不快や好意などの判断を行う
海馬《かいば》
記憶を管理する

【大脳の内側】

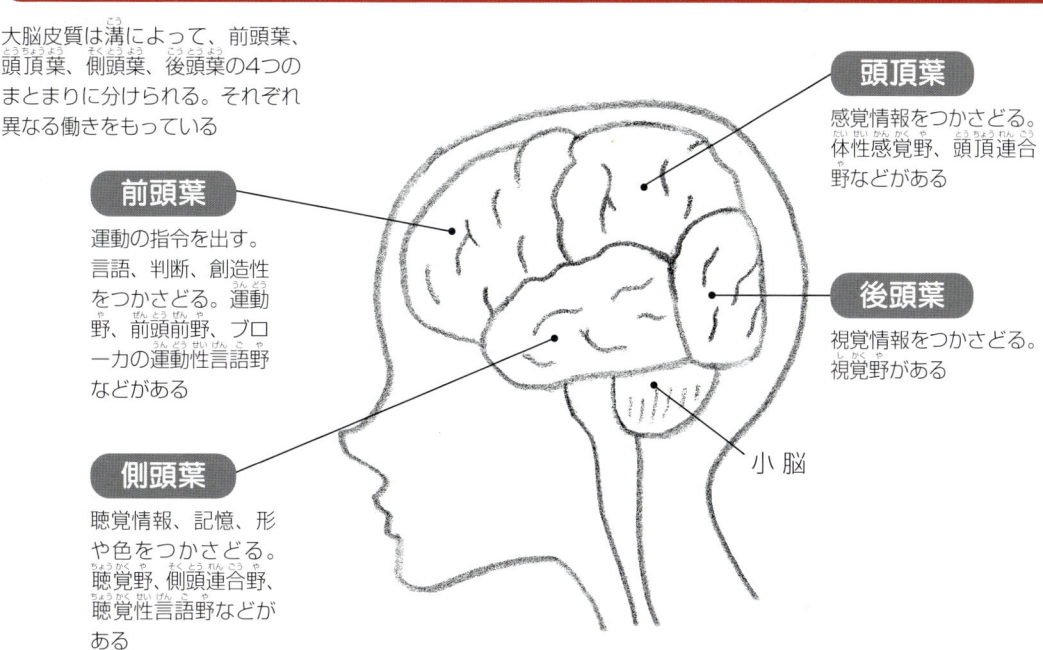

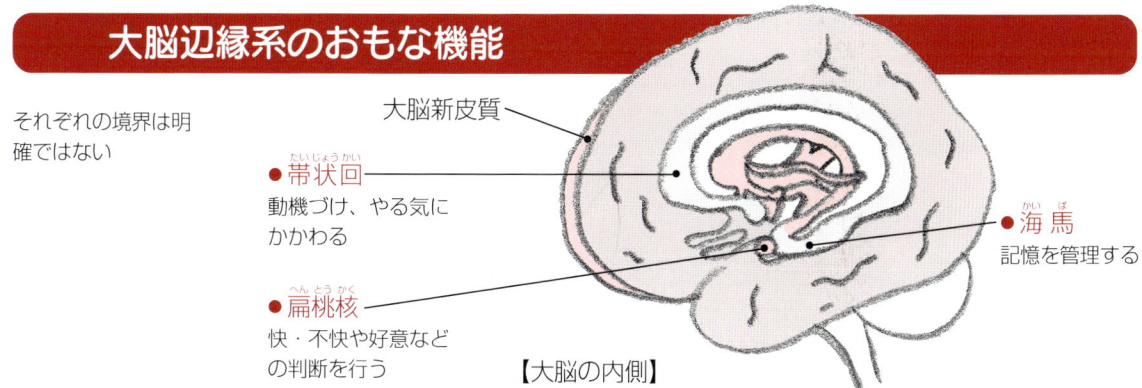

# わたしたちの日常をささえている感覚と知覚

## 感覚の情報をもとに認識するのが知覚

人は、感覚器官によって、外界から多くの情報を取り入れています。人の脳は、情報の重要度や意味を、過去の経験などから一瞬で判断し、適した行動をとらせます。この、情報を認識する働きが「知覚」です。わたしたちの日常は、感覚による情報の取りこみと知覚の情報処理によって成り立っているのです。

同じ状況に置かれて同じ情報が与えられても、人によってとる行動がさまざまなのは、過去の経験は人によって異なり、知覚に個人差があるからなのです。

### 知覚は感覚の情報＋過去のデータ

ワン
ワン

道で犬と遭遇した場合、犬に接近したりよけたりする行動をとるまでには、以下のような情報処理が行われる

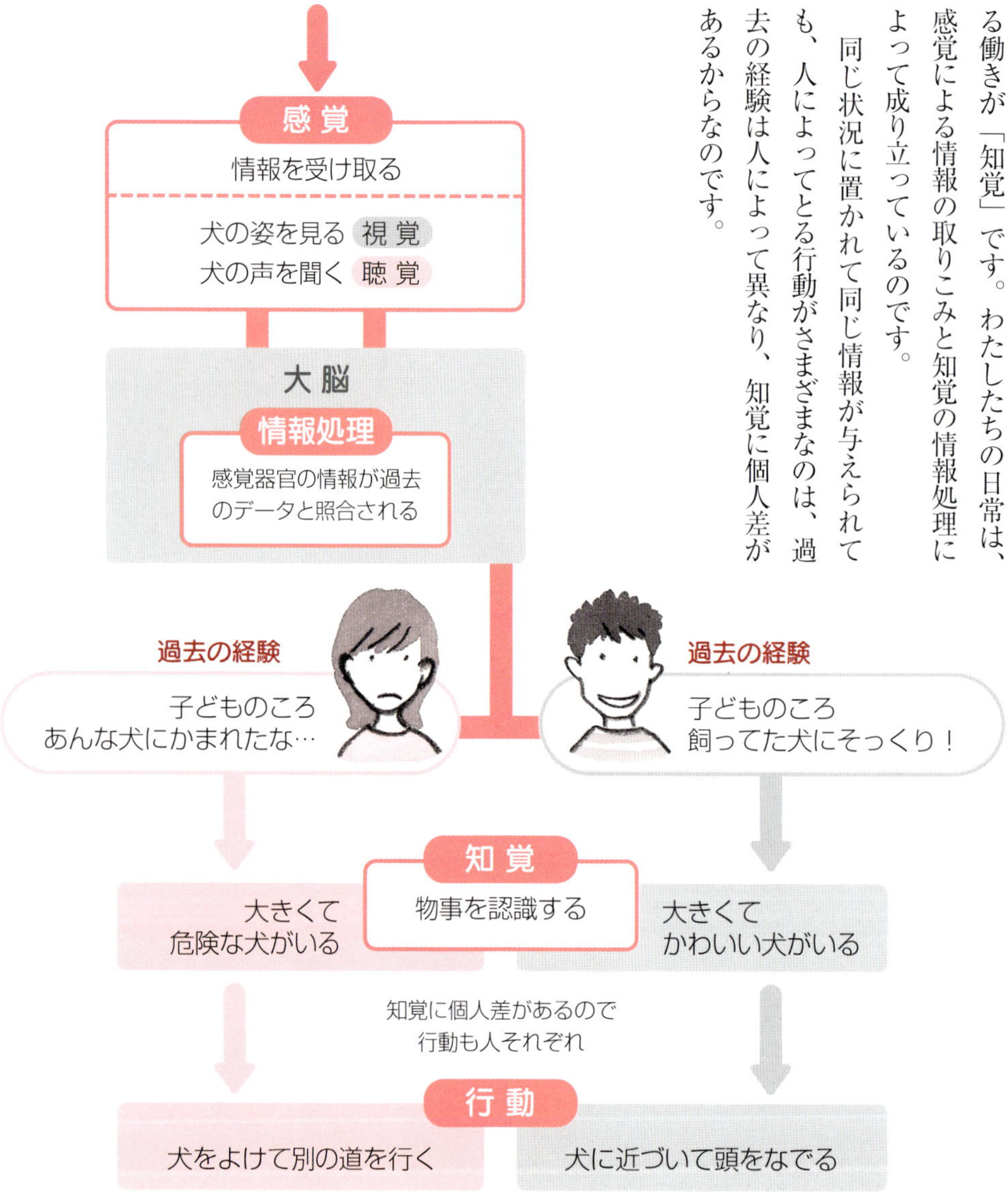
感覚
情報を受け取る
犬の姿を見る 視覚
犬の声を聞く 聴覚
大脳
情報処理
感覚器官の情報が過去のデータと照合される
過去の経験
子どものころ
あんな犬にかまれたな…
過去の経験
子どものころ
飼ってた犬にそっくり！
知覚
物事を認識する
大きくて
危険な犬がいる
大きくて
かわいい犬がいる
知覚に個人差があるので
行動も人それぞれ
行動
犬をよけて別の道を行く
犬に近づいて頭をなでる

# 五感の働きと特徴

## 視覚

物に反射した光が目の網膜《もうまく》を刺激する

- 五感のうち情報量がいちばん多い
- 光の波長によって色を感じとる
- 遠くの情報も受け取れる
- 目の見える前方中心の情報に限られる
- 知覚の間違いが多い

## 聴覚

音波が鼓膜《こまく》を伝わって蝸牛《かぎゅう》を刺激する

- 360度の情報をとらえられる
- 遠くの情報も受け取れる
- 左右の耳で音の違いや音源の方向・距離を判断できる
- 知覚の間違いが多い

## 嗅覚

空気中のにおいが鼻の奥の嗅細胞《きゅうさいぼう》を刺激する

- 強ければ遠い情報にも反応する
- 記憶や精神との結びつきが強い。特定のにおいがある記憶を呼びさましたり、アロマテラピーで気持ちが落ち着いたりすることがある
- 動物のほうがすぐれている場合が多い

## 触覚

圧力や痛み、温度などが皮膚にある感覚点を刺激する

- 直接触れた情報のみとらえられる
- 唇や指先は圧覚に敏感
- 同じ刺激が続くと気にならなくなる（衣服など）

## 味覚

口に入った刺激が舌の味蕾《みらい》を刺激する

- 口に入った情報のみとらえられる
- 視覚・嗅覚など、ほかの感覚とのかかわりが強い

人は五感を駆使《くし》して情報を処理している

## 遠くまでキャッチする視覚と聴覚 直接感じとる味覚と触覚

感覚情報の量はダントツに視覚が多く、次は聴覚です。活字や映像文化に生きる現代人は、特に視覚に対する依存度が高くなっています。

視覚や聴覚は遠くの情報でも受け取れるのに対し、触覚や味覚は基本的に直接接触するものしか感じとれません。一方、触覚や味覚はほとんど間違いを起こさないのに対し、視覚や聴覚は見間違いや錯視《さくし》、聞き間違いといった知覚の間違いを多く起こします。

Column

### コンピュータは人の脳に近づいたのか

近ごろ、コンピュータと脳の機能を比較研究する「認知心理学」が脚光を浴びています。しかし、コンピュータと人には質的な違いがあります。

人にあってコンピュータにないのは「適当さ」だといえるでしょう。人はヘタな犬の絵でも「イヌだ」と認識でき、不完全な文章でも行間を補いながら、だいたい理解することができます。同じ処理をコンピュータが行うには、膨大《ぼうだい》なデータを入力しなければなりません。一方、情報の量と正確さ、計算の速さなどではコンピュータに分があるでしょう。

# 意外と頼りない視覚、超高感度な聴覚

## 人は知っているものを見ようとする

「百聞は一見に如《し》かず」ということわざがあるように、わたしたちは自分の目で見た物事を真実だと考えます。しかし、視覚はいつもありのままをとらえるわけではありません。

わたしたちは、丸いお皿の角度を変えても楕《だ》円《えん》形だとは思わず、丸いお皿だと認識します。また、近づいてくる友達の背がだんだん大きくなるとは感じず、友達の身長は一定だと思います。これは、対象を同一物として認識する「恒常性」という性質のためです。網膜《もうまく》に映るそのままではなく、知っている像に照合しながら知覚するのです。安定した知覚をもたらすはずのこの働きが、ときに「錯覚《さっかく》」を引き起こします。

「錯覚」とは、実際の事物と違うように情報をとらえたとき、知覚がそのズレを修正できないことで、視覚の錯覚を「錯視《さくし》」といいます。錯視の原因は恒常性以外にもいろいろ考えられますが、まだすべての錯視の理由を説明できる理論はありません。

## だれでも地獄耳をもっている

人は、ザワザワしたパーティー会場でも、相手の声を聞き分けて、会話を続けることができます。そのときどきに重要な情報だけを選んで、関心の低い情報を遮断《しゃだん》するのです。このような、無意識に行われる情報処理を、「カクテルパーティー効果」といいます。

聴覚のすごいところは、新たに重要な内容が出現したときは、それまで遮断していた情報でも聞きとれるようになる点です。だれかと会話をしていても、どこかから自分の名前を呼ばれると、たいていの人は気づきます。自分の悪口や人の秘密を聞きもらさない「地獄耳」は、心理学的にも理由があることなのです。ただ、ほかに注意をとられると、目前の人との会話はおろそかになってしまいます。

### 人は余分な情報をシャットアウトする

ザワザワした場所でも人はいろいろな音（情報）の中から重要な音（情報）を選びとって聞いている

自分のうわさに気をとられると会話が聞こえなくなる

認知心理学

P4～5にも錯視の図が載っています

# 幾何学的錯視のいろいろ

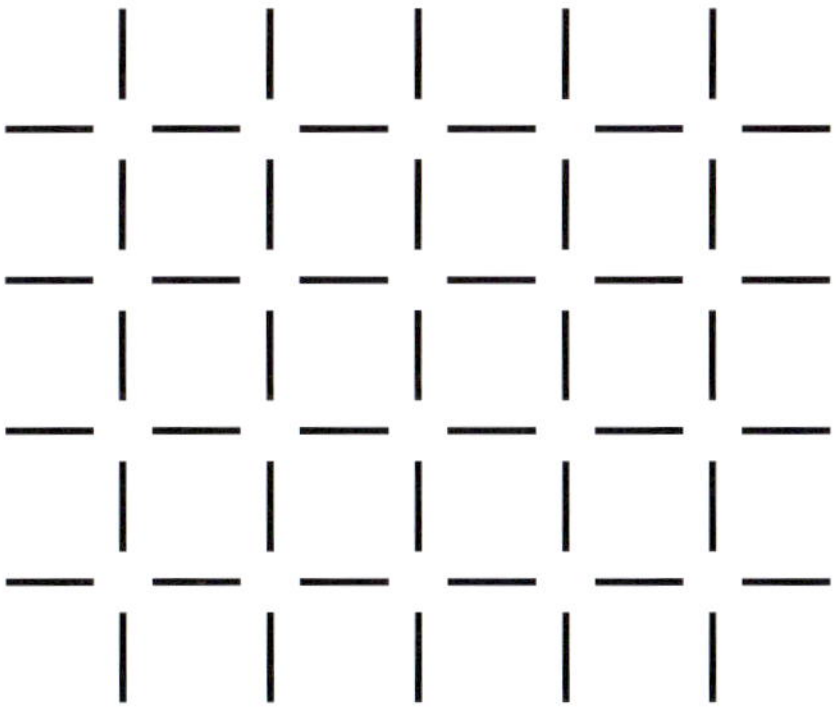

● 主観的輪郭
何もないところに円形の輪郭が見える

● 縦縞と横縞
まったく同じ大きさの正方形が、右側は横長、左側は縦長に見える

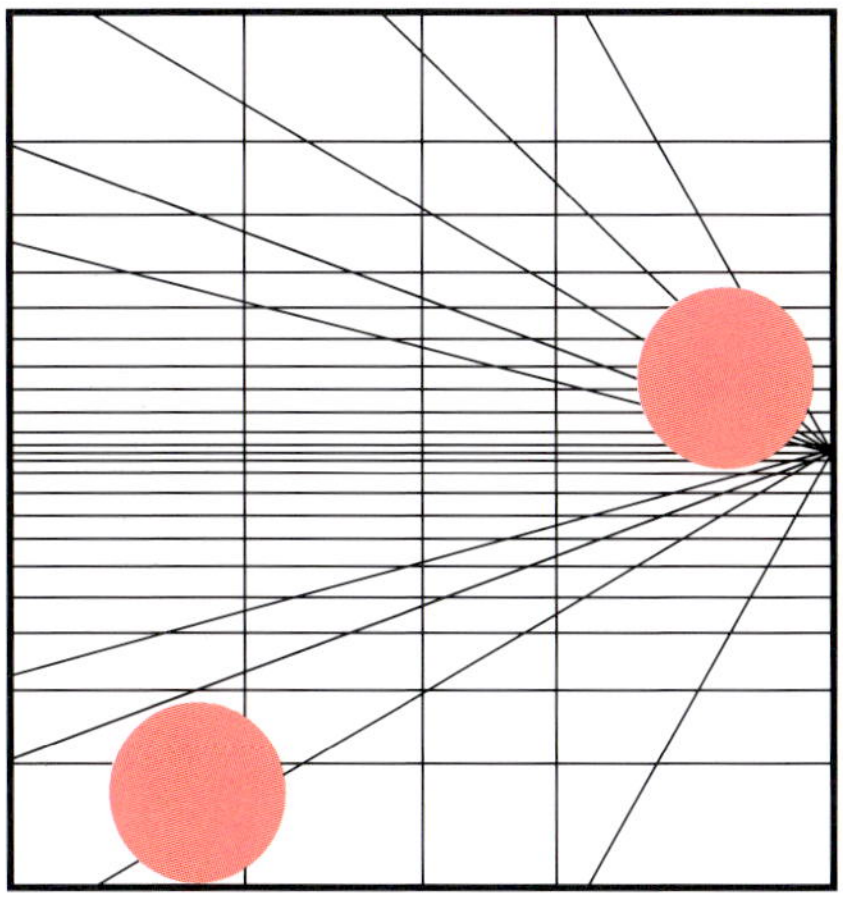

● 奥行の錯視
奥にある円のほうが大きく見える

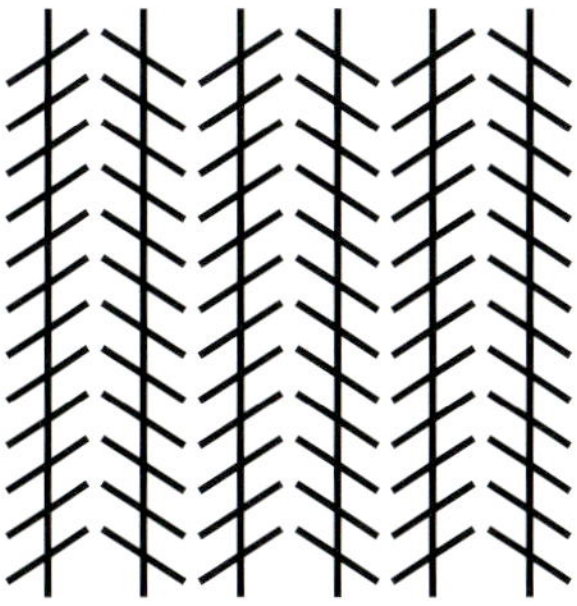

● ツェルナーの錯視
斜線があるため、平行線が平行に見えない

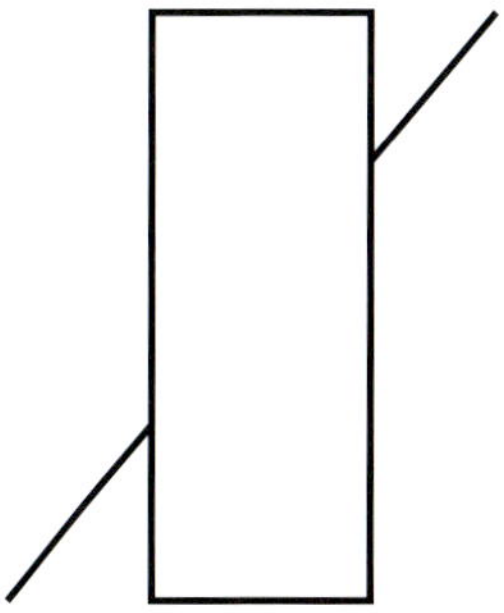

● ポゲンドルフの錯視
長方形によって中断されるため、直線が上下にずれて見える

● ミューラーリヤー図形
同じ長さの線分が、羽根が外側に向いていると長く、内側に向いていると短く見える

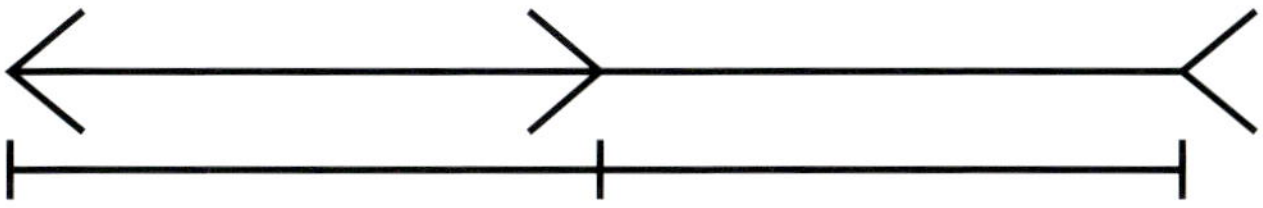

Column

## 残像現象が潜在意識に働きかける？［サブリミナル効果］

視覚の刺激が消えたあとも形や色があらわれることを「残像」といいます。右の図形が揺れているように見えるのは、いまの画像に、一瞬前に見た残像が重なって見えるためです。

1957年のアメリカの映画館で、フィルムの途中にポップコーンやコーラを摂取しろというひじょうに短いメッセージを5秒間隔でしのばせたところ、ポップコーンは5割、コーラは3割その日の売り上げがふえたそうです。これは、残像現象が潜在意識に働きかける「サブリミナル効果」によるといわれます。

サブリミナル効果は、学力向上やスポーツ選手の精神強化などへの利用も研究されましたが、倫理的な観点から現在アメリカやイギリス、日本などでは放送での利用が禁じられています。

# 注目度上昇中！色と心との深い関係



## 色の心理作用に最初に注目したのは文豪ゲーテ

好きな色の服を着ると1日中気分よく過ごせたり、食べ物の味が器の色によっておいしく感じられたりする経験はありませんか？　色は感情を左右したり、文化や民族の特徴をあらわしたりする、人の心理に深くかかわるものです。

ここ数年、色彩と人の心理の関係に対する注目度が高まり、ファッションやインテリアだけでなく、街づくりやペットボトルの色に至るまで、色彩心理にもとづいて行うことが常識になっています。青系の光は赤系よりも時間がたつのが遅く感じられるため、青系の照明や調度品を利用して、待ち時間を短く感じさせる工夫をしている美容院などもあるそうです。

このような色彩の心理的な効果についてはじめて論じたのは、『ファウスト』などを著したドイツの文豪ゲーテです。科学にも造詣《ぞうけい》が深かったゲーテは、これより100年ほど前に発表されたニュートンの「色は光だ」とする理論を批判し、約20年の歳月をかけた『色彩論』を、1810年に発表しました。

ゲーテは『色彩論』の中で、色は「内なる心の光」だとしています。また、青と黄を対立する色とする独自の色環をつくり、青と黄それぞれの性格を定義しました。

## ピンとくる色には性格や気分があらわれる

文化による違いを差し引いたとしても、色にはその色特有のイメージがあります。たとえば、赤、オレンジ、黄は暖かい色だと感じ、青、水色、白は寒い色だと感じるのは、世界に共通し

### 色彩心理の始祖、ゲーテの色彩論

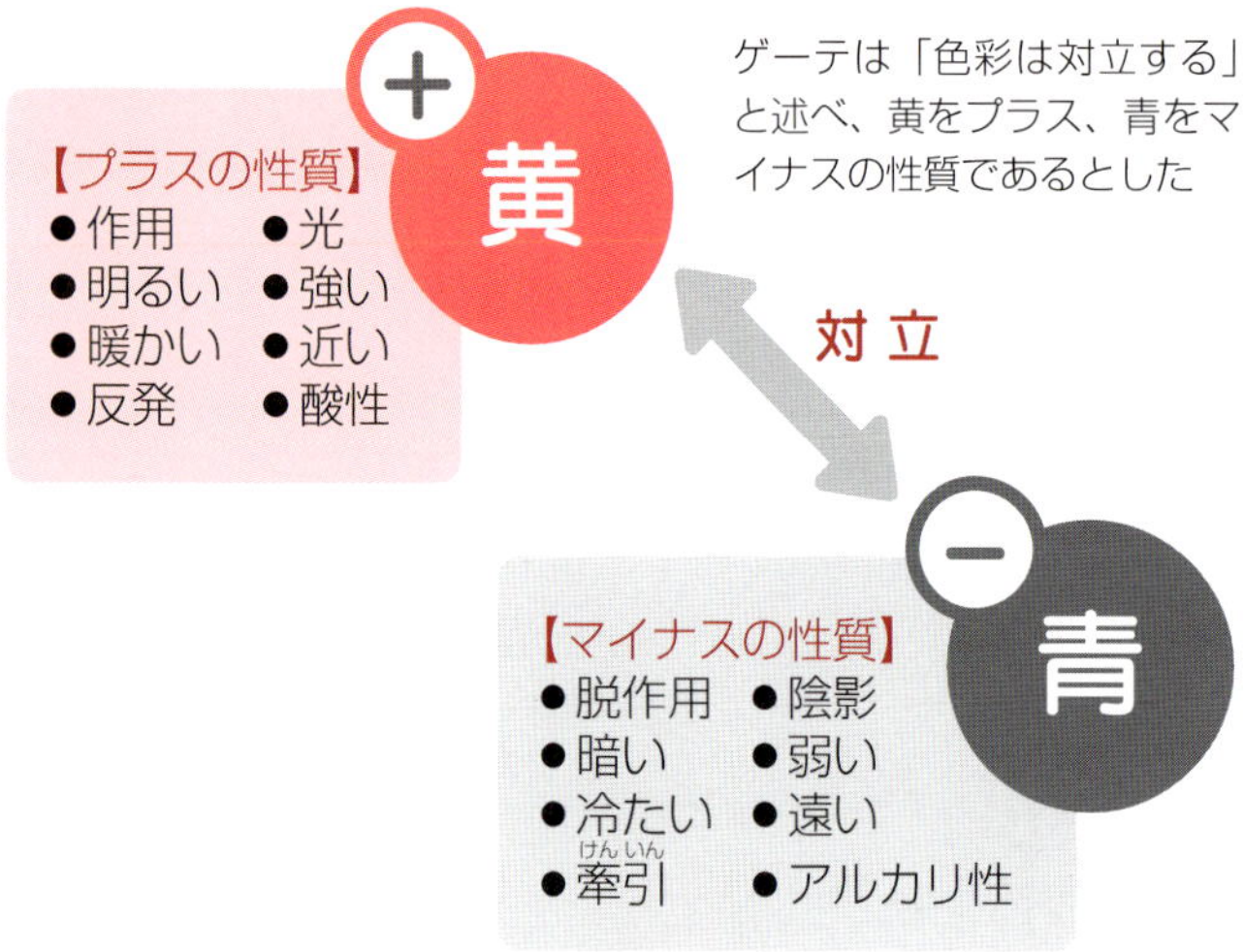
ゲーテは「色彩は対立する」と述べ、黄をプラス、青をマイナスの性質であるとした
＋
黄
【プラスの性質】
●作用　●光
●明るい　●強い
●暖かい　●近い
●反発　●酸性
対立
－
青
【マイナスの性質】
●脱作用　●陰影
●暗い　●弱い
●冷たい　●遠い
●牽引《けんいん》　●アルカリ性

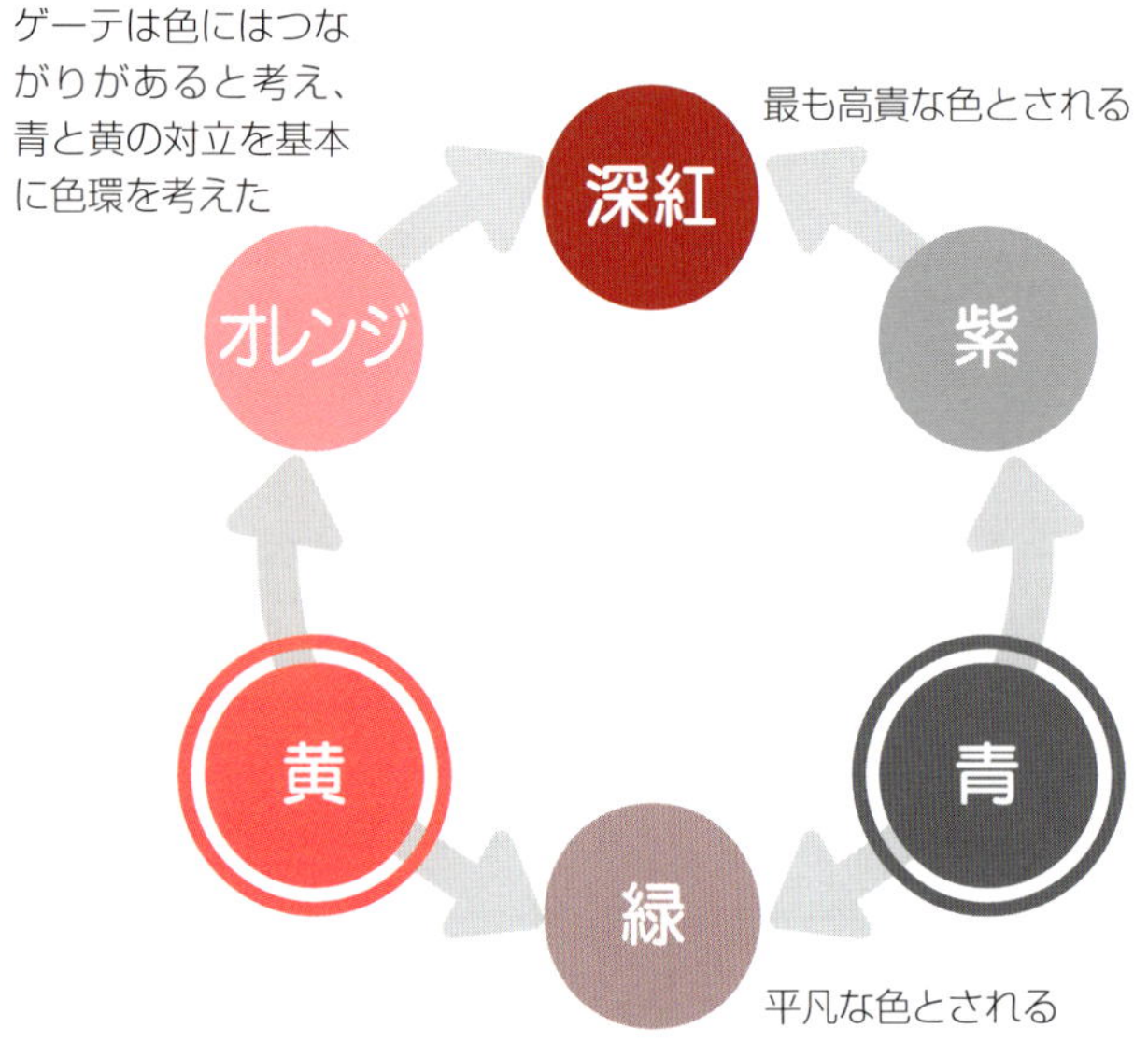
ゲーテは色にはつながりがあると考え、青と黄の対立を基本に色環を考えた
最も高貴な色とされる
深紅
紫
青
緑
黄
オレンジ
平凡な色とされる

てみられることのようです。

スイスの心理学者ルッシャーは、色には無意識にその人の心理があらわれると述べています。もともと好きな色には自分の性格が、その日選んだ色にはその日の気分があらわれるというわけです。これを利用して、時と場所に応じて身につける色を変えて、自分の印象をいろいろ演出するのもいいかもしれません。

（↓P6〜8）

## ルッシャーの唱えた好きな色でわかる性格

**赤**
征服欲や男らしさなど野生を象徴。野心的な行動派。興奮すると攻撃的になることも

**青**
おだやかで女性的な海を象徴。落ち着きがあって誠実。信頼を重んじ礼儀正しい

**緑**
自負心、優越感などを象徴。我慢強く調和を重んじるが、冷静に自己主張もする

**黄**
快活さや温かさを象徴。明朗で大きな夢を追う。つねに個性的であろうと無理することも

**黒**
拒否、断念、放棄などを象徴。現状を打破すべく努力する反面、飽きっぽいところも

**茶**
家庭や家族など、安全を象徴。温厚で協調性があり、人から相談されることが多い

**紫**
神秘性、エロティックなものを象徴。感受性が強くロマンティックで、心が豊か

**グレー**
中立を象徴。優柔不断で自己中心的、依存的。独立独歩タイプになることも

色の象徴する性格と自分の性格が合っていないと感じる場合は、自分の深層心理にその性格がかくれているということかもしれない

Column

### 美しい音楽が美しい色彩を呼ぶ

ある刺激が、適応する感覚のほかに別の感覚も引き起こすことを、「共感覚」といいます。若い女性の声をあらわす「黄色い声」は、聴覚と視覚の共感覚を表現した言葉でしょう。

ロシアの作曲家スクリャービンは、音に一定の色彩を感じる「色聴」の能力をもっていたといわれます。スクリャービンは交響詩『プロメテウス』で、鍵盤と連動して7色の光がスクリーンに投影されるカラー・ピアノを使用しました。ドは赤、レは黄、ミは白、ファは暗い赤、ソはローズ色、ラは緑、シは白がかった青、という具合です。ただ、カラー・ピアノのあらわす色と別の作曲家の色聴とは一致していないので、音と色の共感覚に世界共通のイメージがあるかどうかは未解明です。

記憶のしくみ

# アフターケアしだいで延びる記憶の寿命



## 情報が「記憶」となるまで

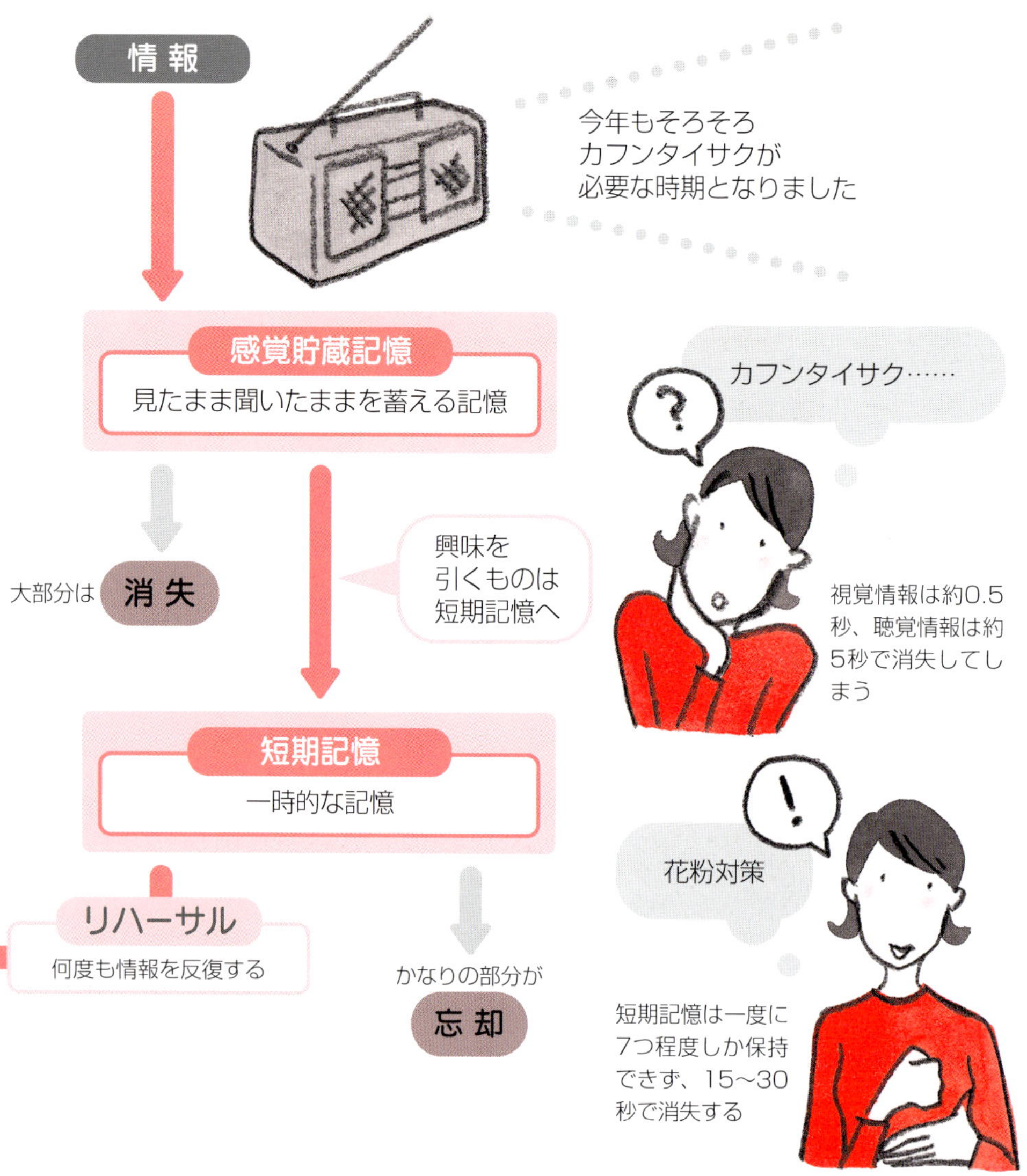


### 記憶には長寿なものと薄命のものがある

情報を受け取ると、感覚器は知覚するまでのわずかな時間、情報を貯蔵します。この一瞬貯蔵される記憶を、「感覚貯蔵記憶」といいます。

このときの情報は大部分が消失しますが、興味を引く情報は、一時的な記憶である「短期記憶」に移動します。短期記憶として保持できる時間は長くて30秒程度、量は7つ程度といわれます。電話帳を見て電話をかけるまでの間は番号を覚えていられたのに、電話が終わるとすっかり忘れてしまっているのはこのためです。

しかし、よくかける電話番号は、時間がたっても覚えていられます。これは、何度も利用する「リハーサル」によって、情報が「長期記憶」に移動したためです。驚いたことに、長期記憶には制限量がなく、半永久的に保持できるといわれます。

コンピュータにたとえれば、短期記憶は作業台である「メモリ」、長期記憶は「データベース」にあたるといえるでしょう。

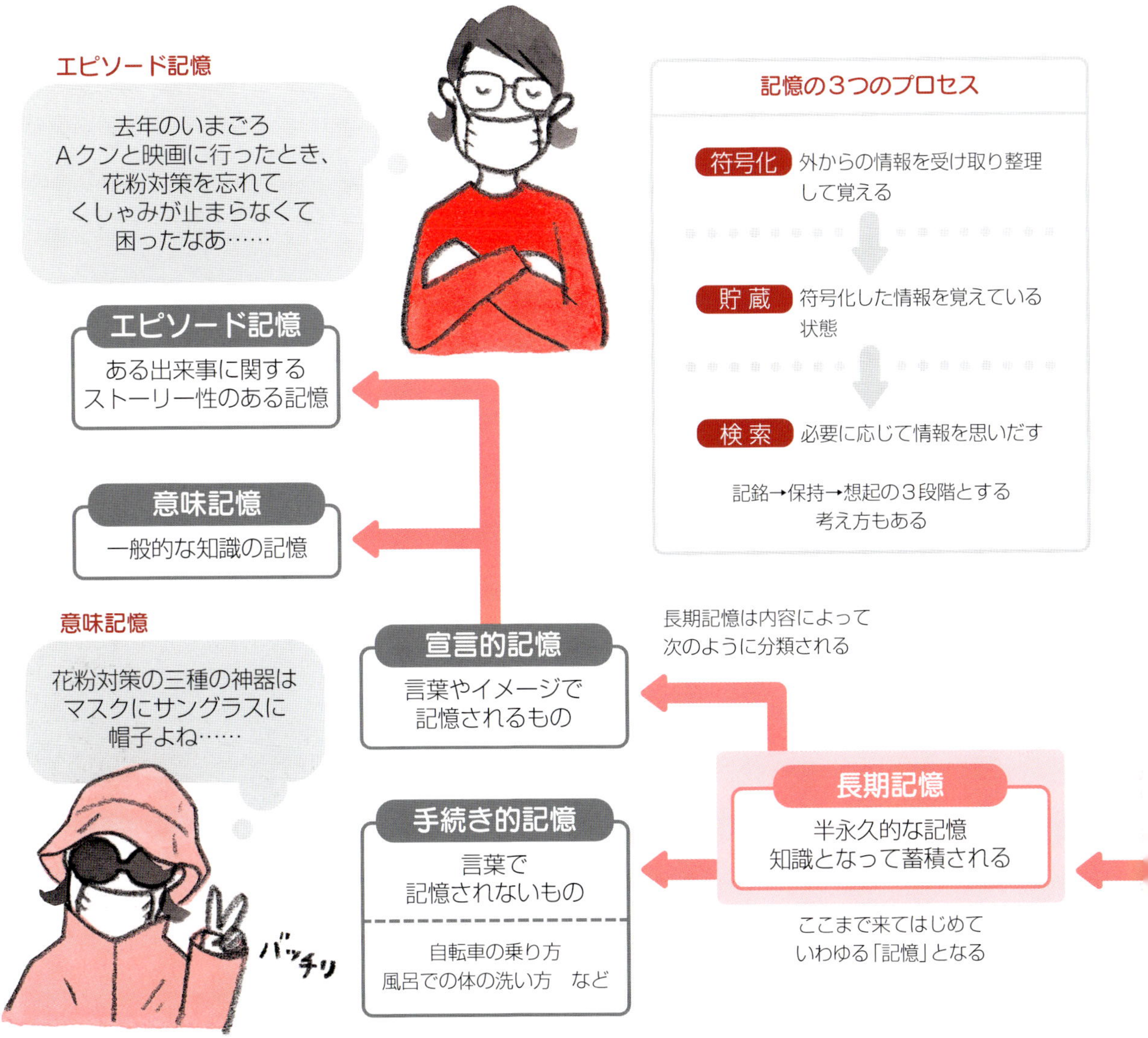
エピソード記憶
去年のいまごろ
Aクンと映画に行ったとき、
花粉対策を忘れて
くしゃみが止まらなくて
困ったなあ……
記憶の３つのプロセス
符号化 外からの情報を受け取り整理して覚える
貯蔵 符号化した情報を覚えている状態
検索 必要に応じて情報を思いだす
記銘→保持→想起の３段階とする考え方もある
エピソード記憶
ある出来事に関する
ストーリー性のある記憶
意味記憶
一般的な知識の記憶
長期記憶は内容によって
次のように分類される
意味記憶
花粉対策の三種の神器は
マスクにサングラスに
帽子よね……
宣言的記憶
言葉やイメージで
記憶されるもの
長期記憶
半永久的な記憶
知識となって蓄積される
手続き的記憶
言葉で
記憶されないもの
自転車の乗り方
風呂での体の洗い方　など
ここまで来てはじめて
いわゆる「記憶」となる
バッチリ

## アタマの記憶とカラダの記憶は切り離せない

長期記憶には、言葉やイメージの宣言的記憶と、体で覚える手続き的記憶があります。宣言的記憶はさらに、エピソード記憶と、意味記憶に分かれます。サッカーの場合を考えてみましょう。スポーツだからといって手続き的記憶だけではプレーできず、ルールや以前の対戦での相手の出方など、意味記憶やエピソード記憶も駆使《くし》します。人の行動には宣言的記憶と手続き的記憶の両方が必要とされる場合が多いのです。

Column

### 記憶は暗示にかかりやすい

別室に並んだ数人の容疑者を見て「犯人はこの中にいますか？」と目撃者に尋ねる……ドラマでもよく見る面通し捜査の光景です。この質問をすると、実際は無実の人ばかりでも、だれかが犯人として指名されることが多くなるそうです。

「こういう記憶があるはずだ」という確信をもつと、人は頭の中の断片を組み合わせて記憶を組み立てます。この中のだれかを目撃したはずだ、と信じこまされると、似たような別の記憶の断片を組みこんで、ニセの記憶をつくりだしてしまうことがあるのです。

ブレイク

# 記憶力をきたえよう

世界には、延々と円周率を唱える人や、何百人ものお客の顔と名前を正確に覚えているホテルマンなど、驚異的な記憶力のもち主がいます。特殊な能力の場合もありますが、たいていは、ごくふつうの人が独自の方法で記憶の達人となった場合がほとんどです。記憶力を高めるテクニックをいくつか紹介しましょう。

## 記憶力をよくする条件

**●健康的なライフスタイル**

食生活、適度な運動、充分な睡眠が脳の働きをよくする。新しいことに挑戦して脳を活性化しておくことも重要

**●メモなどの補助ツールの活用**

メモをとることで集中力が増し、あとで復習もできる。重要事項は、玄関近くに付箋《ふせん》を貼るのもおすすめ

### 基本1 意識の集中

記憶したいものに「覚えよう」と意識を向けて、注意力を集中させる。何度もくり返す、目印になるものを見つける、などの覚えようとする努力も必要

### 基本2 整理

数字の羅列《られつ》はいくつかに区切って覚える。単語や漢字など、順番を気にしないでいい場合は、関連するものごとに2～5つぐらいの仲間に分けるとよい

### 基本3 意味づけ

意味のあるものに結びつけること、わかるものに変換することが記憶するコツ。言語化する場合と画像としてイメージ化する場合がある

- 語呂《ごろ》合わせ…「794《ナクヨ》うぐいす平安京」の類。具体的にイメージできる言葉や文にする
- ペグワード法…5＝ゴマ、8＝はちみつのように、数字と関連する事物を前もって決めておき、イメージ化の手がかりにする
- 視覚化…記憶したいものの形を思いうかべる。視覚情報は文字より頭に残りやすい
- 場所法…よく知っている場所を思い描き、机は○○、食器棚は△△……のように、場所ごとに項目を配置して覚える
- 物語法…記憶したい項目を組みこんだストーリーをつくる。言葉と画像両方の意味づけに

## 数学を覚えるには
### ➔ グループ分けしてイメージ化！

年代の暗記などに用いる語呂合わせは、長い数字の羅列にも応用できる。数字を２〜５つぐらいに分けて語呂合わせにして、それをつなげてストーリー仕立てにしたり、風景をイメージしたりする。

１＝ヒ・イ、２＝ニ・フなど以外にも、自分なりに仮名やペグワードをルール化しておくと幅が広がる。１４は部活時代の背番号、９２５は昔の恋人の誕生日……のように、連想しやすいものと結びつけて行ってもよい。

## 人の名前を覚えるには
### ➔ 心の中でリハーサル！

まず、聴覚を最大限にとぎすまして名前を聞きとること。聞きとれなかったらその場で聞き返す。名刺をもらえればなおよい。

その後はとにかくリハーサル。会話中に名前を呼びかけたり、あとで名前を言ったり書いたりする。何度も名前を言うのが不自然な状況では、心中で呼びかければよい。

「歌のうまい歌川さん」のような語呂合わせ、顔や服装の特徴、出会った日の天候などのイメージと結びつけた意味づけも効果的。

## ストーリーを覚えるには
### ➔ テーマをつかむ！

感動した映画について友達に説明しようとしたが、肝心の内容がまったく思いだせない……こんな事態を避けるには、やはり注意力の集中がポイント。観終えたあとにしばしストーリーを振り返り、何がこの映画のテーマだったのか考えてみる。

このとき、細かいことにはあまりこだわらないこと。テーマがつかめれば、しぜんと細部の記憶もよみがえってきて、ストーリーも思いだせる。本や講演などでも同じ。

## 英単語や漢字を覚えるには
### ➔ 分散リハーサルで覚える！

反復練習が基本だが、５つの英単語を３回ずつくり返して覚えるよりも、５つの単語を１回ずつ読み、それを３回くり返すほうが効果的。後者のほうが前の単語を思いだすのにより大きいエネルギーが必要となり、効果的なリハーサル（→Ｐ32）が行われるから。

分散リハーサルが効果的な理由はもう１つある。５単語を通してくり返すと、前の単語とのつながりがヒントになったり意味づけができたりして、思いだしやすくなるのだ。

## 物の置き場所を覚えるには
### ➔ 指定席をつくる！

置き場所を忘れるのは年齢のせいではなく、注意力散漫で適当に置くせい。定期券は玄関のトレーの上、のように、よく使うものは場所を決めて習慣化させれば、注意力が少なくてすむ。また、大切なものをしまうときは、なぜその場所にするのかによく注意を傾けながら、めったに動かさない物のそばに置くと、のちの手がかりになりやすい。

駐車場に車を停《と》めるときも、注意して何か目印になるものを覚えておく。

## 約束・用事を覚えるには
### ➔ イメージと日時をつなぐ！

手帳がないとまったく予定がわからない、という状態を避ける、週単位で簡単にスケジュールを覚えておく方法がある。代表的なものとして、日月火……を１２３……に置きかえ、205に髪切って（月曜５時に美容院の予約）、407に銀グルメ（水曜７時に銀座で友達と食事）のように日時と用事を覚える方法がある。

このとき、美容院の看板、友達の顔などの連想しやすい視覚的イメージと結びつけながら覚えると、忘れにくい。

# 動物も人も快適な行動を学習する

## 犬とネズミが明らかにした学習のメカニズム

人気のラーメン店に入ったら期待はずれの味だった、もう2度と行かない……これはラーメン店の味を学習したことによって出た結論です。「学習」とは、経験や訓練の結果生じる、長く続く行動の変化のことをいいます。

学習のしくみを示す2つの動物実験があります。ロシアの生物学者パブロフは、犬を用いた実験で条件反射のしくみを解明しました。また、アメリカの心理学者スキナーは、ネズミを用いた実験で、餌《えさ》を得られる行動だけが強化されることを明らかにしました。心理学では、行動の結果によって適した行動を身につけさせることを、「オペラント条件づけ」と呼んでいます。

### 古典的条件づけ［パブロフの犬の実験］

1 犬に餌を与えると同時にベルを鳴らす

くり返す → 学習

2 ベルの音だけでだ液を出すようになる

＝ 条件反射

### 報酬が行動を強化する［スキナーの実験］

スキナー箱（レバーを押すと餌が出る装置）にネズミを入れる

1 ネズミが偶然レバーを押すと餌が出てくる

くり返す → 学習

2 餌がほしくなるとレバーを押すようになる

行動：レバーを押す → 結果：餌が手に入る

餌という報酬《ほうしゅう》によって行動の回数がふえる（行動の強化）

強化

行動の結果が、行動を強めたり弱めたりする

弱化

行動：歩き回ったり壁をたたいたりする → 結果：餌が手に入らない

餌が手に入らないので、餌がほしいときはレバーを押す以外の行動をやめる（行動の弱化）

## 意欲を引きだす２つの動機づけ

上司にこういわれたとき……
今月は新規に
50社訪問するように

内発的動機づけ
新しいお客さんに会うのが楽しみだなー
A社の新商品についても調べとこう
満足感・達成感や、知的好奇心にもとづくもの
長続きする
外発的動機づけ
ノルマ達成すれば報奨金が出るぞ
部長にもほめられるかな……
報酬やほめ言葉など外部から与えられる賞罰にもとづくもの
長続きしない

### やる気を引きだすのは おもちゃよりも知的な興奮

幼いころ、「今度のテストでいい点とったらおもちゃを買ってあげる」といわれたことはありませんか？　このような外からの賞罰で学習意欲を出させることを、「外発的動機づけ」といいます。

外発的動機づけは、一時的には効果がありますが、報酬なしでは勉強しなくなり、あまり続かないといわれます。これに対し、知的好奇心や達成感などの「内発的動機づけ」から生まれる意欲は、長続きします。幼稚園児を、絵を描いたらごほうびをあげるグループと、特にあげないグループに分けて様子をみた実験では、ごほうびなしの園児たちのほうが自発的に絵を描く時間が長かったという結果が出ています。

仕事では、目標を決めて達成感を味わうようにすれば、内発的動機づけになります。でも、一時的に馬力を出さなければいけないときは、「終わったらビール！」のように、自分で外発的動機づけをするのも手かもしれません。

Column

### 人マネ、物マネこそ学習の王道

門限を破って帰ってきて父親に怒られた姉を見ていた妹は、自分は門限を破らないようにしたり、お母さんにうまくとりつくろってもらうようにしたりします。このように、自分が直接訓練や賞罰を受けなくても観察した知識を身につけることを、「モデリング」または「観察学習」といいます。

人間は幼いころから、親やきょうだい、友だちなど、まわりの人を見て、多くを学んでいきます。人のマネをすることは単純なことのように見えますが、モデリングは、強化も試行錯誤も教師もいらない、実はたいへん高等な学習なのです。

# 恐怖が先か、震えが先か 感情のしくみのなぞ

## 恐怖と怒りは最も本能的な感情

「感情的になる」という言葉は、たいてい否定的なニュアンスで使われます。大脳辺縁系《へんえんけい》に深くかかわる感情や情動（→P25）は、理性や知性よりも、本能に近いものです。恐怖や母子間の愛情などの基本的な情動は、犬やサルなどの多くの哺乳《ほにゅう》類にもみられます。

人の基本的な感情のうちで最も早く発達したのは、「恐怖」と「怒り」だとされています。生物が生命を維持するには、生存を脅《おびや》かす天敵や危険から身を守って逃げる「恐怖」の感情や、天敵を威嚇《いかく》したり攻撃したりする「怒り」の感情が欠かせないものだからです。

## 学習されて身につく感情がある

何を恐れ、何を見て笑うかは、民族や文化によって違います。感情には、後天的な学習が大きく影響します。大人が猛獣《もうじゅう》を怖がるのは、経験や怖がる親の姿を見て育ったことなどによっ

### 学習されて身につく感情

乳幼児はクマが怖いとは知らない
学習
学習とは経験によって生じる行動の変化のこと（→P36）

周囲からの情報や経験によって「クマは怖い」という知識を身につける

どうするよ…
クマを見ると恐怖の感情がわき起こる

**感情と情動**

- 感情（feeling）
情動や気分を含む広い意味をあらわす場合と、快・不快などの生理的変化の少ない情動をあらわす場合がある
- 情動（emotion）
筋肉の緊張や心拍上昇などの生理的変化をともなう、喜怒哀楽のような激しい心の動き

＊心理学では「情動」の研究が中心

て、猛獣が怖いことを知ったためなのです。

アメリカの心理学者ワトソンは、感情が学習されることを証明するため、赤ちゃんにネズミを見せ、赤ちゃんがネズミに近づくと大きな音を出す実験を行いました。最初は好奇心からネズミに近づいたり触ったりしていた赤ちゃんは、何度も音を出されるうち、ネズミを見ただけで怖がって泣くようになってしまいました。

## 怖いから震えているわけではない？

人はふつう、「怖いから震える」「悲しいから泣く」と思っていますが、アメリカの心理学者ジェームズとデンマークの生理学者ランゲは、心拍の上昇や筋肉の硬直などの身体の反応が「怖い」という感情を引き起こすと考えました。

これに対し、アメリカの生理学者キャノンとバードは、大脳の視床《ししょう》で受け取られた刺激情報が大脳皮質《ひしつ》と視床下部《ししょうかぶ》に伝えられ、大脳皮質に伝わった情報は感情に、視床下部から神経などを通った情報は身体反応を起こすと考えました。

現在では、身体反応と感情のどちらが先なのかは状況によるといわれています。感情のしくみの解明には、まだ多くの研究が必要です。

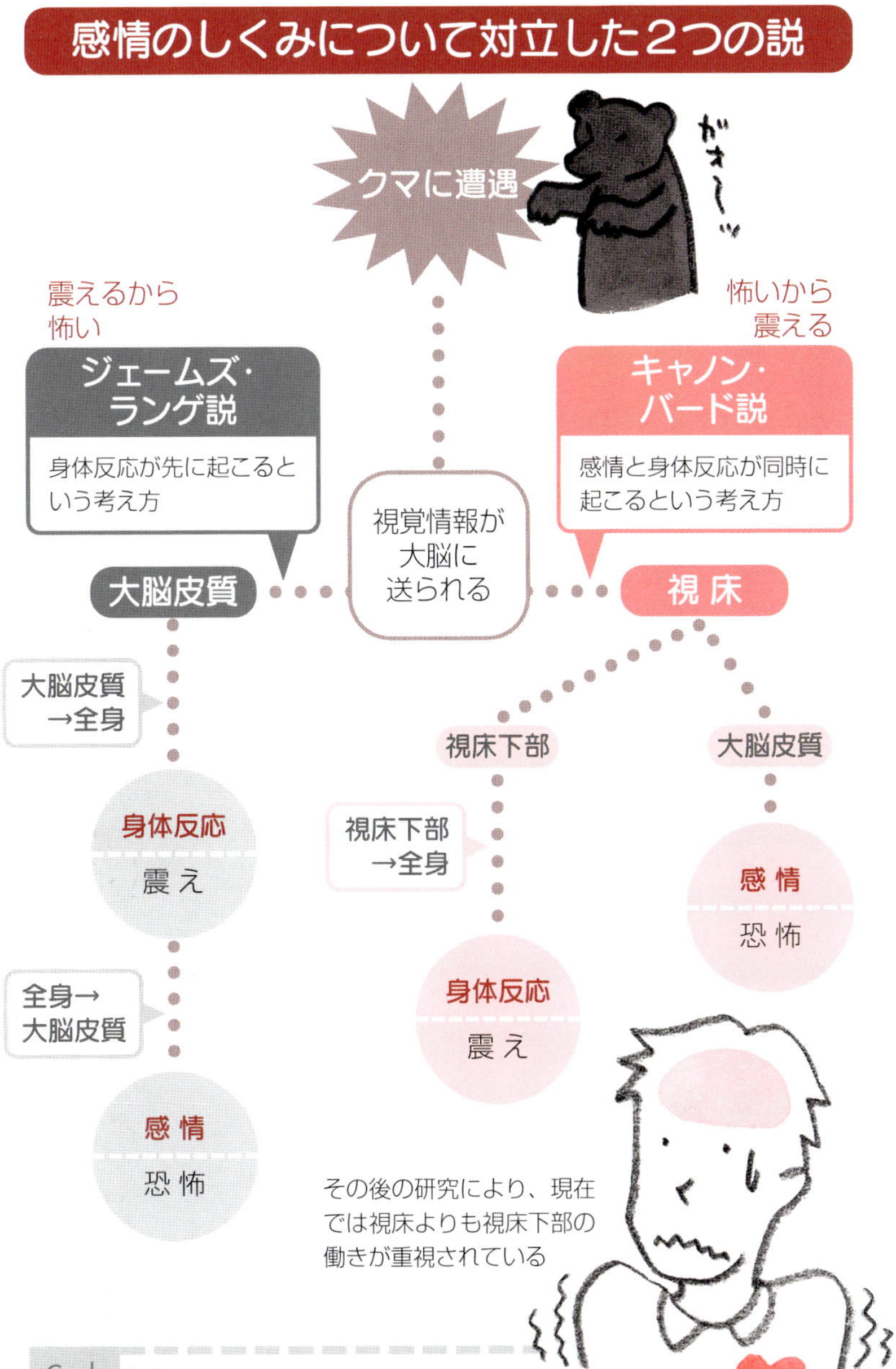
感情のしくみについて対立した2つの説
クマに遭遇
がおーっ
震えるから怖い
ジェームズ・ランゲ説
身体反応が先に起こるという考え方
怖いから震える
キャノン・バード説
感情と身体反応が同時に起こるという考え方
視覚情報が大脳に送られる
大脳皮質
視床
大脳皮質→全身
身体反応
震え
全身→大脳皮質
感情
恐怖
視床下部
大脳皮質
視床下部→全身
身体反応
震え
感情
恐怖
その後の研究により、現在では視床よりも視床下部の働きが重視されている

Column

### 吊《つ》り橋を渡ると恋に落ちる？

カナダの心理学者のダドンとアロンは、頑丈《がんじょう》な橋と、渓谷《けいこく》にかかる不安定な吊り橋で、ある実験を行いました。両方の橋のたもとに同じ若い女性を立たせ、男性が単独で渡ってきたら、橋の中央部分で実験に協力するよう頼み、もし研究に興味があれば電話するよう、電話番号を渡させました。すると電話をかけてきた男性は、頑丈な橋では12パーセントだったのに対し、吊り橋では約半数にのぼりました。吊り橋を渡った男性は、橋を渡ったあとの心拍の上昇や高揚感を、女性に対する性的興奮と誤解してしまったと考えられます。

この実験結果などから、現在では、感情は、生理的興奮と、個人がその状況をどう認識するかの2つの要因から決まる、という説が有力になっています。

欲求とは

# 欲こそ生命活動の最大のエネルギー源

## 欲求不満のしくみと防衛機制

欲求不満の原因

外的要因
（環境によるもの）

● 社会的障壁
行動や服装・髪型の制限

● 喪 失
失恋　離婚
信頼していた上司の転勤

● 欠 乏
やりたい仕事がない
報酬《ほうしゅう》の不足

内的要因
（自身に関するもの）

● 抑 制
ギャンブルや酒・タバコの自制

● 損 傷
突然のケガ・病気

● 欠陥
虚弱体質　孤児

### 基本的欲求が満たされないと自分を高める気にならない

わたしたちの行動は、「こうしたい」「あれを手に入れたい」という思いからはじまります。心理学では、人の行動の理由となる、欠乏や不足を満たそうとする思いのことを、「欲求」といいます。

アメリカの心理学者マズローは、人の欲求には階層があると主張しました。衣食などの本能的な欲求や、身の安全や精神のよりどころなどの基本的欲求が満たされてはじめて、自己実現や自分を高めようという高次の欲求に向かうというのです。

もし、あなたやあなたのまわりの人が、無気力で夢や目標をもてないでいるとしたら、何か満たされていない基本的欲求があるのかもしれません。

### 欲求不満は成長をうながす健全な精神状態

人生では、何もかもが思い通りにいくことはほとんどありません。欲求が満たされないと、人は欲求不満になります。欲求があるからこそ人は成長するのですから、欲求不満こそ健全な精神状態なのだともいえるでしょう。

しかし、欲求不満状態がずっと続くと、わたしたちの心は緊張が高まり、不安定になってしまいます。このような心の危険から自我を守り、現実に適応するために、わたしたちの心は無意識に「防衛《ぼうえい》機制」というしくみを働かせます。

防衛機制の最も代表的なものは「抑圧」で、欲求を無意識の中に閉じこめてしまうものです。

防衛機制は、その場しのぎに過ぎず、真の問題解決法ではないともいわれます。しかし、スポーツが苦手なことを「補償」しようとして楽器の練習に打ちこむうちに、音楽のプロになるようなこともあります。どうしようもない問題に正攻法でないアプローチをすることで、別の目標や解決法が生まれることもあるのです。

## 防衛機制

**防衛機制は、最初にフロイトが提唱し、フロイトの末娘のアンナ・フロイトによって体系化された**

**●代償（置きかえ）**
欲求や感情の対象を別のものに変える

目標達成

**●昇華**
満たされない欲求を社会に受け入れられる形に変える

**●補償**
他の部分を伸ばすことで劣っている部分を補う

**●反動形成**
劣等感が強いのにいばるなど、真の感情と逆の感情を表現する

**●同一視**
自分の欲求を実現しているものと自分を同一視して満足する

**●投射**
自分の中の欲求や感情を他人のものと思いこむ

**●合理化（正当化）**
「株価が低いからあの会社の面接に落ちてよかったんだ」などと理由をこじつけて納得する

**●抑圧**
欲求や苦痛を無理に押さえこむこと。無意識下に残る

**●逃避**
バーチャルな世界に浸ったり休んだりして現状から逃げる

**●退行**
指しゃぶりなど、実際の年齢よりも未熟な段階の行動をする

## Column
### 後ろ向きな欲求不満［実存的欲求不満］

ときにはプラスのエネルギーに転じる欲求不満ですが、「実存的欲求不満」は、そうはいかない、かなり深刻な欲求不満です。

オーストリアの精神医学者フランクルは、人は、人生の意味や目的を見いだそうとする意志によって生きるものだと考えました。自分がなんのために生きるのかを見いだせないとき、人は「実存的欲求不満」に陥り、人生が無意味だと感じて将来の夢がもてなくなるというのです。実存的欲求不満は、心の病を引き起こすこともあります。

フランクルは、自分の義務と責任の自覚が、人生の意味を見いだすことにつながるとしています。フランクルの実存分析療法の理論は、自身のアウシュビッツ強制収容所での体験から生まれたものです。

## 衣食足りて礼節を知る［マズローの欲求の発達階層説］

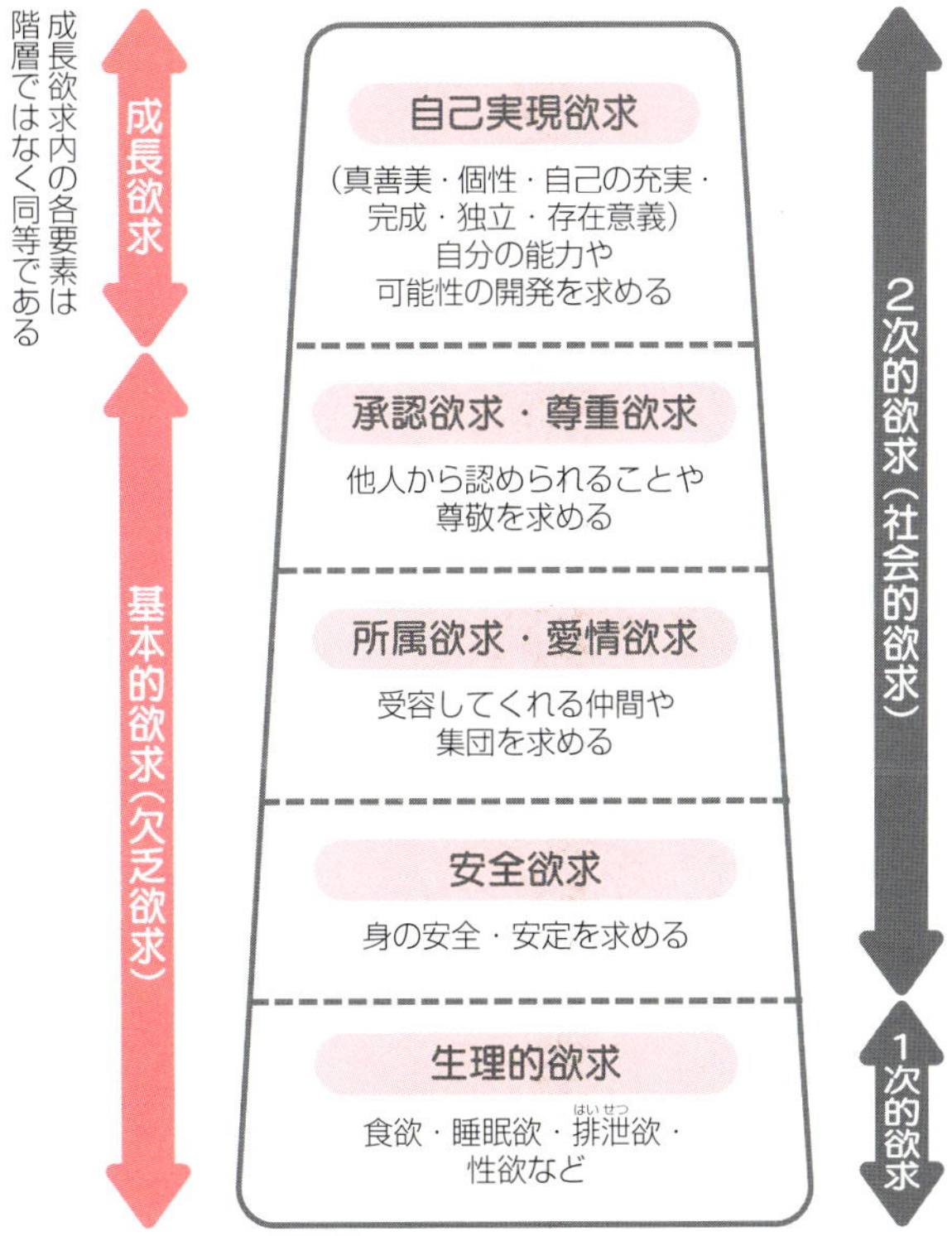
成長欲求内の各要素は階層ではなく同等である
成長欲求
基本的欲求（欠乏欲求）
自己実現欲求
（真善美・個性・自己の充実・完成・独立・存在意義）自分の能力や可能性の開発を求める
承認欲求・尊重欲求
他人から認められることや尊敬を求める
所属欲求・愛情欲求
受容してくれる仲間や集団を求める
安全欲求
身の安全・安定を求める
生理的欲求
食欲・睡眠欲・排泄《はいせつ》欲・性欲など
2次的欲求（社会的欲求）
1次的欲求

●性欲をほかの生理的欲求と分ける考え方もある。フロイトは性欲を特に重視し、「リビドー」と呼んだ（→P55）

●これらの欲求は1次的欲求（生理的欲求）と2次的欲求（社会的欲求）に分けることもできる

# 緊張と不安をあらわすしぐさ

## 耳の赤さはコントロールできない

顔が赤くなったり手に汗をかいたりする生理的反応からは、その人の緊張している心理状態を知ることができます。人は緊張すると、心拍数が上がり、血圧が上昇して血液の流れが盛んになるため、顔などの皮膚の薄い部分が赤くなります。

心が動揺しても表情を変えない、いわゆるポーカーフェイスの人もいます。心拍数や体温を意図的に調節する「バイオフィードバック」という訓練を重ねると、ポーカーフェイスになれるそうです。

しかし、耳の赤さまではなかなかコントロールできません。耳には血管が集中しているので、顔よりも先に耳が赤くなってしまうのです。相手の心理をさぐるときは、顔の赤さや表情よりもまず耳を見たほうが正確に判断できそうです。

## 唇をなめるのは不安だから

エアコンがきいた室内でもないのに、妙に唇が乾くときがあります。緊張すると、交感神経が刺激されてだ液が出にくくなり、唇が乾燥するのです。唇をやたらになめる人は、強い緊張や不安によって乾いた唇をうるおしているのだと考えられます。

乳幼児期は、フロイトのいうように口唇欲求が強く（→P55）、食事以外に不安なときにも母親のおっぱいを求めます。唇をなめるのは、断乳した乳幼児の指しゃぶりと同じ、口唇欲求による行動なのです。このように自分に触れて安心を得る行動を、「自己親密行動」といいます。

## 髪によくさわる人は甘えん坊

あなたのまわりに髪をさわるのがくせの人はいませんか？　また、くせでいかなくても、なんとなく髪にさわることがありませんか？

親に「いい子、いい子」と頭をなでてもらったり抱きしめてもらったりして安心した経験をもつ人は多いでしょう。大人になると、「いい子ね」となでてもらうことはむずかしいので、自分で髪をさわって、不安やストレスを消そうとするのです（自己親密行動）。

よく髪をいじる人は、だれかに頼りたい気もちが強いと想像できます。もし、あなたの彼や彼女のくせが髪をさわることだったら、深層心理であなたに甘えているか、マザコンか、どちらかなのかもしれません。

ただし、髪をうしろにかきあげて耳を出す行動の場合は、自己親密行動ではなく、情報を集めようとするサインです。

第3章

# 人の性格と深層心理

心の奥底をのぞくことができれば
本当の自分や相手の心がわかるかも……。
人の性格とは、無意識とは、
いったいどんなものなのでしょうか。

心理学の巨人たち 3

## ジークムント・フロイト

Sigmund Freud,1856-1939

モラヴィア地方にユダヤ人の両親のもと生まれ、4歳でウィーンに移住。ウィーン大医学部で学んだのち、パリの神経病学者シャルコーのもとに留学。帰国後1886年に神経科を開業し、自由連想による精神分析療法を確立した。1900年に『夢判断』を刊行。深層心理の探求は、学問や文化に広く影響を与えた。05年ごろから性欲理論を主張し、のちにアドラーやユングなどの弟子と次々に訣別《けつべつ》した。古代文明の遺物の収集癖があり、書斎や診察室にコレクションをならべていたという。

# 「性格」とはその人らしい行動の傾向のこと

## 「らしい」行動のパターンが「性格」になる

わたしたちはよく、「あの人は陽気な性格だ」「彼女の性格に惚《ほ》れたんだ」というような言い方をします。また、目には見えなくても、A君とB君の性格の違いも認識します。「性格」とは、いったいなんでしょうか？
人にはそれぞれ、特徴的な行動パターンがあると思いませんか？　「Kさんは短気な性格だ」というとき、わたしたちはKさんにまつわるそれまでの記憶や周囲の評判などから、Kさん特有の行動パターンを見つけだして、「Kさん＝短気な性格」と判断しているのです。

また、「Kさん＝○○な性格」ということを根拠に、「Kさんなら次はこうするだろう」と、Kさんの行動を予想したりもします。もしKさんが意外な行動をした場合には、「Kさんらしくないなあ」などということもあります。

簡単にいうと、「性格」とは、「一貫性や永続性をもった、その人の特徴的な行動の傾向」のような意味だといえるでしょう。

## 性格は遺伝と環境の共同作品

心理学上の「性格」という日本語のもとになっているのは、character（キャラクター）とpersonality（パーソナリティ）という２つの言葉。characterはもとは「刻みこまれたもの」という意味のギリシャ語で、遺伝的、先天的なもの、personalityは「仮面」をあらわすラテン語のpersonaが語源で、環境ではぐくまれたもの、後天的なものを指すことが多い

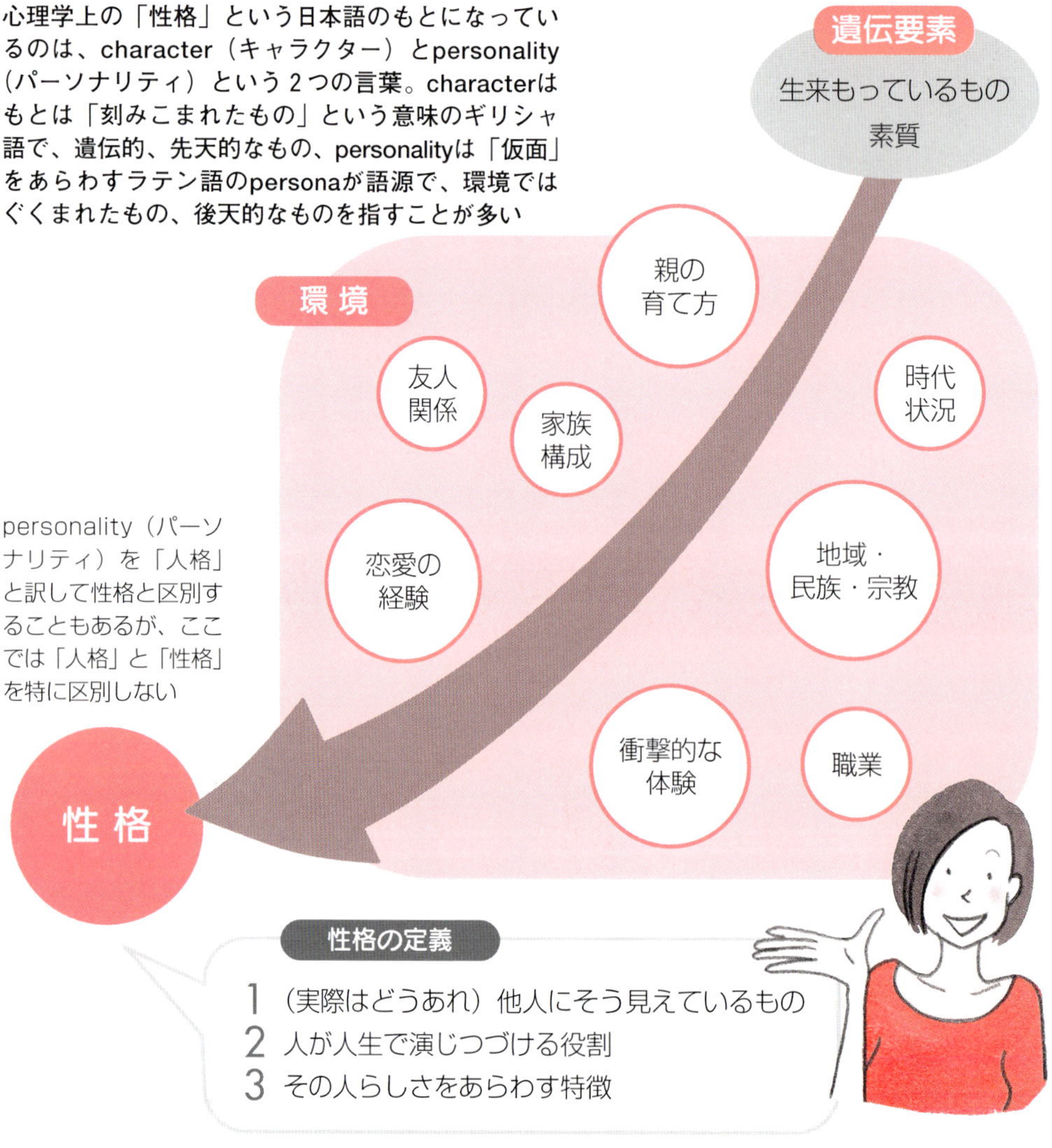
遺伝要素
生来もっているもの
素質
環境
親の育て方
友人関係
家族構成
時代状況
恋愛の経験
地域・民族・宗教
衝撃的な体験
職業
性格

personality（パーソナリティ）を「人格」と訳して性格と区別することもあるが、ここでは「人格」と「性格」を特に区別しない

**性格の定義**

1 （実際はどうあれ）他人にそう見えているもの
2 人が人生で演じつづける役割
3 その人らしさをあらわす特徴

## 性格は体型と関係がある？

性格をいくつかの類型（タイプ）に分けて理解しようとする考え方を、「類型論」といいます。ドイツの精神医学者クレッチマーは、精神病患者の体型と性格の間に一定の関係があることを発見し、3つに分類しました。また、スイスの心理学者のユングは、心のエネルギーの方向性によって、外向型と内向型の2つの類型を提示しました（向性説）。

## 体型によるクレッチマーの性格分類

**肥満型** ぽっちゃり

社交的で親切。楽しくユーモアのある反面、感情にムラがあり、急に落ちこんでしまうことがある

↓

**そううつ気質**

**やせ型** ひょろり

非社交的で控えめ。神経質で敏感な面と、他人の気もちに気づかない鈍感な面が共存する

↓

**分裂気質**

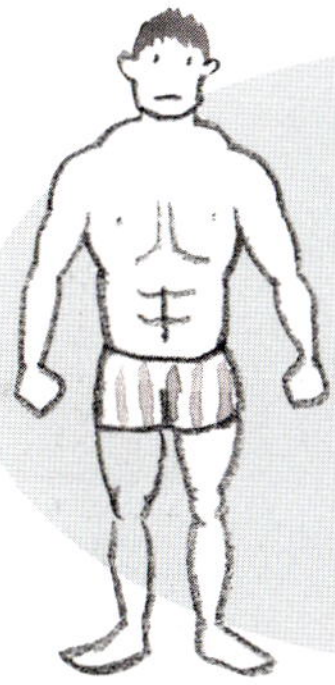

**闘士型** がっちり

礼儀正しくきちょうめん。正義感が強く頑固《がんこ》で忍耐強い反面、突然爆発的に怒りだすことがある

↓

**粘着気質**

### Column
### 「性格」を「正確」にあらわす特性論

多面的な人の性格を2つや3つに分類するのは、どうしても無理があります。この類型論の欠点を補うのが「特性論」です。「特性論」は、「活動性」「攻撃性」などの特性の量や組み合わせによって、性格をあらわします。

近年では、「神経症傾向」「外向性」「開放性」「協調性」「誠実性」の5因子であらわすアメリカ生まれの「ビッグ・ファイブ」という理論が盛んです。

## 心のエネルギーの向かう方向によるユングの性格分類

**内向型**（心のエネルギーが内に向かう）

- 非社交的で人前が苦手
- 粘り強く考えが深い
- 柔軟性や実行力に欠ける
- 芸術家や学者に多い

**外向型**（心のエネルギーが外に向かう）

- 社交的で他人といっしょの行動を好む
- 決断力・指導力がある
- 熱しやすく冷めやすい
- 政治家やスポーツ選手に多い

生まれた順と性格

# 長男長女はしっかり者、末っ子は甘えん坊

## 親の態度がきょうだいの性格をつくる

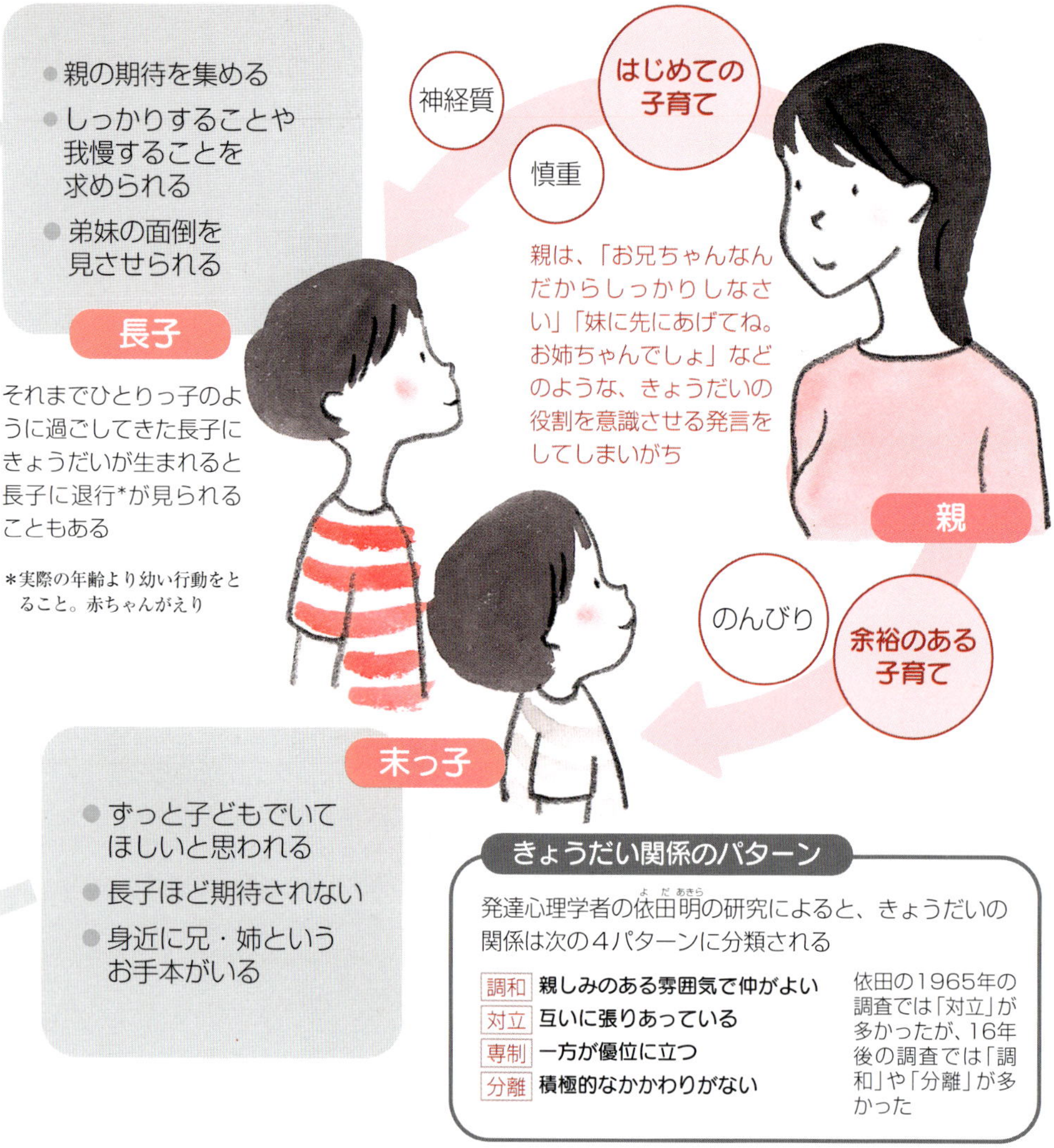

親の期待を集める
しっかりすることや我慢することを求められる
弟妹の面倒を見させられる
長子
それまでひとりっ子のように過ごしてきた長子にきょうだいが生まれると長子に退行*が見られることもある
＊実際の年齢より幼い行動をとること。赤ちゃんがえり
神経質
はじめての子育て
慎重
親は、「お兄ちゃんなんだからしっかりしなさい」「妹に先にあげてね。お姉ちゃんでしょ」などのような、きょうだいの役割を意識させる発言をしてしまいがち
親
のんびり
余裕のある子育て
末っ子
ずっと子どもでいてほしいと思われる
長子ほど期待されない
身近に兄・姉というお手本がいる


### きょうだい関係のパターン

発達心理学者の依田《よだ》明《あきら》の研究によると、きょうだいの関係は次の４パターンに分類される

| | |
|---|---|
| 調和 | 親しみのある雰囲気で仲がよい |
| 対立 | 互いに張りあっている |
| 専制 | 一方が優位に立つ |
| 分離 | 積極的なかかわりがない |

依田の1965年の調査では「対立」が多かったが、16年後の調査では「調和」や「分離」が多かった

### 親の期待にそった性格になる

「上の子はききわけがいいけど神経質、下の子はひょうきんだけど甘えん坊なの」……2人以上の子どものいる家では、性別を問わず、似たような言葉がよく聞かれます。きょうだいには、生まれた順番によって一定の性格の傾向があるのです。

きょうだいの性格の違いを生むいちばん大きな要因は、親の接し方だと考えられます。出産も育児もすべて初体験で緊張状態の親に育てられるのと、余裕のある状態で育てられるのとでは、子どもの性格が違ってきます。また、親の期待はどうしても下の子より上の子に対して大きくなりがちなので、プレッシャーを受ける上の子に対して、下の子はのびのびと育つのです。

### ひとりっ子には旅をさせよ

きょうだい関係は「ナナメの関係」だといわれます。子どもの世界がタテの親子関係からヨ

# きょうだいそれぞれの性格の特徴

これらは、依田明の研究をもとに、きょうだいそれぞれの性格をまとめたもの。なお、双生児の場合でも、一方には長子的性格が、もう一方には末っ子的性格がみられることが多いという

## 長子は内弁慶の慎重派

- もっと遊んでいたくてもやめねばならないときにはやめる
- 仕事をするとき丁寧に失敗のないようにする
- 何かするとき人の迷惑になるかどうかを考える
- 人に親切にしてあげることが多い
- ほしいものでも遠慮してしまう
- 無口で、人の話を聞いていることのほうが多い
- 自分の用事を平気で人に押しつけたり頼んだりする
- 面倒なことはなるべくしないようにする
- よく口ごたえする
- よそへ行くと、すまし屋さんになる

長子の手堅く慎重で周囲に気を配る性格は、企業の社長やスポーツチームの監督、看護師などの人の面倒をみる職業に、末っ子の本音で勝負する奔放《ほんぽう》な性格は、改革の必要な企業のリーダーやスポーツ選手、クリエイティヴな職業などに向いているといわれる

## 末っ子は甘ったれのお調子者

- 外に出て遊んだり騒いだりするのが好き
- お母さん・お父さんにいつも甘ったれている
- お母さん・お父さんに告げ口をする
- 人におだてられるとすぐ調子にのる
- はきはきしてほがらか
- 人のマネをするのが上手
- 知ったかぶりをする
- 無理に自分を押し通そうとする
- 食べ物に好き嫌いが多い
- 困ったことがあると人に頼ろうとする

## 中間子はマイペースな独立派

- 気に入らないとすぐに黙りこむ
- よく考えずに仕事をはじめて、失敗することが多い
- 面倒がらないで仕事を一生懸命にする

# ひとりっ子の性格の特徴

## ひとりっ子は移り気でつきあいベタ

- 正直で、他人を信じやすい
- 損得にあまりこだわらない
- 競争心がない
- 愛情が細やか
- 協調性がなく、他人に関心が薄い
- 自分勝手で自己中心的
- 凝り性
- 引っこみ自案

この友達関係へと広がるとき、きょうだい関係はその橋渡しをするのです。きょうだいのいないひとりっ子の場合、社会性の発達という面から見ると、やはりハンデがあるといえます。

現代社会では、ひとりっ子がひじょうに多くなっています。ひとりっ子には、同年代の子どもと遊ばせたり、サッカーなどのチームプレーをさせたりして、家庭を飛びだした、仲間意識や対立意識を訓練するための体験がより必要なのです。

# B型の人はホントにマイペース?

## 血液型性格診断は思いこみの産物

B型の性格
・マイペース
・活動的
・自由奔放《ほんぽう》
血液型性格診断で示された特性を信じる
「○型の性格」にあてはまらない人を見たときは、「あの人は例外なんだ」と思いこんでしまう
周囲の人は「なるほど」「やっぱり」などと解釈する。本人はますます「自分は○型らしい性格だ」と信じるようになる
「自由奔放で活動的」な行動をとる
「自分は○型らしくしなければ」と自分で行動を限定してしまう
自分は「自由奔放で活動的な人間だ」と思いこむ

人は、他人からいわれたように自分をつくっていく現象（自己成就予言）によって、「○型らしい性格」になっていくことがある

### 学問的には血液型と性格は無関係

血液型による性格診断は、わたしたちの間にごく日常的なものとして広く浸透しています。1900年にABO式血液型が発見されて以来、血液型と性格については、医学や心理学の立場から、多くの研究がなされてきました。

結果、血液型性格診断には科学的根拠がない、と結論づけられます。心理学の理論的裏づけのある性格テスト（→P50）の結果と、血液型性格診断の結果には、関連性が認められないのです。また医学的にも、性格と血中の成分とを関連づける物質は、特に見つかっていません。

### だれでもどれかにあてはまる

血液型性格診断がなぜこんなにもてはやされるのか、心理学的に理由を考えてみましょう。

まず、血液型はたいていの人が知っているので、手軽な共通の話題となり、コミュニケーション・ツールとして便利だからでしょう。相手

## 一般にいわれている血液型の特性

「血液型占い」といわれることもあるように、血液型性格診断は、遊びのようなもの。
ここに載せた各血液型の性格の特徴は、能《の》見《み》正《まさ》比《ひ》古《こ》が多くの著書の中で挙げているものをもとにまとめたもの

### B型

- マイペース型で束縛を嫌う
- 型にはまらない考え方や行動をする
- 周囲にとらわれず、慣習やルールを気にしない
- 過去にややこだわるが、将来には楽観的
- 興味・関心に重点を置いた生き方をする
- 実用的・具体的な考え方をする
- 興味が多方面で集中力がある
- 感情の振幅が大きい
- 心の傷は完全に回復する
- 脱家庭的な傾向がある

### A型

- 周囲や相手に気を配る
- 平穏な人間関係を望む
- ルール・慣習や秩序を重視する
- 型にはまった思考になりやすい
- 将来には悲観的、過去には楽観的
- 何かに役立つことに生きがいを感じる
- 完全主義で完成を目指す
- 継続的に努力し、耐久力がある
- 興味への集中力・持続力が弱い
- 心の傷の回復が遅い

### O型

- 目的指向性が強い
- 欲望がストレート
- 人と人との力関係に敏感
- 頭を押さえられるのを嫌がる
- 判断や行動が現実的
- 仲間意識が強い
- 個性的な物事を好む
- 自己主張が強く自己表現がうまい
- あきらめが早い

### AB型

- 批判や分析を好む
- 人間関係の調整が得意
- 合理性に富む考え方をする
- 対人関係に距離を置く
- 重要な問題で他人の意見を求める
- 社会では感情を抑制するが、仲間の間では感情的な行動をとりやすい
- 集中力はあるが、持続性に乏しい
- 物事に対して趣味的で没頭しない

の血液型がわかって類型化されると、相手を理解した気になり、安心感も得られます。

また、実際に「あたっている」ことも理由です。血液型性格診断では、一般的な特性を数多く挙げているので、だれでもどれかにはあてはまるのです。

さらに、「自己成就予言」という心理学の現象による説明もできます。人は、「あなたはB型だから個性的だね」といわれると、「自分は個性的だ」と思いこみ、つとめて個性的にふるまおうとする傾向があります。他人から期待される人物像に自分を近づけていくのです。

Column

### セルフ・プロデュースのすすめ

あなたは、上司や親の前と恋人の前では態度が違いませんか？　人は、関係性に合わせてしぜんに「自分」を変えています。「だれに対しても同じ態度でいよう」とか「A型の性格は変えられない」などと、固く思いこむ必要はありません。

洋服やメイクを変えるような気もちで、信用を失わない程度に仮面（ペルソナ、→P57）をいろいろつけ変えて、自分で自分の印象を主体的に演出してみましょう。そうして、着心地のいい仮面を身につけていられる居心地のいい場所を、だんだんにふやしていけばいいのです。

# 自分を知る手がかり、性格テストのいろいろ

## できるだけ客観的にとらえるためのもの

「明るい」とか「怖そうだけど実は優しい」などの、わたしたちの他人に対する性格判断は、一面からしか見ていなかったり、勝手な思いこみによるものであったりします。性格テストは、個人の主観による性格判断では見のがされたり偏ったりする部分を補い、できるだけ客観的に性格をとらえようとするものです。

心理学の性格テストでは、その人の考え方、感じ方、行動のすべての特徴をとらえます。検査法には大きく分けて、①質問紙法、②投影法、③作業検査法の3種類があり、検査の目的や検査する人数によってテストを使い分けます。

なお、心理テストの結果は、そのときの心理状態の影響が大きく、テストの結果がすべてではないことを頭に置いておきましょう。

## 性格テストには3つのタイプがある

正式な心理学の「性格テスト」は科学的な根拠にもとづいて作成された、数量的に測定するもの。「心理テスト」と称するものは多いが、雑誌などで目にするものは、正しくは心理テストではないことが多い

### 質問紙法

質問事項に対する回答から性格を判断するテスト。特性論（→P45）にもとづいている。多人数に短時間で実施できるが、受検者が意図的に答えを操作する場合がある

### 投影法

あいまいな図や絵などをどう解釈するかで深層心理をさぐるテスト。心の全体像を深くとらえることができるが、結果の信頼性は検査者の能力によるところが大きい

### 作業検査法

一定の条件で作業をさせ、知能、注意力、行動の特徴などをとらえるテスト。検査目的が知られにくく答えの操作もしにくいが、細かい性格はとらえにくい

性格テストはそれぞれ独自の性格理論にもとづいている。実際の教育や臨床の現場では、数種類の検査を組み合わせて実施することも多い

Column

### 表の自分と裏の自分［ジョハリの窓］

自分を知るのは、実はむずかしいことです。アメリカの心理学者ジョセフ・ルフトとハリー・インガムは、わたしたちには4つの自分があると唱え、「ジョハリの窓」を考案しました。

かくれた自分を知るには、他者とのかかわりが大切です。「隠蔽《いんぺい》領域」を開示していけば、他者とのコミュニケーションが盛んになり、「盲点領域」に気づくことができます。そうすれば、「開放領域」は大きく、「未知領域」は小さくなって、未知の自分がだんだん明らかになっていくといわれています。

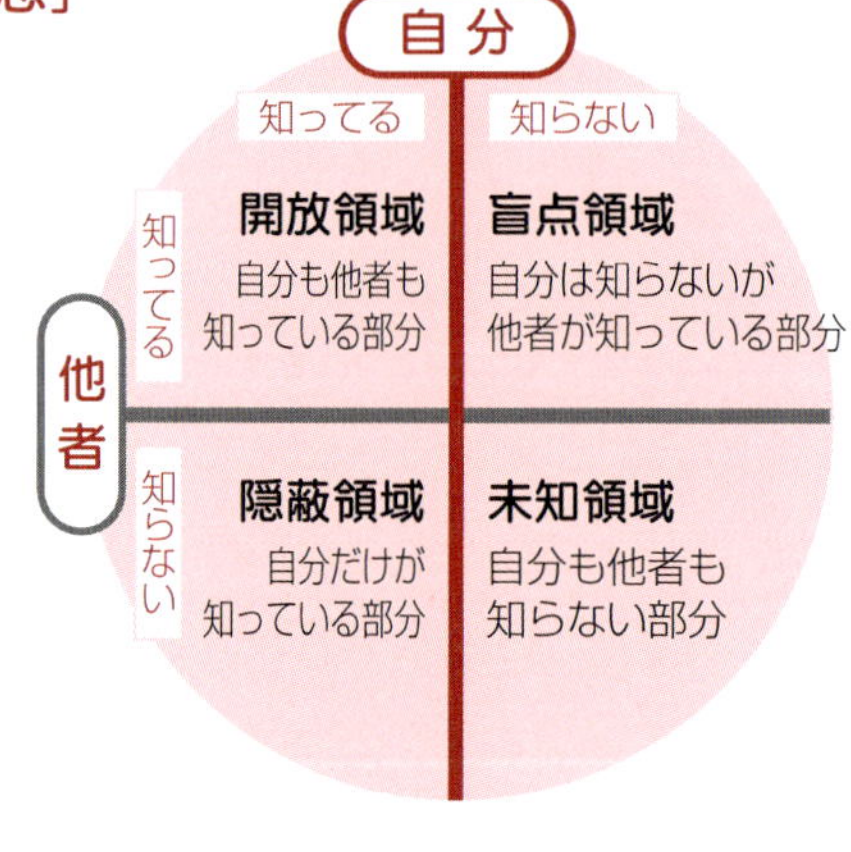
自分
知ってる
知らない
他者
知ってる
知らない
開放領域
自分も他者も知っている部分
盲点領域
自分は知らないが他者が知っている部分
隠蔽領域
自分だけが知っている部分
未知領域
自分も他者も知らない部分

性格心理学

# 代表的な性格テスト

## 質問紙法　Y・Gテスト（矢田部・ギルフォード性格検査）

12の性格特性について、120の質問に「はい」「？」「いいえ」で答える。

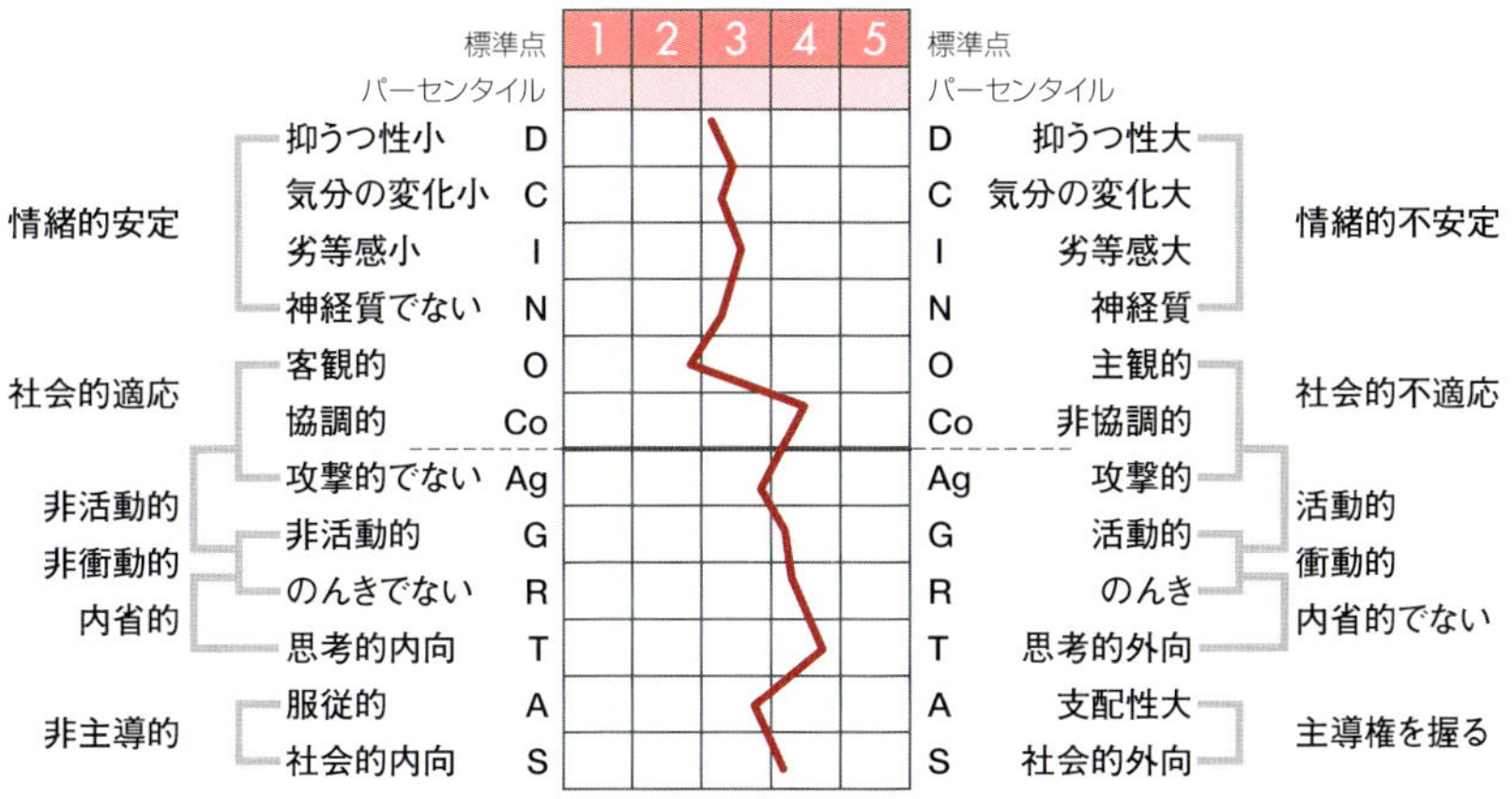
標準点
1
2
3
4
5
標準点
パーセンタイル
パーセンタイル
情緒的安定
抑うつ性小　D　D　抑うつ性大
気分の変化小　C　C　気分の変化大
劣等感小　I　I　劣等感大
神経質でない　N　N　神経質
情緒的不安定
社会的適応
客観的　O　O　主観的
協調的　Co　Co　非協調的
社会的不適応
非活動的
非衝動的
内省的
攻撃的でない　Ag　Ag　攻撃的
非活動的　G　G　活動的
のんきでない　R　R　のんき
思考的内向　T　T　思考的外向
活動的
衝動的
内省的でない
非主導的
服従的　A　A　支配性大
社会的内向　S　S　社会的外向
主導権を握る

結果は、特性ごとに点数であらわし、その点数を結んだパターンから、性格の特徴や興味の傾向などを判断する

## 投影法　ロール・シャッハテスト

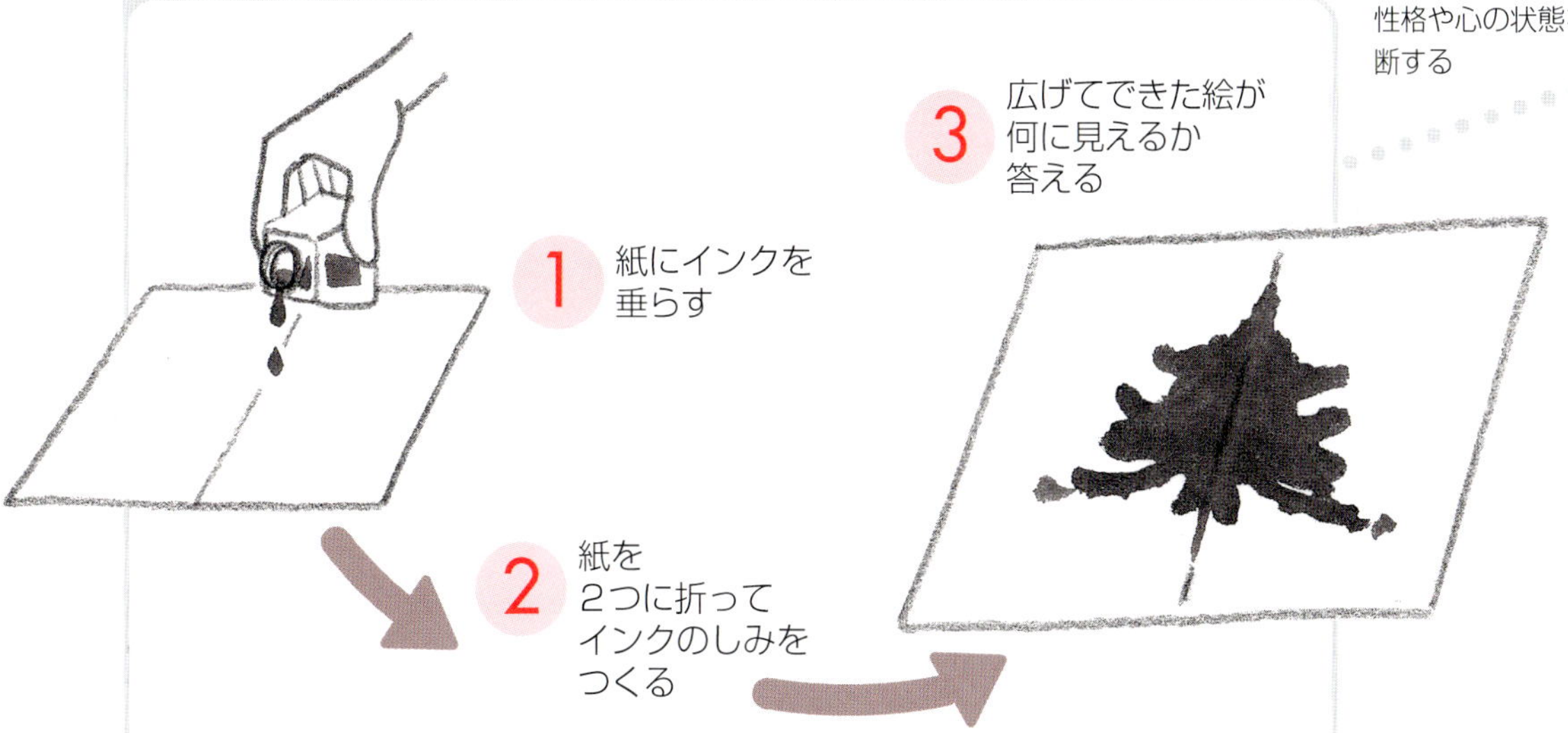
1 紙にインクを垂らす
2 紙を2つに折ってインクのしみをつくる
3 広げてできた絵が何に見えるか答える

インクのしみの、全体を見るか部分に注目するか、何に見えるか、何に似ているかなどの反応から、性格や心の状態を判断する

## 作業検査法　クレペリン・テスト

1分の間に、となりあった数字を足してその結果を数字の間に書き入れていく作業を、5分間の休憩をはさんで30回行う

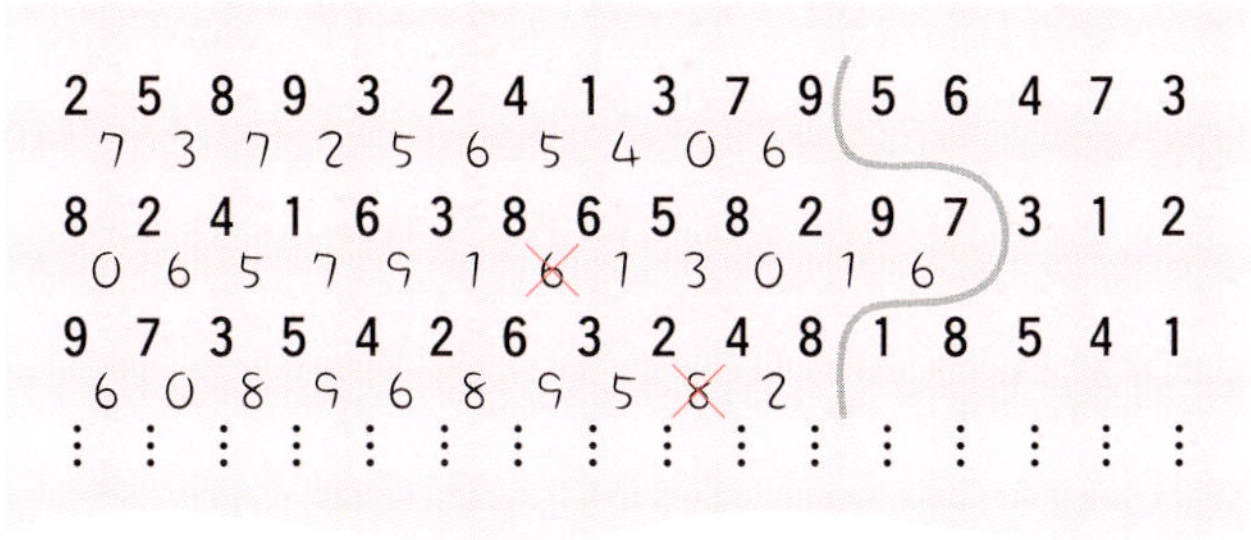
2 5 8 9 3 2 4 1 3 7 9 5 6 4 7 3
7 3 7 2 5 6 5 4 0 6
8 2 4 1 6 3 8 6 5 8 2 9 7 3 1 2
0 6 5 7 9 1 6 1 3 0 1 6
9 7 3 5 4 2 6 3 2 4 8 1 8 5 4 1
6 0 8 9 6 8 9 5 8 2

作業ができた最終点を結んでできる作業曲線と、作業量、計算の正確さから性格の特徴をとらえる。入社試験などに用いられることが多い

ブレイク

文字のクセを変えて
性格や運を変える
なんてことも
できるんだって

# 文字からわかる人の性格

「文字は人をあらわす」とは、
単なる言い伝えではないようです。
文字も人の行動の1つなので、
筆跡には書いた人の性格や心理があらわれると
考えられています。
次の4つの文字からあなたの性格を診断してみましょう。
字は体調や気分で変化します。それぞれ何回か書いて、
いちばん多い特徴から判断してみてください。

口

マスの中に書きましょう

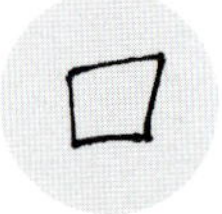

縦画と横画がぴったりついている字。きっちりルールを守る、まじめな人。仕事上のミスも少なく、警察官や経理の仕事などに向く

縦画と横画が離れて角が丸い字。協調性が高く融通もきくので、対人関係のトラブルは少ない。金運にも恵まれるが多少ルーズな面も

上も下も縦画と横画の間が大きく開いた字。こだわらないオープンな性格。愛すべき人物だが、だらしなさが前面に出ると信用を失う

ヨーロッパでは筆跡心理学（グラフォロジー）が盛ん。特にフランスでは「グラフォログ」と呼ばれる国家資格の筆跡診断士が、犯罪捜査や心身の病の治療などに活躍しているという

子

力強くはねた字。意志や責任感が強く、物事を最後までやりとげる。約束も守るので、信頼される。はねが大きすぎる人は完璧主義者

はねがないか、ほとんどはねない字。こだわりがなくさっぱりしているため、仕事の処理が速い。無責任、根性に欠ける傾向も

大きく弧を描いている字。人としての器が大きく、心が広い。将来カリスマ的な大物になる可能性も大。金運にも恵まれる

横画が左に大きく飛びだした字。頭の回転が速く、才能や知恵が豊かで、それが表に出ている。スタンドプレーになりがちな面も

# 様

木へん上部が横画から大きく飛びだした字。意志が強く、命令されたり反対されたりすることを嫌う。リーダータイプで社長向き

木へん上部が横画から少ししか出ていない字。協調性が高く、控えめ。大企業の場合はこのタイプの社長が多い

左払いが長い字。派手好きで目立ちたがり屋。人目が多いほど張りきる。自己アピールがうまく、努力も欠かさない。芸能人に多い

右払いが長い字。物事に熱中しやすく、損得抜きにのめりこむ。恋愛にもいちずだが、嫌われてもなかなか気もちを切りかえられない

縦画が大きく下に飛びだしている字。意欲的、活動的で、上昇志向が強い。平凡を嫌い、何に対してもいい結果を出そうとする

へんとつくりが離れた字。包容力があり、しぜんと人やお金が集まる。情報や知識も豊富なリーダータイプ。経営者や映画監督に多い

へんとつくりが接近した字。閉鎖的で融通がきかない反面、職人、芸術家などスペシャリストに向く。金運にはあまり恵まれない

書きはじめがはっきりしてひねりが強い字。自己主張が強く、わがままで他人との対立も多い。リーダーや海外の仕事には向いている

書きはじめがはっきりせず筆圧が弱い字。素直なので、目上からかわいがられる。優柔不断で頼りがいがなく、リーダーには不向き

# 点

囲まれた空間が大きい字。若い人に多い。情熱的で明るく、エネルギーや体力が豊富。洗練さに欠けるが、恋愛にも仕事にもタフ

囲まれた空間が小さい字。年齢とともに空間が小さくなることが多い。体力やエネルギーは不足気味だが、知性的で洗練されている

字の下方にある点と点の間隔が大きい字。外向的な性格で、好奇心旺盛《おうせい》。流行にも敏感で派手なおしゃれが好き

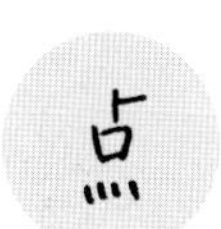

字の下方にある点と点の間隔が狭い字。内向的な性格で、気もちを外に出さない。目立つことを嫌うため、ファッションもシンプル

森岡恒舟『ホントの性格が筆跡でわかる』（旬報社）、マダム忍田『女の開運 筆跡診断』（法研）を参考に作成

# 世紀の大発見、「無意識」を見いだしたフロイト

## 心は3つの層から構成されている

フロイトは、数多くの理論をうち立てた、心理学の代名詞ともいえる存在ですが、彼の功績で最大のものは、「無意識」の発見でしょう。

フロイトはウィーンで医学を修めたのち、パリの医師シャルコーのもとで、神経症の勉強をします。ウィーンに戻って精神科医として開業したフロイトは、神経症患者を診察するうち、患者が忘れていた記憶をよみがえらせると症状が改善されることに気づきます。ここからフロイトは、意識から「抑圧」されたものが「無意識」に入れられ、神経症の症状や夢は、それらが形を変えて表面化したものだと考えました。

フロイトは最初、人の心は、「意識・前意識・無意識」の3層構造だとしましたが、のちに「超自我・自我・エス」という概念を唱えます。

「自我」は、理想的な「超自我」と、本能的な「エス」との調整役です。フロイトは、自我の安定のために人の心が行う「防衛《ぼうえい》機制（→P40）」の働きのしくみも明らかにしました。

## フロイトの考えた心の構造

**フロイトは、超自我・自我・エスは、はっきりと区別できるものではなく、入り混じっているものだとしている**

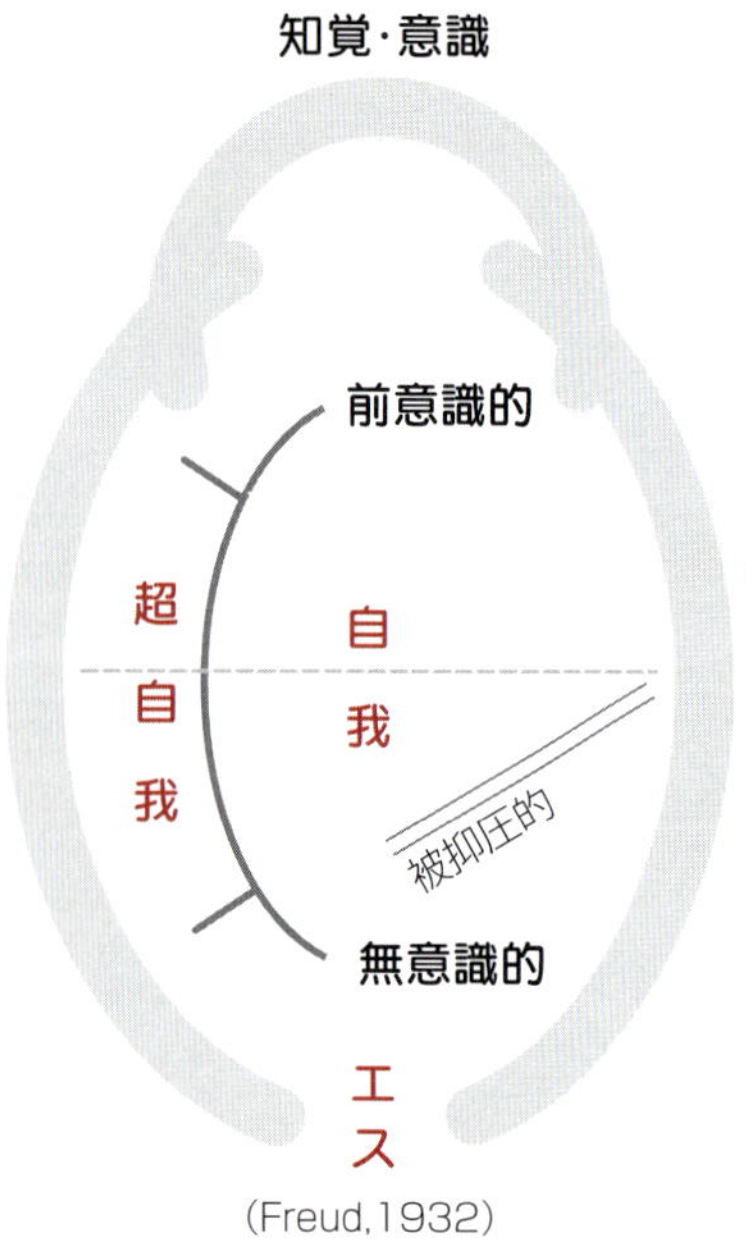
知覚・意識
前意識的
超自我
自我
被抑圧的
無意識的
エス
のちに発展

(Freud,1932)

エスの欲求が満たされずに欲求不満状態が続いたり、超自我や外界の現実とエスの調整をとったりしていると、自我は不安定になる。そのようなとき、人の心は無意識にさまざまな防衛機制を働かせて自我を守る

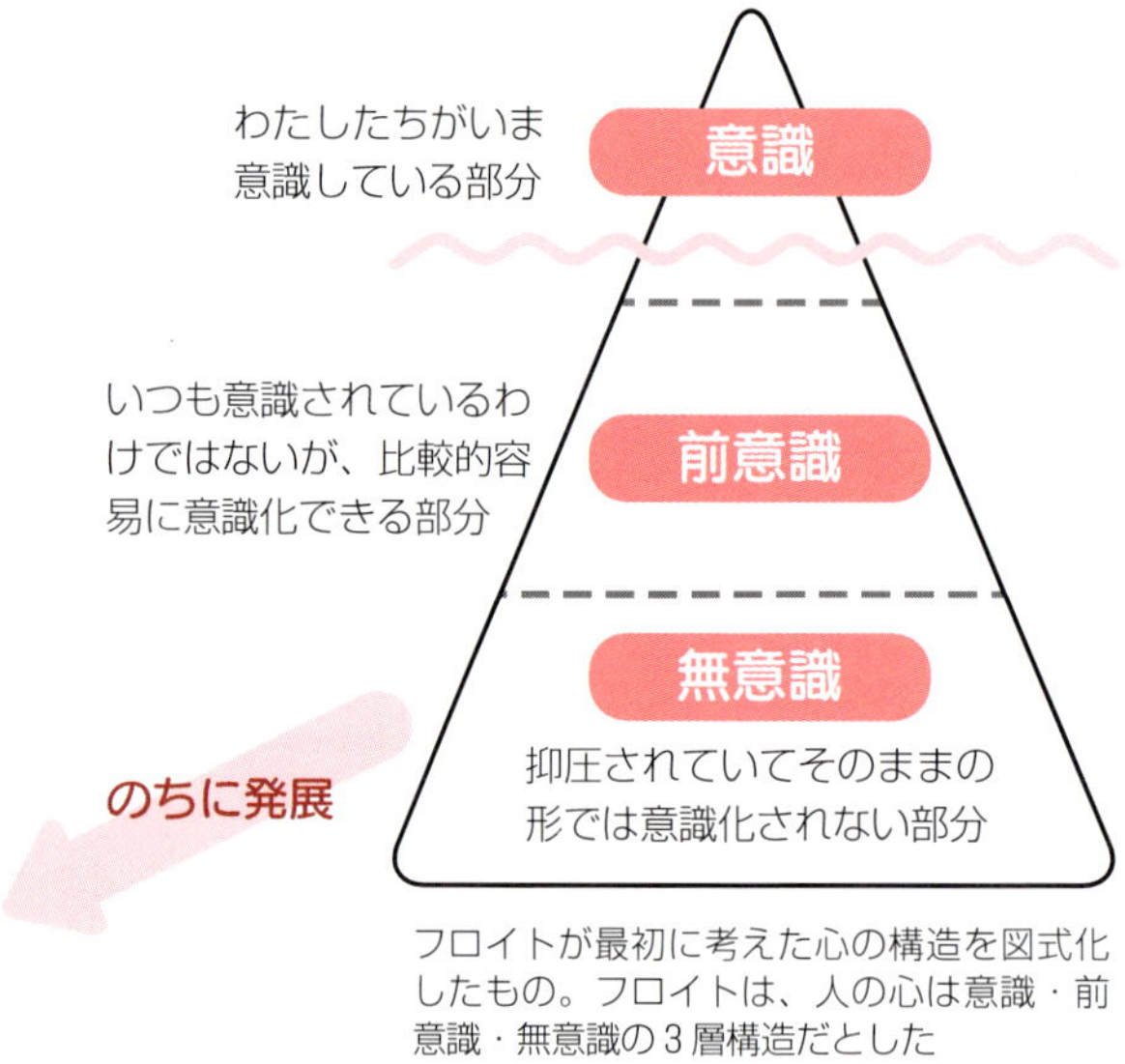
意識は海面から出た
氷山の一角のようなもの
わたしたちがいま
意識している部分
意識
いつも意識されているわけではないが、比較的容易に意識化できる部分
前意識
無意識
抑圧されていてそのままの
形では意識化されない部分

フロイトが最初に考えた心の構造を図式化したもの。フロイトは、人の心は意識・前意識・無意識の3層構造だとした

**超自我**

「～してはいけない」という、理想的、道徳的な良心の声。「スーパーエゴ」ともいう

**自 我**

「自分自身」のこと。エスをコントロールし、超自我とのバランスをとる。「セルフ」ともいう

**エ ス**

「～したい」という、本能的な欲求。快楽を求める。「イド」ともいう

Column

## エディプス・コンプレックス

フロイトは、多くの女性神経症患者が、幼児期に父親から性的虐待《ぎゃくたい》を受けたという似た告白をするのに気づきました。そして、その告白が事実か幻想かはともかく、人の深層心理には、同性の親を殺して異性の親と結ばれたいという、万人共通の願望があると考えるようになりました。

フロイトは、古代ギリシャ悲劇の『オイディプス王』（そうとは知らず実の父を殺し実の母と結ばれる）にちなんで、同性の親を殺し異性の親の愛を独占したがる願望を、「エディプス・コンプレックス」と名づけたのです。（→P３）

## フロイトによるリビドーの発達理論

**口唇期** 0〜1歳半ごろ
母親から授乳されることに快感を覚える時期。口唇期の愛情が不足すると、甘えん坊で依存心の強い性格になる

**肛門期** 1〜3歳
排便に快感を覚える時期。この時期のしつけが厳しいときちょうめんに、甘いとルーズな性格になる

**男根期** 3〜6歳
排尿時などにペニスに快感を覚える時期。男性性器に関心が向き、男女の役割を意識するようになる。また、異性の親に執着する

**潜伏期** 6〜12歳
一時的に性欲を抑圧する時期。同性の親から受けた去勢恐怖（「いうことをきかないとペニスを取り除く」といわれる）のためとされる

**性器期** 12歳〜
体中に分散していた性欲が性器に統合される時期。リビドーを適切に発達させていると、この時期に心理的な離乳が完成し、肯定的に性愛と向き合うことができる

フロイトの生きた19世紀後半のヨーロッパは、性道徳が極端に厳しい社会だった。そのため、性欲を抑圧すべきでないと説き、幼児にも性欲があると主張したフロイトの理論は、激しい反発を受けた

### 乳幼児期にも性欲がある

フロイトは、人の心を動かしている本能的なエネルギーは「性欲」だと考え、これを「リビドー」と名づけました。そして、人は生まれながらにリビドーをもっていて、成長とともにリビドーが発達するという理論を展開しました。

当時の人々は「幼児にも性欲がある」という理論に衝撃を受けましたが、フロイトの考える幼児性欲は、性行為には直接関係なく、体のいろいろな部分にあらわれるものです。乳児では口、次に肛門、3〜6歳になると、男性性器に興味をもつ時期（男根期）があらわれます。

フロイトは、男根期には異性の親への執着と同性の親への憎しみが生まれると考え、これを「エディプス・コンプレックス」と呼びました。

## 抑圧されたものは３つの形で表面化する

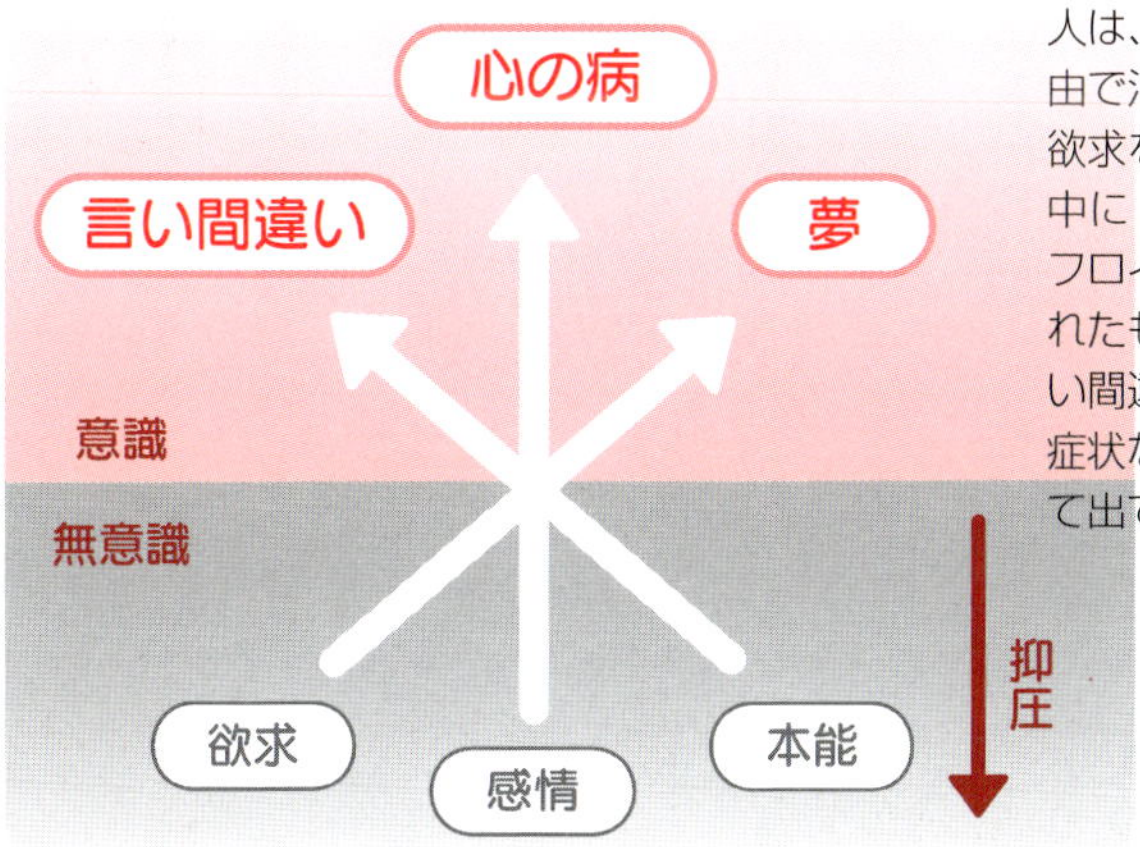
心の病
言い間違い
夢
意識
無意識
抑圧
欲求
感情
本能

人は、なんらかの理由で消したい感情や欲求を「無意識」の中に「抑圧」する。フロイトは、抑圧されたものは、夢や言い間違い、神経症の症状などの形をとって出てくると考えた

# 深層心理の探求で分析心理学を確立したユング

## 個人の無意識のほかに人類共通の無意識がある

スイス生まれのユングは、チューリッヒの大学病院に勤務していたとき、フロイトの著した『夢判断』に感銘を受け、19歳年上のフロイトと親交を深めます。精神分析を広める活動に励み、フロイトの後継者と目されていたユングでしたが、リビドーに対する考え方の相違などから、じきにフロイトと訣別《けつべつ》します。精神分析学会の仕事も辞してひきこもったユングは、こののち自分自身の内面と向きあいながら、心の研究を深めていくことになりました。

ユングは、自分の無意識に浮かぶイメージと、世界各地のおとぎ話や神話が似かよっていることに気づきました。そして、無意識には、「個人的無意識」のほかに、人類共通の記憶やイメージの基礎となる「普遍的無意識」がある、と考えるようになったのです。

普遍的無意識は、いくつかの「元型」によって構成されます。「アニマ」「アニムス」「ペルソナ」「シャドウ」「グレートマザー」「オールドワイズマン」などが、代表的な元型です。

アニムス
女性の心の中にある男性像。女性の中にある、論理や力、決断力などの男性的な面がイメージ化されたもの
アニマ
男性の心の中にある女性像。男性の中にある、感情や官能、霊性などの女性的な面がイメージ化されたもの

アニマ・アニムスは、諸刃の剣。理想に導く創造的なエネルギーの源泉である反面、破滅へ導く要因にもなるとされる

## 師匠と先輩の論争から生まれたユングの向性説

ユングがフロイトの弟子だったころ、先輩弟子のアドラーが、ある女性神経症患者の発症原因について、フロイトと対立しました。フロイトは父親に対する近親相姦《きんしんそうかん》的な心理が原因とし、アドラーは権力に対する願望が原因であるとしたのです。

ユングは、2人の説はどちらも正しいと考えました。フロイトが患者の「外」にある家族関係に注目するのに対し、アドラーは患者の「内」にある動機に目を向けたのです。ユングはフロイトのようなタイプを「外向型」、アドラーのようなタイプを「内向型」と呼びました（→P45）。

のちにユングは、「外向」「内向」に、「思考」「感情」「感覚」「直感」の4つの機能を組み合わせ、より緻密《ちみつ》な性格分類の理論をうち立てて、これを『タイプ論』として発表しました。

## ユングの考えた2つの無意識と6つの元型

**ユングは、フロイトと別れて独自の「分析心理学」を確立した。ユングの心理学の特徴をひとことで表すと、「普遍的無意識の発見」であるといえるだろう**

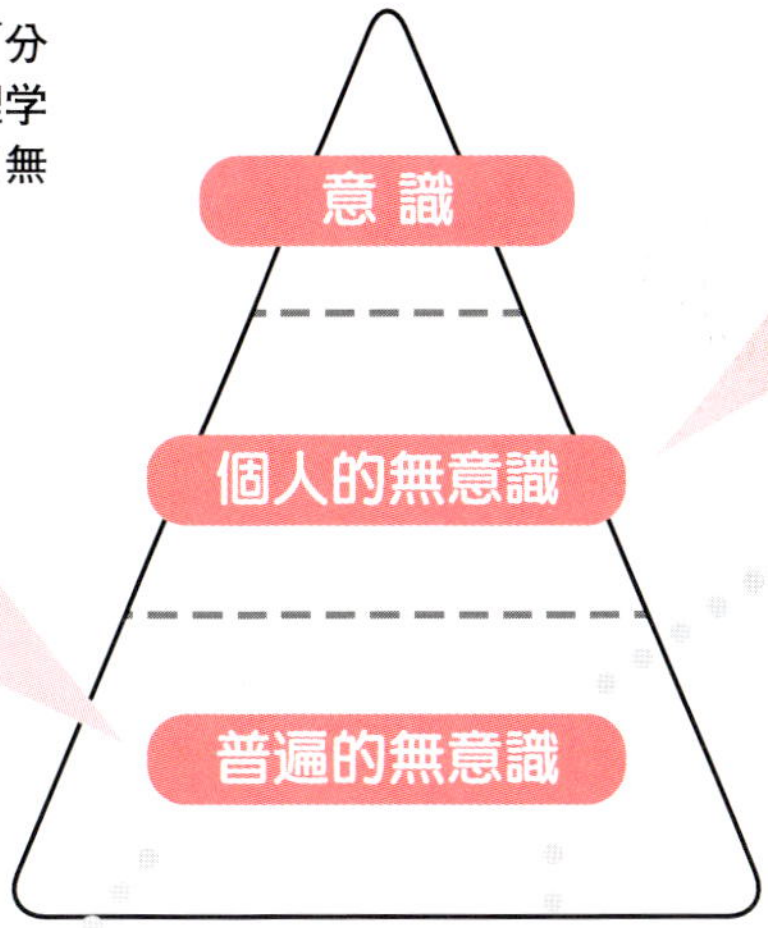


個人的な経験に関する無意識。抑圧された考えや記憶、コンプレックスなど

太古から受け継がれた、人類に共通するイメージや記憶。数多くの「元型」によって構成される

### ペルソナ

状況に応じて身につける社会的役割。「仮面」をあらわすラテン語で、自我を守るために必要なもの。「人格・性格」をあらわすpersonalityの語源でもある

### グレートマザー

「太母《たいぼ》」「母親元型《ははおやげんけい》」ともいい、万物を生んで包みこむ理想の女性像。反面、子を束縛し、あらゆるものをのみこんでしまう面ももつ

### シャドウ

自分の中の暗い影の部分。抑圧されたり自分では認めたくなかったりする部分がイメージ化されたもの

### オールドワイズマン

「老賢人《ろうけんじん》」「父親元型《ちちおやげんけい》」ともいう。男性の成長の最終到達点で、仙人のような存在。反面、権力的、支配的で横暴な面ももつ

## ユングの考えた性格の8類型

| | 思考 | 感情 | 感覚 | 直感 |
|---|---|---|---|---|
| 外向 | ●外向思考型<br>客観的、現実的に物事をとらえ、冷淡である | ●外向感情型<br>自由奔放《ほんぽう》で活発だが、無責任で主体性がない | ●外向感覚型<br>衣食などの流行に敏感で、つねに刺激を求めている | ●外向直感型<br>感覚が鋭く、状況判断が早い。予知能力がある |
| 内向 | ●内向思考型<br>思慮《しりょ》深いが頑固《がんこ》。感情を表に出すのが苦手 | ●内向感情型<br>感受性が強く、周囲の人とうち解けにくい | ●内向感覚型<br>外から刺激を取りこみ、独特な表現に結びつける | ●内向直感型<br>他人が理解しがたい現実離れした感覚をもつ |

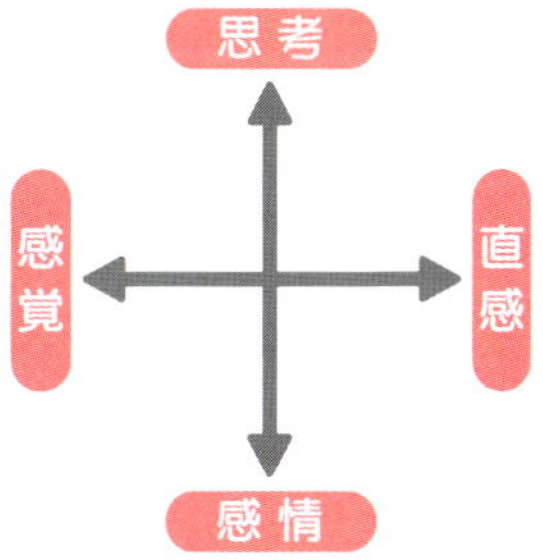


ユングは、心には4つの機能があると考えた。互いに向きあう機能のうち、一方が強くなると、もう一方が弱くなる

# ネクタイは男性器、タンスは女性器ってホント？



## 夢の心理学的意味

### フロイト流 夢が象徴しているもの

フロイトは『夢判断』の中でさまざまなシンボルをリストアップした。性的なものが多い

| | |
|---|---|
| 乗馬・階段の昇降・ダンス | 性交 |
| 傘《かさ》・ナイフ・ピストル・槍・杖《つえ》・ネクタイ・帽子 | 男性性器 |
| 箱・タンス・部屋・船 | 女性性器 |
| 歯が抜ける・断髪 | 去勢 |
| 旅に出る | 死 |
| 水に入る | 誕生 |

人や文化によって夢の解釈は異なる。たとえば「旅立ち」のことを、ユングは「人生の転換」の象徴だとしている

### フロイト

**抑圧された願望が暗示されたもの**

抑圧された願望は、夢をみる人が受け入れやすいシンボルに加工されてあらわれる。フロイトの夢分析は、このシンボルを解読して潜在的な願望を明らかにすることが目的。願望の多くは幼児期の性的体験などにかかわるとされる

フロイトは1900年、夢のメカニズムを解き明かした著書『夢判断』を出版した

夢

### アドラー

**権力に対する願望があらわれたもの**

フロイト、ユング、アドラーの夢の概念は異なるが、「夢＝無意識のあらわれ」という部分は共通している

### ユング

**意識を補完し心のバランスをとるもの**

心とは意識と無意識で完成するもの。夢は、無意識で理解したり感じたりしていることを伝えて、意識に欠けているものを補い、精神のバランスをとろうとする。無意識からのメッセージには未来の指針や警告なども含まれる。これを「展望的な夢」という

### 人は夢をみなければ生きられない

人の睡眠は、体も脳も休んでいるノンレム睡眠と、体は休んでいるが脳が覚醒《かくせい》状態で眼球も急速に動くレム睡眠とが交互にあらわれます。人が夢をみるのは、おもにレム睡眠のときだといいます。約20分のレム睡眠がおよそ90分ごと

# 夢にこめられたメッセージ

フロイト流にしてもユング流にしても、夢には自分の無意識があらわれる。ここでは、多くの人がよくみる夢の一般的な解釈を紹介する

### 夢分析をするときのポイント

1. いまみた夢をできるだけくわしく思いだす
2. 夢から連想したことを書きだしておく
3. 夢と実際の出来事との関連をさぐる
4. 夢分析の結果を素直に受けとめる

**食事の夢**

性欲や金銭欲など、さまざまな願望が満たされていないときにみる夢。実際に空腹である場合も

**試験の夢**

なんらかの試練に対する不安や、決断がさしせまっていることをあらわしている

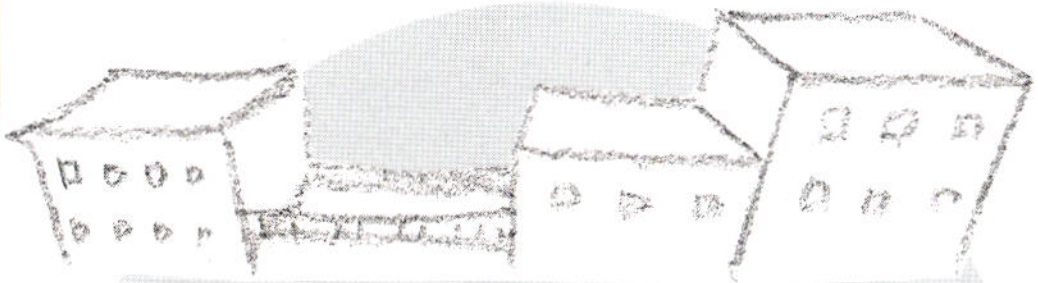

**空を飛ぶ夢**

気力・体力とも充実して自由に行動したいときみる夢。状況によっては現実から逃げたい気持ちのあらわれのときもある。途中でうまく飛べなくなるときは、なんらかのプレッシャーを感じていると考えられる

**火事の夢**

一時的な情熱にとらわれているときにみる夢。火事の規模は無関係

**落下する夢**

何かを失ったり失敗したりする恐れや不安があるときみる夢。恋人にふられてしまうかも…、面接で失敗するのでは…、など、不安のもとはさまざま

**裸になる夢**

自分をさらけだして、本来の自分になりたいという気持ちのあらわれ。ありのままでいられた子どものころに戻りたいという気持ちをあらわすこともある

**追いかけられる夢**

とらわれたくないと思いながらも、一方でつかまってみたいという願望があらわれた夢。追ってくる人間や動物などは、社会的慣習や固定観念などの象徴

にくり返されるので、人は、毎晩3～5回は夢をみていることになります。

レム睡眠を妨害しつづけると、人は精神に異常をきたしてしまいます。夢をみない人はいません。みなかったと思うのは、夢を覚えていないだけなのです。夢には何か、人の健康維持に欠かせない機能があるようです。

## 抑圧された願望なのか心のバランサーなのか

夢を、無意識を知る重要な手がかりだと考えたフロイトは、『夢判断』を著し、夢の科学的分析を試みました。フロイトは、睡眠中は、ふだん閉じている無意識と意識の間にすき間ができ、抑圧された願望がシンボルとなって夢の中に出現してくる、と考えました。

ユングも夢は無意識からのメッセージだとしましたが、フロイトと異なり、夢の役割は意識を補完することだと考えました。心は本来、意識と無意識の2つが補いあって成り立つものですが、人は昼間は意識に頼りがちなので、夜に無意識が夢として姿をあらわし、バランスをとるというのです。

ユングの夢分析では、夢からの連想を自由に語る「連想法」や、神話や昔話をもとに夢のイメージをふくらませる「拡充法」が使われます。

# フロイトとユング

一九〇〇年、フロイトが『夢判断』を著し、深層心理について独自の見解を示した
夢判断
S.フロイト
おおっ！フロイト先生の理論は〝意識〟についての私の意見と一致しているじゃないか！
夢判断
さっそく先生に私の論文を送って、見てもらおう
はじめまして フロイト先生…
ほー、なるほど
ユング君の*連想実験の結果は私の考えを裏づけてくれる
一度彼を招待してゆっくり話をしたいものだ
一九〇七年、ウィーンで初対面
先生のお考えの素晴らしさについては…
なんの、君こそ実に有意義な研究を…
ペラペラ
ペラペラ
フロイト51歳、ユング32歳、話は尽きることなく…
ところで、そろそろおなかすかない？パパ
おお、私としたことが、すまなかったね坊や
延々13時間もしゃべりつづけた末に、まるで父子のような強いきずなが生まれた
グ〜…
という訳で、一九一一年には…
フロイト先生が創設した「国際精神分析学会」の初代会長のユングでーす
私の後継者だ
パチパチ
パチパチ

＊ユングが無意識中のコンプレックスを研究するために行った実験（→P107）

しかし、実はボクには大きな悩みが…
あなたは幼児期の性体験に問題がある！
そちらのあなたには無意識の性欲があらわれている！
やれやれまたか…
フロイト先生、なんだかこのごろ「性欲説」のとりこになっちゃって
これじゃとてもついていけないよ
リビドーとは性欲ばかりじゃなくもっと広範囲な心の動きを指しているんだ
フロイト先生の理論には弱点がある
学会誌にボクの論文を書いてやれ
ガ〜〜ン！
なんじゃこりゃー
リビドーの変容と象徴
C.G.ユング
か、か、飼い犬に手を…
犬かよ
オマエのいう〝個人的無意識〟や〝普遍的無意識〟など認めないぞ！
私の前からさっさと消えてしまえ！
な、な、なんたる自己チューな
出て行くとも！
一九一三年、二人は訣別《けつべつ》
ある意味、避けて通れぬ「親離れ、子離れ」であった
パパ

# 本音をあらわす手足のしぐさ

## 足からばれる ほんとの気もち

相手の本心を知りたいときは、顔だけでなく、体全体、特に足の動きに注目するのがいいといわれます。

うそをついている人を撮影した、①首から上だけ ②首から下だけ ③全身 の3通りのビデオのうち、どれが最もうそがばれやすいか実験したところ、②の首から下だけのビデオが最もうそをついていることが判明しやすく、①の首から上だけのビデオが最もうそがわかりにくいという結果になりました。

人は、顔の表情は比較的コントロールできますが、全身の動きにまではなかなか神経が届きません。貧乏ゆすりや足の組みかえなどの足の動きや、足の開き具合には本心が出やすいのです。白い歯の笑顔や巧みな言葉にだまされないよう、ご用心。

## 手を動かすのもかくすのも うそをついている証拠?

うそは、手の動きにもよくあらわれます。うそをついているときは、緊張や不安を落ち着かせるために、自己親密行動（→P42）をとることが多く、髪や唇、ほお、鼻、口のまわりなどを手でさわったりします。特に相手が鼻や口のまわりをさわるときは、うそをついているか、自分の発言に自信がないかのどちらかであることが多いので、要注意です。

不自然に手をかくすのも、うそをあらわす行動です。テーブルの下やポケットに入れて手をかくすような行動は、動揺していることを見抜かれたくないという思いが働いているためと考えられます。

## 腕組み＝いばってるヤツではない

昔は、女性が腕組みをしていると、母親から注意されました。なんとなくいばっているように見えて、女性にふさわしくないしぐさだと思われたからでしょう。

腕組みには威圧的な感情を示すもの以外に、他人から自分を守る防衛《ぼうえい》的な腕組みや、自分を安心させる自己親密行動の腕組みもあります。防衛的な腕組みはたいてい、威圧的な腕組みよりも、低い位置で深く組まれます。考えごとをするとき腕を組むのは、他人に邪魔されずに思考に集中したいという防衛的な気もちのあらわれであるとも考えられます。

自己親密行動の腕組みは、ひじを下に向けて両肩を抱くように組まれます。母親から抱いてもらっていた代わりの行動なので、自分を抱くような姿勢になるのです。

第4章

# 人の成長と心理学

人の心は、胎児《たいじ》のときから死ぬまで
課題を達成しながら発達しつづけるといいます。
人の一生の、それぞれの段階には
それぞれどんなテーマがあるのでしょうか。

心理学の巨人たち 4

## カール・グスタフ・ユング

Carl Gustav Jung,1875-1961

スイスのケスウィルの牧師の子。バーゼル大医学部を卒業後、チューリッヒ大精神科に勤務。フランス留学後、コンプレックスの研究や性格分類で知られるようになる。『夢判断』に感銘を受け、1907年にフロイトと交流をもち、11年には国際精神分析学会会長となる。13年にフロイトと訣別《けつべつ》し、このときの精神の危機をもとに無意識の研究を深め、普遍的無意識の存在を唱えた。アフリカなど各地に旅行し、東洋思想や世界各地の神話・宗教、錬金《れんきん》術などにも関心が深かった。

# 受胎から棺桶まで、人は発達しつづけている

## 子どもの発見からはじまった児童心理学

現代では、子どもは遊んだり勉強したりすることがあたりまえだと思われています。しかし、「子ども」という存在が認められたのは、18世紀にフランスの思想家ルソーが、「子どもとは、独自の存在であり、発達段階に適した教育を授けるべきだ」と唱えてからのことです。それまでは、子どもは大人のミニチュアだと考えられ、庶民《しょみん》の子どもは、工場や農場で過酷《かこく》な長時間労働に従事させられていました。

ヨーロッパでの子どもの発見を受けて、19世紀の終わりごろには、アメリカで「児童学」が盛んになりました。この流れに、大人の心理学で研究された技法やテスト、精神分析の理論などが導入され、子どもの心の発達を研究する「児童心理学」が誕生したのです。

## 「発達」とは生まれてから死ぬまでの心身の変化のこと

わりあい最近まで、人は成人に向けて発達し、そののちは衰えていくものと考えられていました。しかし、人々の寿命が60年から80年余に延びて社会が高齢化するにしたがい、「発達」とは受胎《じゅたい》から死までの人の心の変化である、という「生涯発達」の考え方に変わってきました。

それにともない、発達心理学は、児童や青年の心の発達だけではなく、「一生の中での人の心身や行動の変化を研究する学問」となり、生涯それぞれの時期のもつ意味や課題を明らかにしようという動きが盛んになってきたのです。

人は一生発達しつづける
定年
60
死
老年期


Column

### 人はもう１年間胎内にいるはずだった？

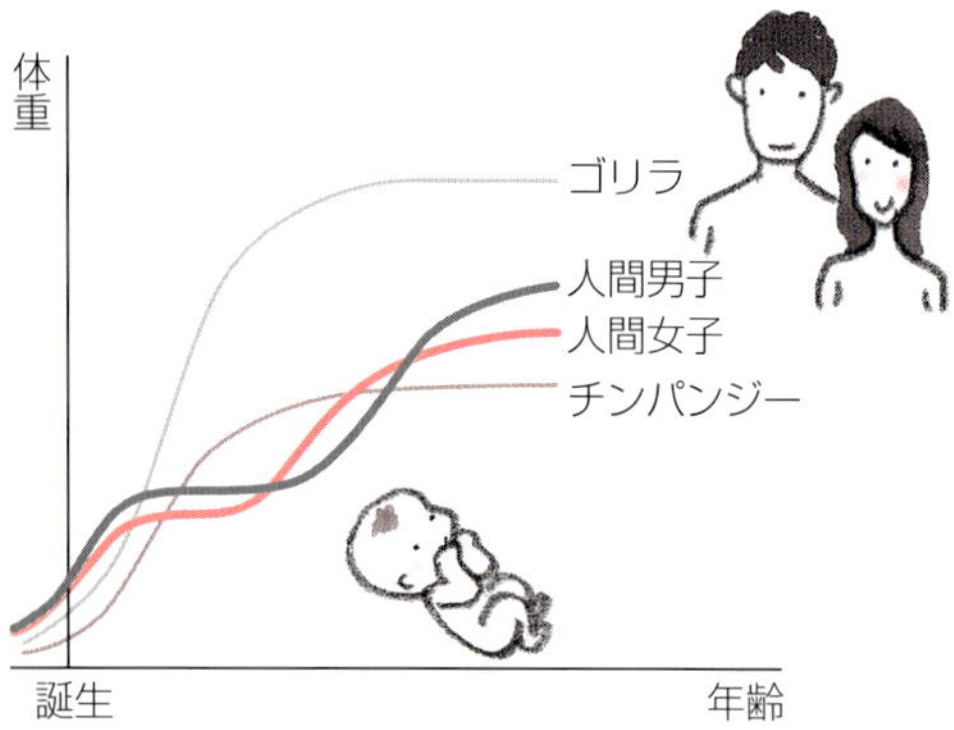

体重
ゴリラ
人間男子
人間女子
チンパンジー
誕生
年齢

（ポルトマンの体重の発達曲線の模式図を参考に作成）

生まれてすぐに立ちあがる馬やシカとは違い、人の赤ちゃんは、立つことはもちろん、目や耳の働きも、はなはだ不十分な状態で生まれてきます。

人には急激に成長する時期が、０～２歳ぐらいのときと12～18歳ぐらいのときの２回あります。このことから、人の生後１年の急速な成長は、本来胎内で起こるはずのものだったのではないかと考えられ、これをスイスの生物学者ポルトマンは、「生理的早産」と呼んでいます。

# 人の一生の発達段階と課題

人の発達段階の分け方にはいろいろあるが、ここではアメリカの精神分析学者エリクソンのライフサイクル論（心理社会的発達理論）を参考にして、8つの発達段階に分けることにする

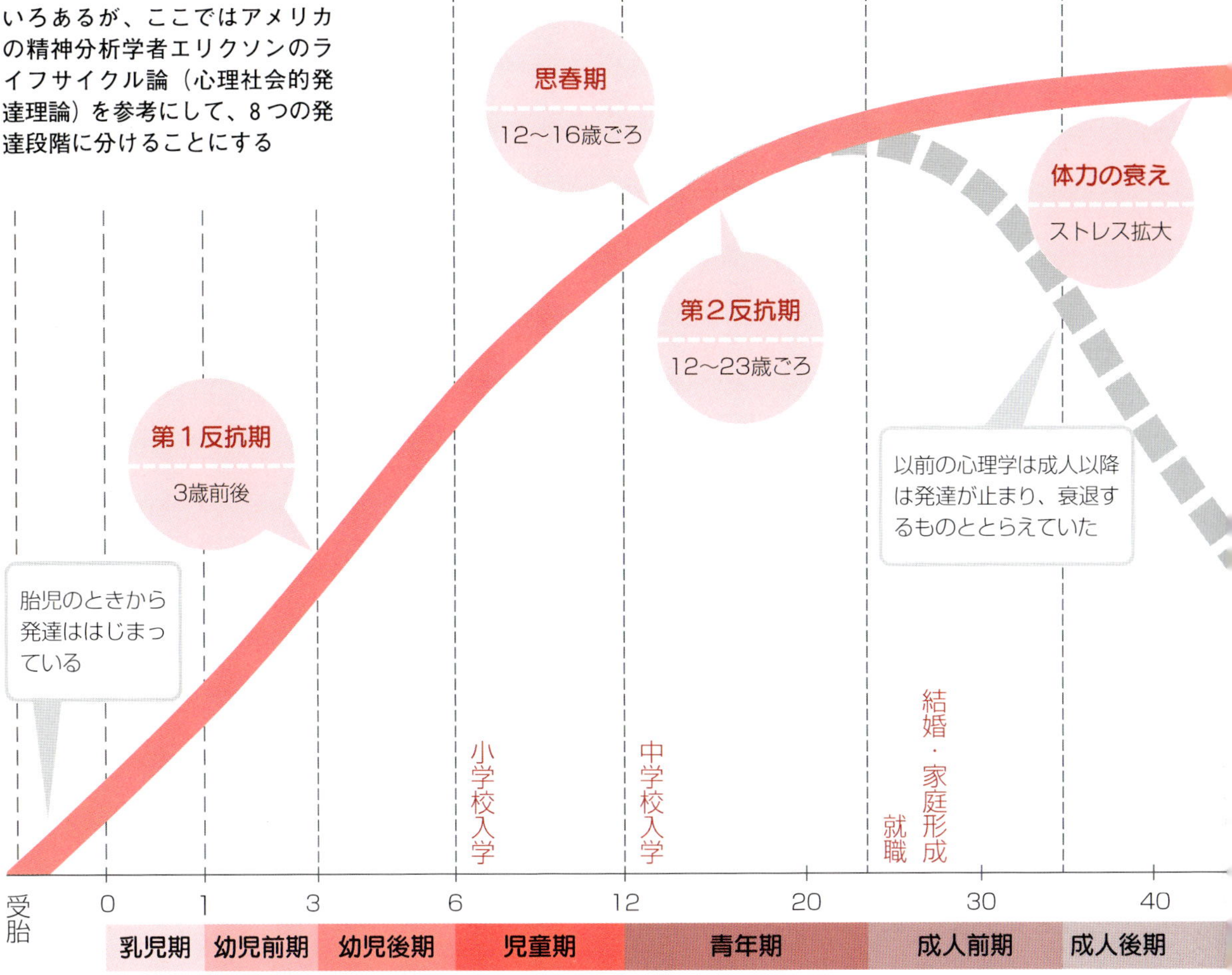
思春期
12〜16歳ごろ
体力の衰え
ストレス拡大
第2反抗期
12〜23歳ごろ
第1反抗期
3歳前後
以前の心理学は成人以降は発達が止まり、衰退するものととらえていた
胎児のときから発達ははじまっている
小学校入学
中学校入学
就職
結婚・家庭形成
受胎
0
1
3
6
12
20
30
40
乳児期
幼児前期
幼児後期
児童期
青年期
成人前期
成人後期

## ● エリクソンのライフサイクル論による発達課題

| | | |
|---|---|---|
| 乳児期 | 0〜1歳ごろ | 母親との関係の中で基本的信頼感を獲得することが課題。失敗すると基本的不信感が育つ |
| 幼児前期 | 1〜3歳ごろ | トイレトレーニングなどの中で自律性を身につけることが課題。一方、恥《はじ》や疑いの感情も生まれる |
| 幼児後期 | 3〜6歳ごろ | 活動範囲の拡大の中で自主性を獲得することが課題。一方、両親に対する性的関心や摩擦《まさつ》などから罪悪感をもつようになる |
| 児童期 | 6〜12歳ごろ | 学校生活などを通じて勤勉性を身につけることが課題。一方、他人との比較で劣等感を感じるようになる |
| 青年期 | 12〜23歳ごろ | アイデンティティ（自我同一性）の確立が課題。失敗すると同一性拡散（自分が何者かわからない）状態になる |
| 成人前期 | 23〜35歳ごろ | 家庭や職場を通して他者との親密な関係を獲得することが課題。一方、孤立する危険もある |
| 成人後期 | 35〜63歳ごろ | 子どもなど次世代の人間を育てる生殖性の達成が課題。一方、家庭や職場などで停滞する感覚をもつこともある |
| 老年期 | 63歳ごろ以降 | それまでの人生経験や知識を統合することが課題。一方、死が近づくことによる絶望感を味わうこともある |

エリクソンは、8つの発達段階それぞれで達成するべき課題を設定した

発達課題を乗りこえるプロセスそのものが発達であるという考え方もある

# 乳幼児期

# 心も体も劇的に発達、基礎づくりの時期

## 心身が大きく発達する乳幼児期

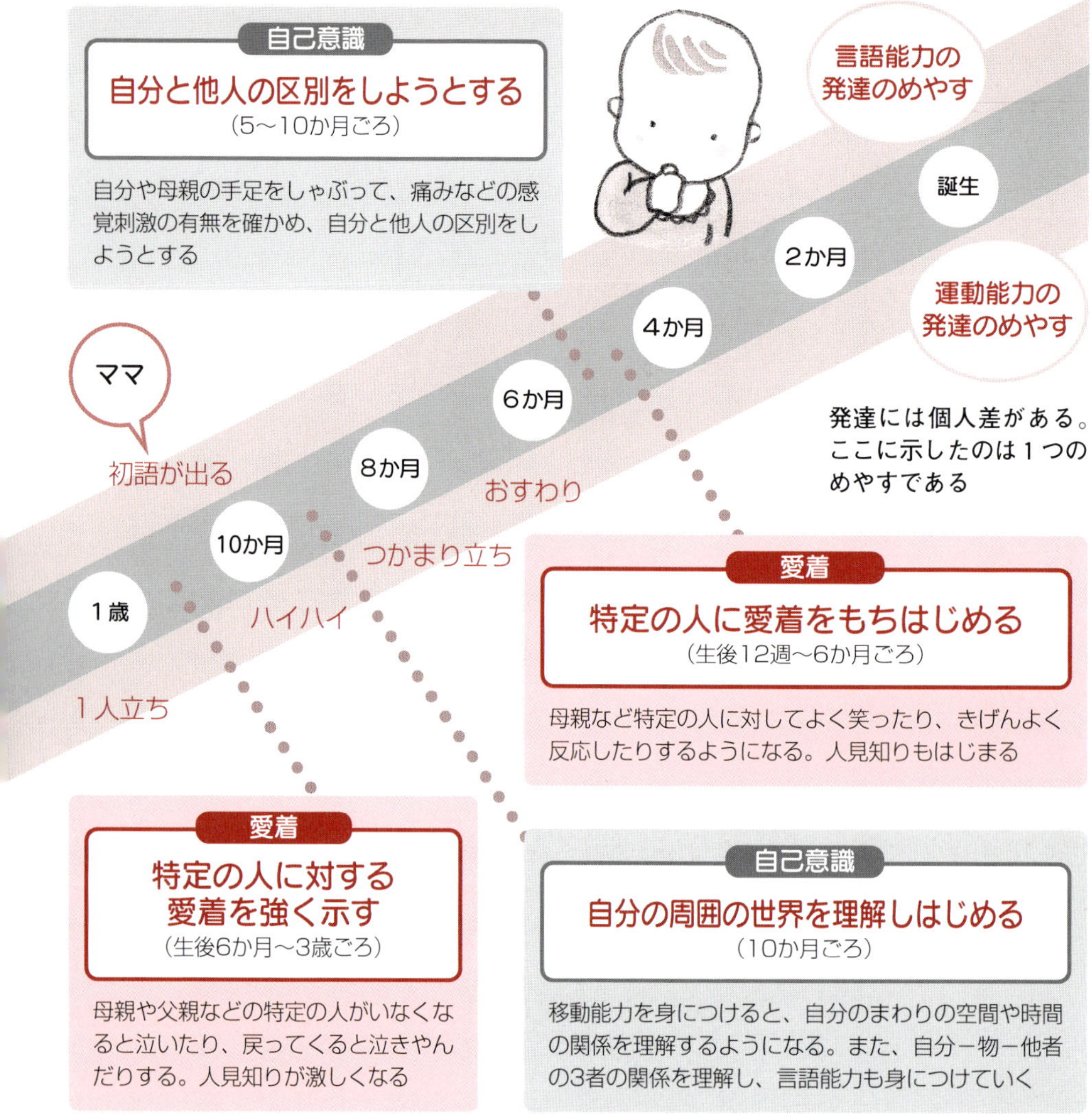

自己意識
自分と他人の区別をしようとする
（5〜10か月ごろ）
自分や母親の手足をしゃぶって、痛みなどの感覚刺激の有無を確かめ、自分と他人の区別をしようとする
言語能力の発達のめやす
運動能力の発達のめやす
誕生
2か月
4か月
6か月
8か月
10か月
1歳
ママ
初語が出る
おすわり
つかまり立ち
ハイハイ
1人立ち
発達には個人差がある。ここに示したのは1つのめやすである
愛着
特定の人に愛着をもちはじめる
（生後12週〜6か月ごろ）
母親など特定の人に対してよく笑ったり、きげんよく反応したりするようになる。人見知りもはじまる
愛着
特定の人に対する愛着を強く示す
（生後6か月〜3歳ごろ）
母親や父親などの特定の人がいなくなると泣いたり、戻ってくると泣きやんだりする。人見知りが激しくなる
自己意識
自分の周囲の世界を理解しはじめる
（10か月ごろ）
移動能力を身につけると、自分のまわりの空間や時間の関係を理解するようになる。また、自分ー物ー他者の3者の関係を理解し、言語能力も身につけていく


### 「安全の基地」の存在が心身の発達をうながしていく

「三つ子の魂《たましい》百まで」の言葉通り、人の心身は、脳や運動能力、感覚、感情、思考、言語能力など、すべてが乳児期〜幼児期に劇的に成長します。なかでも重要なものを挙げるとすれば、「愛着《あいちゃく》（アタッチメント）」の形成でしょう。

母親など特定の人と結ばれる愛着は、その後の人間関係の核となります。子どもはその愛着を「安全の基地」として、祖父母、きょうだい、友人……と、積極的に愛着の対象を広げ、対人能力をみがいていくことができます。また、基地の存在によって、子どもは安心して行動範囲を広げることができ、それが自己と他者の区別や、自立心の芽生えにつながっていきます。

遊びには、子どもの人格や社会性の発達がよくあらわれます。友だちから自分のおもちゃを取り返そうとしていれば、自己意識が形成されたことがわかります。また、数人で仲よく「ごっこ遊び」をしていれば、自己抑制力や他人を認める社会性が身についたことがわかります。

## 第1反抗期
（3歳前後）

自我が確立して自分と他人の区別がはっきりすると、「こうしたい！」「それはイヤ！」などの自己主張が強くなる

**感情**

### 感情の発達
（～2歳ごろ）

感情は最初、快・不快、恐れ、怒りの3種類が並行して出現する。以後、認知能力（知覚、判断、記憶などの人の情報処理能力）の発達とともに、喜び、愛情、不安、恥《はじ》などの、人の基本的な感情を、2歳ごろまでにだいたい身につけていく

**自己意識**

### 自己主張と自己抑制の高まり
（3歳ごろ～）

第1反抗期では、自己主張の力だけでなく、自己主張が通らない経験を通して、ルールを守ったり我慢したりする自己抑制の力も身につけていく

**遊び方**

### 平行遊びをする
（～3歳ごろ）

いっしょにいても1人1人が別々に遊ぶ

ママのおてて

2語文を話す

1歳半

1人歩き

2歳

走る
ボールを蹴る

**愛着**

### 愛着のある人と離れてもきずなを保てる
（3歳ごろ～）

認知能力の発達によって、離れていても心の中に特定の人の行動や感情を思いうかべられるようになる

ママのおてて
あったかーい

3～4語文を話す

片足で立つ

あったかいママのおててがすき！

4～5文節の文を話す

4歳

6歳

両足で交互に飛ぶ

**自己意識**

### 自己認知の確立
（1歳半ごろ）

鏡に映る自分を認識し、自分の名前がわかるようになる

**遊び方**

### 連合遊びをする
（3～4歳ごろ）

おもちゃの受け渡しなどはあるが、関心はそれぞれバラバラ

**遊び方**

### 協同遊びをする
（4歳ごろ～）

イメージを共有してそれぞれの役割をもち「ごっこ遊び」をする

# 仲間にもまれ、自分をさがして大人になる

## 「遊びが仕事」が児童期の正しい過ごし方

小学校に通う6～12歳の「児童期」を、別名「ギャング・エイジ」ということがあります。

学校生活などで同世代とのつながりが深くなると、子どもは、4～8人ぐらいの「ギャング集団」で行動するようになります。ギャング集団は概して閉鎖的で、集団には独自のルールや役割があります。また、集団内外ではトラブルやケンカがひんぱんに起きます。

スイスの心理学者ピアジェによると、7～11歳は、論理的思考を身につけ、親以外の価値基準や他人の立場を理解するようになる時期だとされます。仲間と行動する中で、子どもは他人との信頼を築き、協調性や責任感、義務感などの基本的な社会性を身につけていくのです。

かように人の成長に大きな意味をもつギャング集団ですが、近年姿を消しつつあります。原因は、少子化、ゲーム機器の発達、空き地の減少、子どもの自由時間の減少、悪質犯罪の増加などが挙げられます。

### 子どもはギャング集団で社会を学ぶ

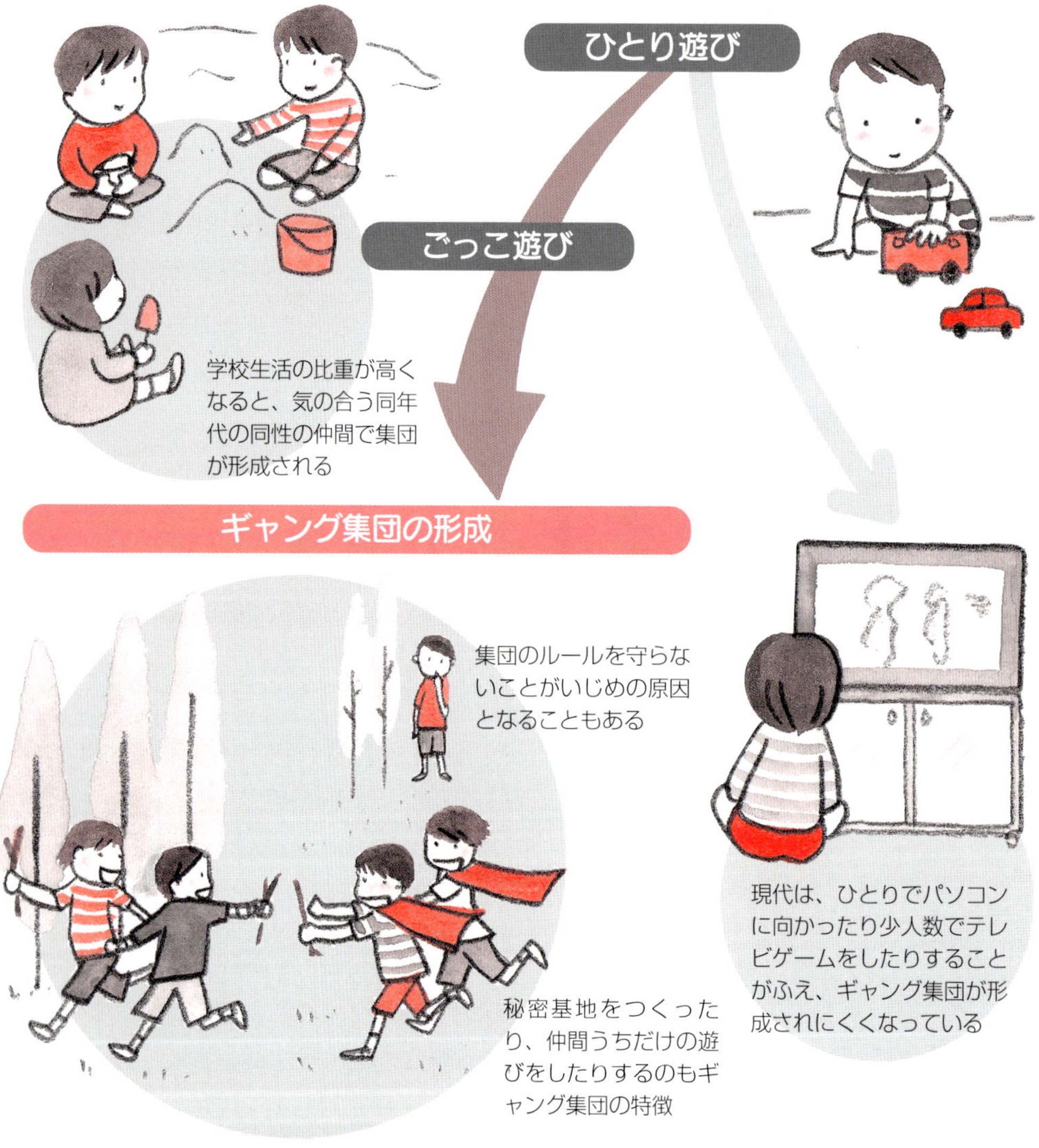
ひとり遊び
ごっこ遊び
学校生活の比重が高くなると、気の合う同年代の同性の仲間で集団が形成される
ギャング集団の形成
集団のルールを守らないことがいじめの原因となることもある
秘密基地をつくったり、仲間うちだけの遊びをしたりするのもギャング集団の特徴
現代は、ひとりでパソコンに向かったり少人数でテレビゲームをしたりすることがふえ、ギャング集団が形成されにくくなっている

## 自分を見つめ自分さがしをする青年期

心理学では、思春期から成人になるまでの過渡期のことを「青年期」といいます。

青年期、特に思春期は、心身ともに大きく変化する不安定な時期です。身体的変化から自分や周囲に関心が向くようになり、心理的、社会的な変化が起こります。親や教師を無条件に信頼しなくなり、親から自立（心理的離乳）しようとする心が生まれ、第2反抗期となるのです。

青年期最大の課題は「自分さがし」です。精神分析学者のエリクソンは、これを「アイデンティティ（自我同一性）の確立」と呼びました。

青年期には、進路、友人や恋人との人間関係など、さまざまな問題に直面します。失敗や挫《ざ》折《せつ》をくり返しながら、自分とはどんな存在なのかという問いに対する、自分なりの答えを見つけていくのです。エリクソンは、このような青年期のことを、社会の義務や責任から免除されて自分さがしに没頭できるという意味で、「モラトリアム（猶《ゆう》予《よ》期間）」と呼んでいます。

## 青年期はアイデンティティ確立の過程

**思春期**

（12〜16歳ごろ）
男子は声がわりや射精など、女子は乳房の発達や月経などの身体的・性的発達（第2次性徴）によって、自分が大人になっていくことを自覚する時期

体と心の成長のズレ

身体的、性的な発達から自分に関心が向く

親や社会を客観的にみるようになる

自分の外見や環境を他人と比較する

**第２反抗期**

自我の独立を求めて、親や教師などすべてに否定的、批判的な態度をとる時期。体の変化に心がついていかず、精神のよりどころを失った不安定な状態

**モラトリアム**

社会の義務や責任を猶予されて、アイデンティティの確立にエネルギーを傾けられる期間。「モラトリアム」とは、もともとは支払い猶予期間をあらわす経済用語

社会に対する当事者意識をもたず、アイデンティティをなかなか確立しない人のことを、精神分析学者の小《お》此木《このぎ》啓吾《けいご》は「モラトリアム人間」と呼んでいる

**アイデンティティの確立**

- 自分はだれとも違う独自の存在である 〈独自性〉
- 現在、過去、未来の自分は連続した同一の存在である 〈連続性〉
- 自分は社会から受け入れられている 〈社会的受容〉

Column

### 長くなった青年期

現代の成人式は30歳時に行うほうが実情に合うのではないか、といわれることがあります。価値観が多様化して、フリーターなど経済的に安定しない層がふえたこと、高学歴化、晩婚化などの理由で、ゆっくりと大人になる傾向が強まったからです。

青年期は延びる一方のようです。「万年青年」というと聞こえはいいのですが、アイデンティティの確立をせずにモラトリアム状態で中年期を迎えると、ひどい「中年期クライシス（→P70）」に悩むことになります。

# 課題をクリアしながら人生の総仕上げを



## 成人後期は課題とストレスの増大する人生の転換期

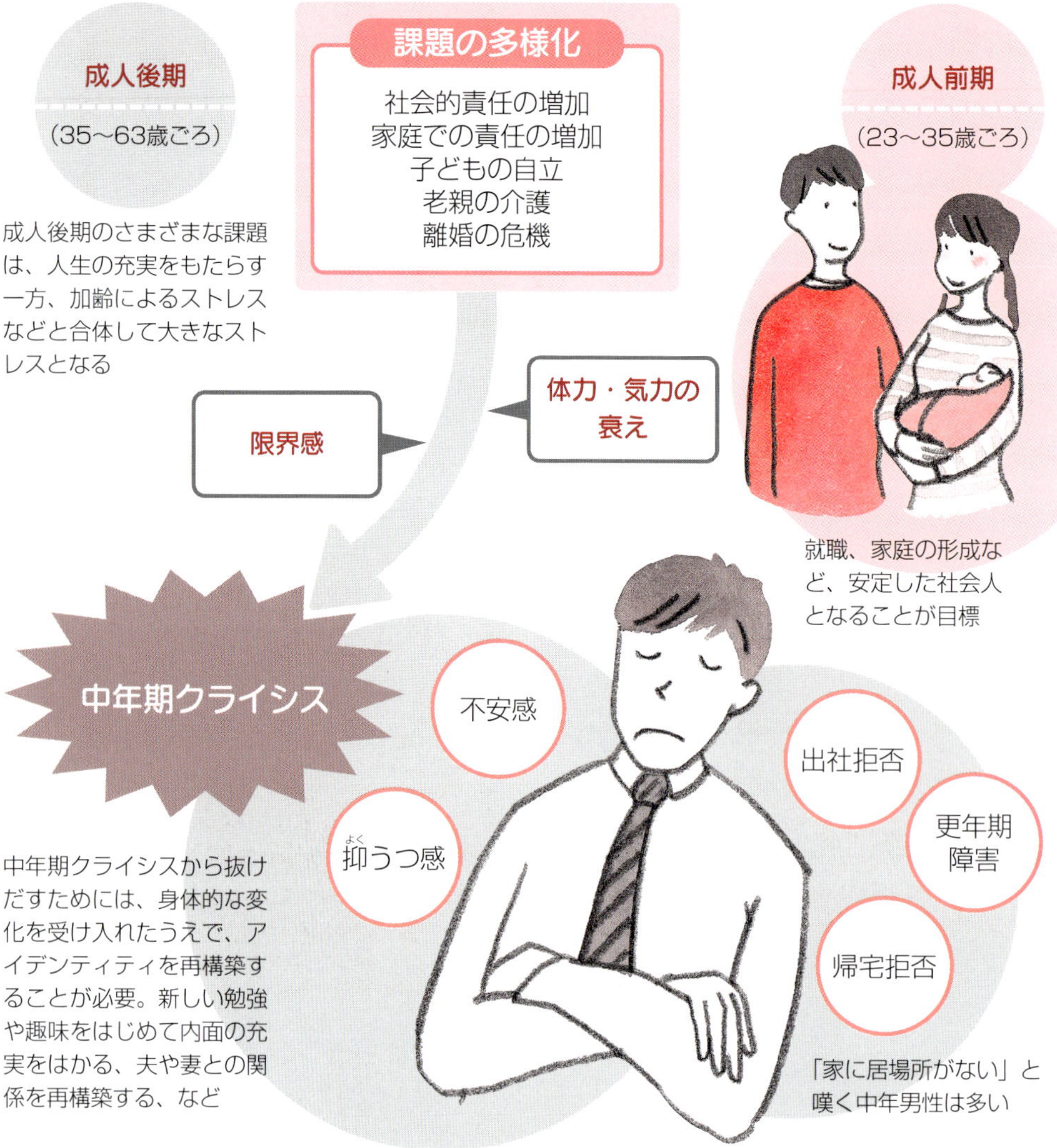
成人後期
（35～63歳ごろ）
課題の多様化
社会的責任の増加
家庭での責任の増加
子どもの自立
老親の介護
離婚の危機
成人前期
（23～35歳ごろ）
限界感
体力・気力の衰え
中年期クライシス
不安感
抑《よく》うつ感
出社拒否
更年期障害
帰宅拒否

成人後期のさまざまな課題は、人生の充実をもたらす一方、加齢によるストレスなどと合体して大きなストレスとなる

就職、家庭の形成など、安定した社会人となることが目標

中年期クライシスから抜けだすためには、身体的な変化を受け入れたうえで、アイデンティティを再構築することが必要。新しい勉強や趣味をはじめて内面の充実をはかる、夫や妻との関係を再構築する、など

「家に居場所がない」と嘆く中年男性は多い

### 人生の充実とストレスが両方やってくる成人期

成人期は、自立した大人として、社会の中で力を発揮する、人生の充実期です。反面、社会的な責任が増大し、子どもの教育や親の介護など、次々と難問が襲ってくる、ストレスがたまりやすい時期でもあります。

35～63歳ぐらいの成人後期（中年期）になると、人は、体力や気力、仕事での能力に限界を感じたり、人生は無限ではないことに気づき、年老いることや死への不安を感じたりします。これらの危機を、「中年期クライシス」といいます。中年期クライシスは、出社拒否症、帰宅拒否症やうつ病に結びつくこともあります。また、中高年の自殺者の多さは、中年期クライシスの深刻さを示しているといえます。

成人後期は人生の転換期であり、アイデンティティの再構築が必要です。アメリカの教育学者ハヴィガーストは、この時期には、身体的変化を受け入れて適応し、配偶者との関係を再構築することが課題だと述べています。

## 長い老後を生きぬくカギは自分なりの充実感と人間関係

老年期は、多くの人が社会の一線から退く時期です。老年期が長期化する中、老人心理の研究も進んでいます。

これまで知能のピークは20～30代とされてきましたが、近年、年をとっても伸びつづける「結晶性知能」の存在が明らかになりました。脳年齢を若く保つゲームが盛んですが、老人ならではの「知恵」もあります。短歌や俳句などには結晶性知能が大いに発揮されるでしょう。

老年期には、柔軟な思考で勉強や仕事、ボランティア活動などの生きがいをもち、若々しく前向きに過ごすことも可能です。また、年をとると、自己実現よりも愛情に重きを置く人が多くなります。老人の心にとって最も大切なことは、家庭や社会で必要とされている実感をもち、社会とつながることでしょう。

老いには個人差がありますが、「死」はだれにも公平にやってきます。アメリカの精神科医エリザベス・キューブラー・ロスは、死を人間の最後の成長であると考え、人が死を受け入れる心理プロセスを分析しました。

### 年をとっても衰えない知能がある

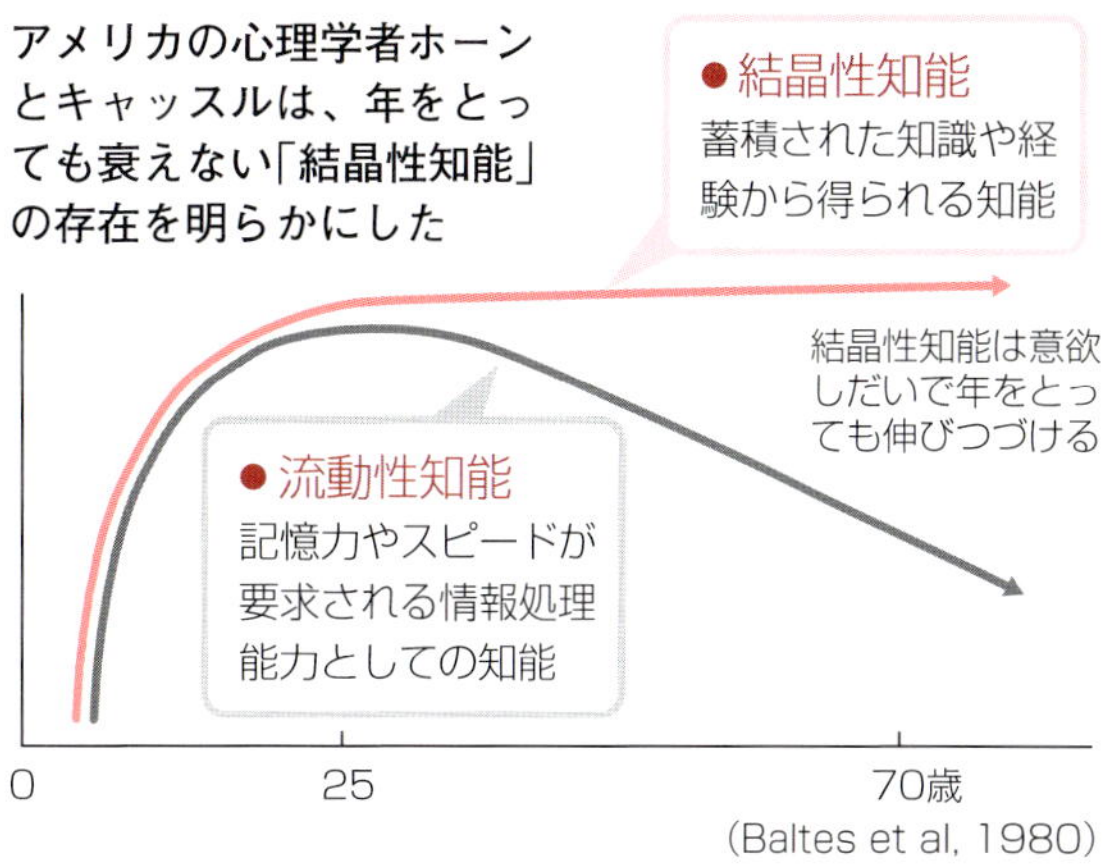
アメリカの心理学者ホーンとキャッスルは、年をとっても衰えない「結晶性知能」の存在を明らかにした
●結晶性知能
蓄積された知識や経験から得られる知能
結晶性知能は意欲しだいで年をとっても伸びつづける
●流動性知能
記憶力やスピードが要求される情報処理能力としての知能
0
25
70歳
(Baltes et al, 1980)

### 人が死を受け入れるまでのプロセス

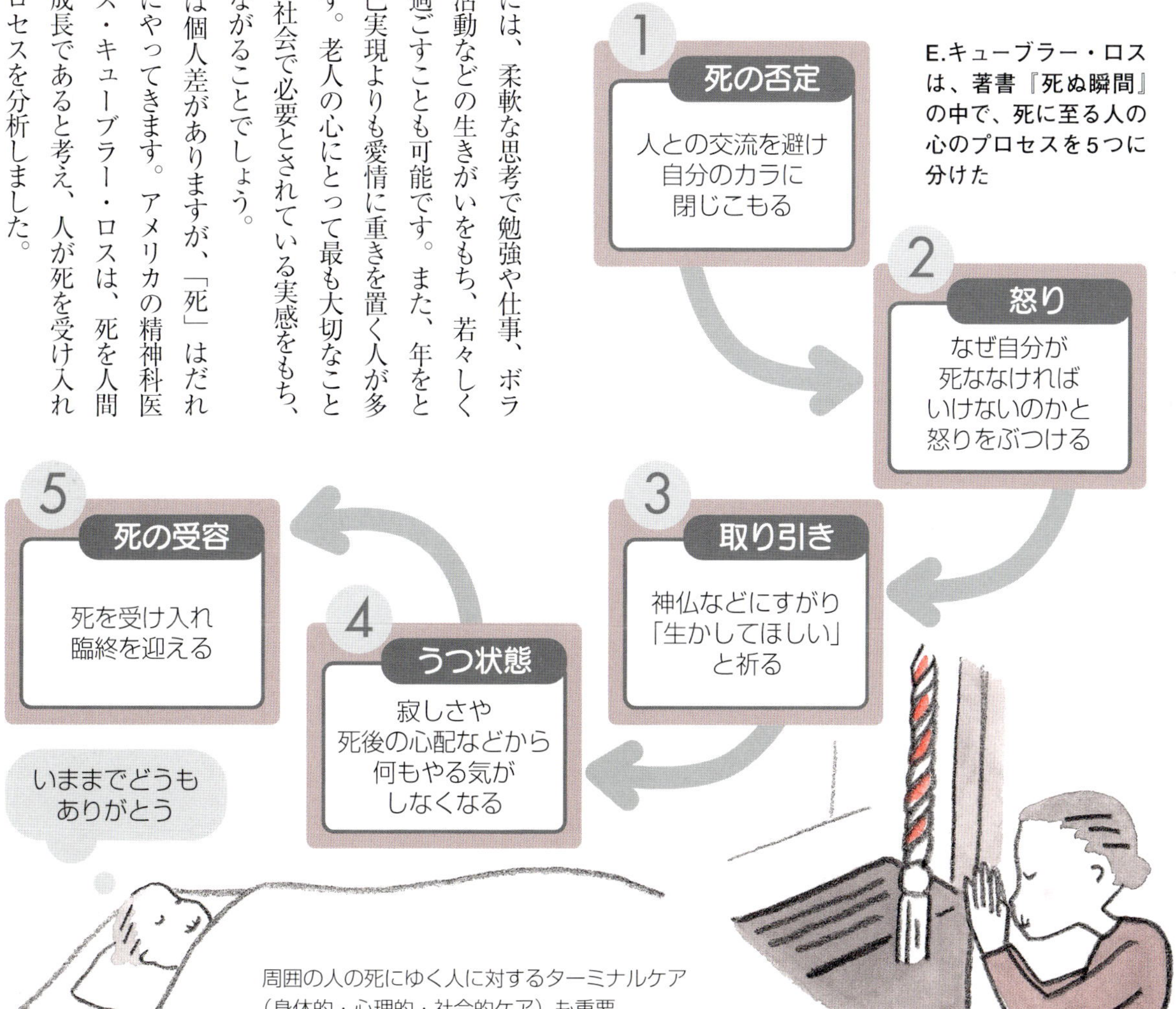
E.キューブラー・ロスは、著書『死ぬ瞬間』の中で、死に至る人の心のプロセスを5つに分けた
1 死の否定
人との交流を避け自分のカラに閉じこもる
2 怒り
なぜ自分が死ななければいけないのかと怒りをぶつける
3 取り引き
神仏などにすがり「生かしてほしい」と祈る
4 うつ状態
寂しさや死後の心配などから何もやる気がしなくなる
5 死の受容
死を受け入れ臨終を迎える
いままでどうもありがとう
周囲の人の死にゆく人に対するターミナルケア（身体的・心理的・社会的ケア）も重要

## マンガで心理学

# 素晴らしきかな？人生

天上天下《てんじょうてんげ》唯我独尊《ゆいがどくそん》…なんちゃって
人は胎児《たいじ》のときから発達をはじめているんだよ
そして乳幼児期のはじまり
生まれて数年間に心も体も劇的に発達
自分を知って、周囲を知って、だんだんコミュニケーション能力も身についてきます
そして児童期
10歳で神童と呼ばれてるボクもっと勉強して大いに〝発達〟するぞ
あら、ハタチ過ぎればなんとやら、子どもは基本的に遊びが仕事だよ。特に集団遊び
たちまち、青年期を迎えます
親がなんだ！勉強がなんだ！社会がなんだ！
自分さがしの旅にでも出てみる？
成人期は、人生の充実期
就職、結婚、子育てで、人間関係の幅も大きく広がったよ
その分、ストレスもふえるから気をつけなくちゃね
それにしてもあなたにそっくり
おっと、中年期クライシス発生！
転職
責任
ローン
子の巣立ち
挫折
健康不安
介護
離婚の危機
あー、オレはもう限界だよ
あら、あなた、時間をかけて話しあいましょ

で、ついに来ました老年期
もう体力、筋力はほぼゼロだな
トホホ
え〜と
もの覚えも悪くなっちゃって
あとはただひたすら衰えていくばかりだもんなあ
衰えることばかりじゃないわ
これまでの知識や経験から得られる「結晶性知能」がずっと発達しつづけるのよ
結晶性知能って
たとえば“物の真贋《しんがん》を見きわめる眼《め》”とか？
そうよ、音楽、美術、文学における理解力や表現力とかも
これ、いつ読んでも感動的だわ
日記帳
うむ！人生捨てたもんじゃないななんか、やる気出てきたぞー
ところでさっき、お医者さんから電話があったんだけど、あなた実は…
え？
あなたはもちろんだけど、家族だってショックなのよ
でも、これも人生ね、力を合わせて病気と闘いましょう
なるほどなあ、人間っていくつになっても心は揺れ動きつづけるんだな
そう、死ぬまで発達しつづける運命なのよ私たち
早く治してね ツメ水虫

知能とは

# 知能指数の正体は精神年齢

## 「頭がいい」の定義はむずかしい

大人が九九を唱えても「頭がいい」とはいわれません。また、知的能力というと、日本人は社会性、アメリカ人は実務能力や言語能力を重んじます。知能の定義は年齢や文化、立場によっても違い、とてもむずかしいのです。

現代広く実施されている知能テストの原型は、フランスの心理学者ビネーが考案したものです。問題の正答率から求めた精神年齢を実際の年齢で割って、知能指数（IQ）を算出します。つまり知能テストは、年齢に応じて平均的に発達しているかどうかを調べるもので、その人の知能のすべてがわかるものではないのです。

近年は、何かと「創造性」が重視されますが、知能テストの結果と創造性は直接関係しないことがわかっています。日本人は知能指数は高いのに、ノーベル賞の受賞者がさほど多くないのも、それを証明する一例かもしれません。

### 知能の定義は立場によって違う

- 論理的・抽象的思考能力
  知的能力の発達と進化からみる立場
- 経験から効率よく学習する能力
  教育の立場
- 新しい環境に適応する能力
  臨床の立場

Nice to meet you!

立場や基準が異なると、求められる「知能の高さ」も違ってくる

Column

### 心の知能指数のEQ*

現代では、IQが高くても、社会的成功を収めて幸福な生活を送れるとは限らないことが知られてきています。アメリカの心理学者ゴールマンは、人間性の豊かさの指標となる、心の知能指数のEQを提起しました。

EQが示す感情や意欲、社会性などの人間関係を円滑にするスキルは、日本では昔から重んじられてきたことです。むしろIQよりもEQのほうが、日本人にはすんなりなじむ概念かもしれません。

**ＥＱに関するゴールマンの５つの提起**

1. 自分自身の感情を知る〈自己認識〉
2. 感情をコントロールする〈自己統制〉
3. 目標達成に向かって自分を動機づける〈セルフ・コントロール〉
4. 他人の感情を感じとる〈共感〉
5. 人間関係を適切に処理する〈社会性〉

＊Emotional Intelligenceの便宜的な表現

# 知能指数（IQ）の算出方法

## ● スタンフォード・ビネー式検査*の方法

**知能テストを受ける**

年齢ごとに大部分の人が解答できる言語、数量、思考、知覚などのさまざまな分野の問題を用意する。問題は簡単なものからむずかしいものの順にならべてあり、時間内にどこまでできたかで得点を出して、精神年齢を算出する

↓

**精神年齢を割りだす**

↓

**IQを割りだす**

$$\text{知能指数（IQ）} = \frac{\text{精神年齢（MA）}}{\text{生活年齢（CA）}} \times 100$$

生活年齢＝実際の年齢

## ● IQの分布モデル

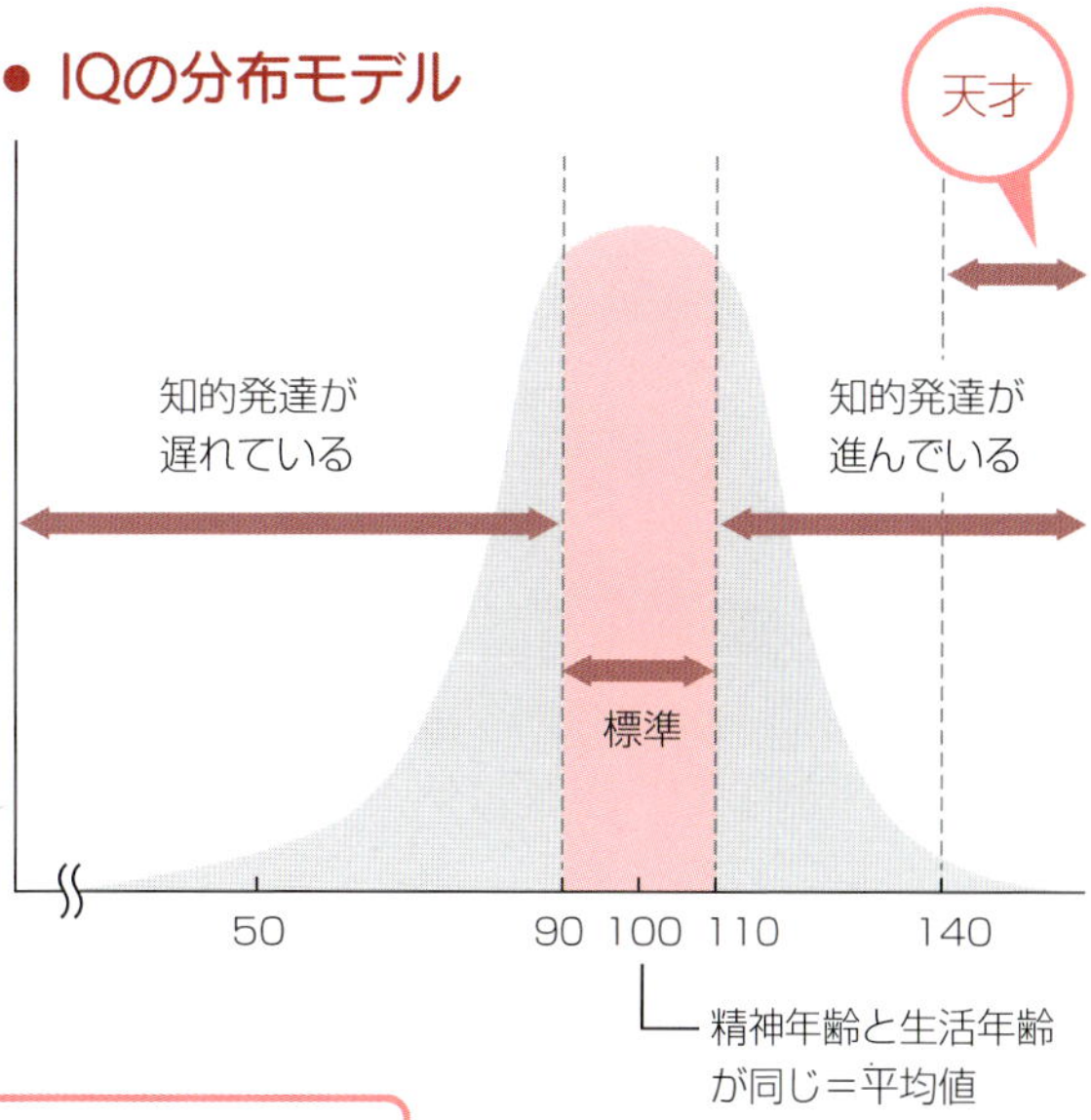

天才
知的発達が遅れている
知的発達が進んでいる
標準
50
90
100
110
140
精神年齢と生活年齢が同じ＝平均値


知能テストの結果のIQの分布はこのような形になる。全体の6割が90～110の範囲におさまる

**知能指数は不変ではなく、年齢によって変化する。また、体調や慣れによっても変わるので、結果はあくまでめやすとしたい**

＊1900年代初頭にビネーが考案したテストに、アメリカの心理学者ターマンらが改良を加えたもの

# 知能テストと創造性テスト

**知能テスト**

「つめたい」の反対の言葉はどれですか？

ア）あかるい　イ）さむい
ウ）あたたかい　エ）かるい
オ）すずしい

知能テストには決まった答えを速く正確にさがすものが多い

**創造性テスト**

この世から突然電気がなくなったらどんな結果になるか考えなさい

創造性テストにはいろいろな答えが考えられるものが多い

**拡散的思考**

- 早寝早起きで健康になる
- 電気以外のエネルギーが開発される
- セックスが激増して少子化問題が解決に向かう

**集中的思考**

- テレビが見られなくなる
- 街が暗くなる

1つの問いからたくさんの解決方法を生みだす拡散的思考の人は、創造性が高いといわれる

ジェンダー

# 男らしさ、女らしさは社会がつくりだしている

## 環境によってつくられる性の役割

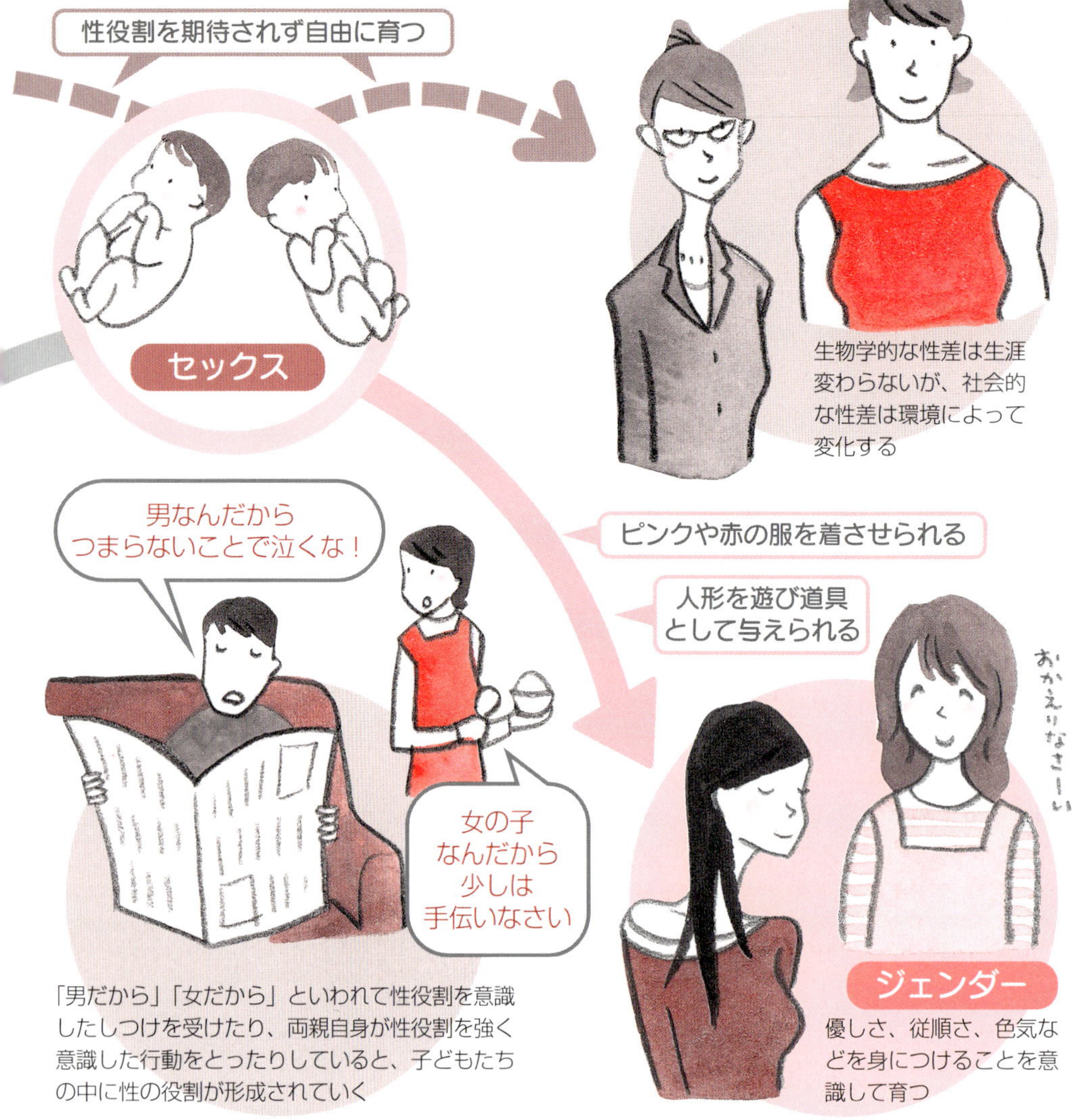
性役割を期待されず自由に育つ
セックス
生物学的な性差は生涯変わらないが、社会的な性差は環境によって変化する
男なんだからつまらないことで泣くな！
ピンクや赤の服を着させられる
人形を遊び道具として与えられる
おかえりなさーい
女の子なんだから少しは手伝いなさい
「男だから」「女だから」といわれて性役割を意識したしつけを受けたり、両親自身が性役割を強く意識した行動をとったりしていると、子どもたちの中に性の役割が形成されていく
ジェンダー
優しさ、従順さ、色気などを身につけることを意識して育つ

## 女として生まれるのではなく女になる

「男は度胸《どきょう》、女は愛嬌《あいきょう》」というように、日本は性役割の期待が大きい社会です。しかし、世界的にみると、男女とも男性的もしくは女性的である社会や、男女の性役割が日本とは逆の社会も存在します。このことは、男女の性役割が生まれつきのものではなく、後天的に学習されたものであることを示しています。フランスの女性作家ボーヴォワールは、著書『第二の性』の中で、「人は女に生まれるのではない、女になるのだ」という名言を残しました。

生物学的な性を「セックス」というのに対し、文化や時代によってつくられる社会的な性のことを「ジェンダー」といいます。ジェンダーは、男の子には学業の優秀さ、女の子には家事の手伝いや礼儀を求めるといった、親や周囲の性役割期待によって形成されます。また、親の性役割に即したふるまいを子が観察したり、同性の親と自分を同一視したりすることによって学習される部分も大きいと考えられます。

## 男性・女性に期待される特性

以下は、日本の社会で男性と女性に対して期待される特性を挙げたもの

**男性の特性**

- 冒険心に富んだ
- たくましい
- 大胆な
- 指導力のある
- 信念をもった
- 頼りがいのある
- 行動力のある
- 自己主張のできる
- 意志の強い
- 決断力のある

**女性の特性**

- かわいい
- 優雅な
- 色気のある
- 献身的な
- 愛嬌のある
- 言葉遣《づか》いの丁寧な
- 繊細な
- 従順な
- 静かな
- おしゃれな

（伊藤裕子，1978）

♪～
中性的な魅力を発揮する人もいる
青や黒の服を着させられる
車や電車のおもちゃを与えられる
ジェンダー
たくましさ、行動力、リーダーシップなどを身につけることを意識して育つ

Column

### それでも無視できない脳の性差

性役割は環境がつくっていくものだと考える心理学・社会学の立場に対し、男女の脳の違いが先天的に性差を生んでいるという考え方もあります。

アラン＆バーバラ・ピーズは、著書『話を聞かない男、地図が読めない女』の中で、男性は右脳、女性は左脳が発達しているため、男性は地図を読むのが得意だがコミュニケーション能力が低い、また、女性は言語能力にすぐれているが方向音痴である、と述べています。

ただし、身体の性別と脳の性別が一致するとは限りません。男性脳・女性脳の形成には、受《じゅ》胎《たい》後6～8週間の男性ホルモンの量が重要だそうです。ピーズは、ゲイやレズビアン、性同一性障害の原因は、このときの男性ホルモンの量の不足や過剰だとしています。

### その時代に合った「らしさ」がある

男は狩猟に出かけ、女は家を守り子を育てる、というように性役割がはっきりしていた時代とは異なり、女性の社会進出が進んだ現代では、女性でも決断力やリーダーシップが必要です。また、男性でも細やかな気配りやコミュニケーション能力が欠かせません。現代では、男性も女性も、「男らしさ」と「女らしさ」の両方をある程度もっているほうが、健全な市民生活を送っていくことができると考えられています。

# 共感・退屈・拒絶のしぐさ

## たくさんうなずかれるほど会話がはずむ?

うなずきは、会話の潤滑油です。会話中に、あなたの話に相手がまったくうなずかなかったらどうでしょう? なんとなく会話をしづらくなりませんか?

会話途中の聞き手のうなずきは、同意や受容を示す、話しつづけていいというサインなのです。相手がよくうなずいてくれると、話し手は相手が自分の話に興味をもっていると感じ、自信をもって会話をつづけられます。一方、うなずきがまったくなかったりごく少なかったりするのは、もうあなたの話は結構です、という拒否のサインなので、会話がはずまなくなるのです。

しかし、うなずきは多ければ多いほどいいわけではありません。「ハイハイ」と返事をするときは、たいていぞんざいな応対のときです。同様に、うなずきが多すぎるときは、本心は同意していなくてもその場はとりあえず返事をして、適当にごまかしている場合があるのです。

## 退屈のしぐさが出たら会話を長びかせないこと

人は、相手の話に興味があるときは、しぜんと相手のほうを見つめ、うなずいたり身を乗りだしたりします。

授業中に別の科目を勉強したり、落書きをしたりした記憶がある人も多いでしょう。社会人になると、たとえ興味がなくても、たいてい一応は会話の体裁をとりつくろうのですが、退屈を示すしぐさが無意識に出てしまうことがあります。

話の途中に、相手が足を投げだしてイスにもたれたり、視線をそらして腕時計に目をやったりメールを見たりするようなら、そろそろ会話をうち切るタイミングでしょう。聞き手の立場でいえば、彼や彼女との会話中には、緊急でない限り、携帯メールを封印しておいたほうが、よけいな誤解を招かないですむかもしれません。

## 拒否の気もちをあらわすテクニック

敏感な人は、うなずきがないことや視線をそらされたりすることで、聞き手の拒否のサインに気づき、会話を切りあげます。しかし、強引な勧誘や議論ではそうはいきません。

言葉で拒否できず、相手に言い負かされそうになったときは、突然きょろきょろしたりトイレに立ったりして、会話に無関係の退屈のしぐさをして、相手のリズムを乱すようにすると効果的です。

# 第5章 社会で役立つ心理学

恋人、家族、職場、地域……どんな人も
他人とかかわりながら生きています。
対人関係のコツや集団の心理について知っておけば
社会生活をよりスムーズに送れるかもしれません。

心理学の巨人たち 5

## ブラス・フレデリック・スキナー

Burrhus Frederic Skinner, 1904-1990

アメリカのペンシルバニア州の法律家の息子。はじめ文学を志すが、のちハーバード大大学院で娯楽ゼロの厳しい日課の中、心理学の学位を取得。ネズミやハトを箱に入れて行う、行動の習得や消去の実験を重ね、1938年の論文『生体の行動』でオペラント行動の概念を発表し、50年代後半までに行動分析理論を確立した。48年以降ハーバード大の終身教授。行動の理論を心理療法や教育などに広く応用し、次女の授業参観をきっかけにティーチング・マシンを発明した。

# 自分から歩みよることが好感度アップの近道

## 人の印象を左右する要素

**会話の内容**
**性格**

**肩書き・学歴**
**実績**

1つの特徴がその人全体の印象を左右することを「ハロー効果」という。学歴や実績などもさりげなくアピールして利用したい

**声・話し方**

声の大きさ・高さや話すスピードなどは印象を大きく左右する。電話の会話では特に重要。振りこめ詐欺《さぎ》はこの印象を利用した犯罪といえる

**話の内容や性格は人を見きわめる肝心な判断材料だが、人の第一印象は、1に外見、2に表に出る行動から、大部分が形成されてしまう**

**表情**

視線は特に重要。目を大きく見開いて相手の目を見つめると好印象に。笑顔は最も意識的に操作できる要素

**容貌・体の特徴**

性別・年齢・体型なども大きい要素。美男美女は、性格もいいと思われやすいという、少々シビアな調査結果がある

**相手に好印象をもってもらうために自分のイメージを操作することを、自己呈示《ていじ》（セルフ・プレゼンテーション）という**

整形手術や過度なダイエットをしなくても、少しの工夫で自分の印象は変えられるもの

**しぐさ・姿勢**

会話にはっきりした手ぶりを交えると好印象。貧乏ゆすりは落ち着きがない、腕組みは拒否する気もちととられる

**服装・持ち物**

ヘアスタイルや化粧、メガネ、ネクタイなどの小物を含め、身なり全体が印象を左右する

### やっぱり強力な第一印象

恋人であれ職場の人であれ、人はだれでも他人に好印象をもたれたいと思っています。人の第一印象は、まず外見、次に表情やしぐさ、声や言葉づかいといった態度や応対から形成されていくといいます。ときには、その人の話す内容のよしあしよりも話し方のほうが印象形成に大きな影響を及ぼすこともあります。

第一印象はたいへん重要で、あとあとまで影響をもつものです。ポーランド出身の心理学者アッシュは、最初に提示される言葉によって印象が規定されることを、実験で確認しました。これを「初頭効果《しょとうこうか》」といいます。

相手に与えた第一印象がイマイチだった場合は、どうしたらいいでしょうか？　決定的に嫌われていなければ、何度もくり返し会って（熟知性の原則）、自分の秘密や悩みを打ち明けたり（自己開示）、自分が好意をもっていることを相手に示したりすれば（好意の返報性）、のちのち好感をもたれることは充分可能です。

## 言葉の順序で印象が変わる

● 人物紹介の順番

| 知的な<br>勤勉な<br>衝動的な<br>批判力のある<br>強情な<br>嫉妬《しっと》深い | → | 嫉妬深い<br>強情な<br>批判力のある<br>衝動的な<br>勤勉な<br>知的な |
|---|---|---|
| ↓ | 同じ言葉でも順序を逆にすると | ↓ |
| 欠点もあるが能力があって評価できる人物 | | 能力はあるが欠点があるので評価されない人物 |

人には、最初の情報をもとに基準をつくり、あとから入ってくる情報は、その基準に比べながら判断する傾向がある。アッシュは、言葉の順序を逆にすることで、同じ言葉をならべても違った印象がつくられることを確認した

> Column
>
> ### 1つの言葉が印象をあやつっている
>
> 次のような人物紹介があります。
>
> A氏「知的な・器用な・勤勉な・温かい・てきぱきした・実際的な・慎重な」
> B氏「知的な・器用な・勤勉な・冷たい・てきぱきした・実際的な・慎重な」
>
> これを聞くと、なんとなくA氏には好意的な印象、B氏には否定的な印象をもちませんか？　人の印象は、すべての情報が同じ重さをもつわけではありません。アッシュは、「温かい／冷たい」のような、人の印象全体を左右する中心的な語があることを、実験によって発見しました。

## 好感をもってもらうには

### 自分をさらけだす

自分のプライベートな情報をうち明ける（自己開示）と、相手が親近感をもつ。最初からやり過ぎると逆効果

### くり返し会う

会う機会がふえるとそれだけで好感が高まる（熟知性の原則・単純接触効果）。逆に最初の印象が悪いと、会えば会うほど嫌悪感が高まる

アメリカの心理学者ザイアンスは、写真を見る回数に比例して好意度が高まることを実験によって証明した

(R.Zajonc,1968)

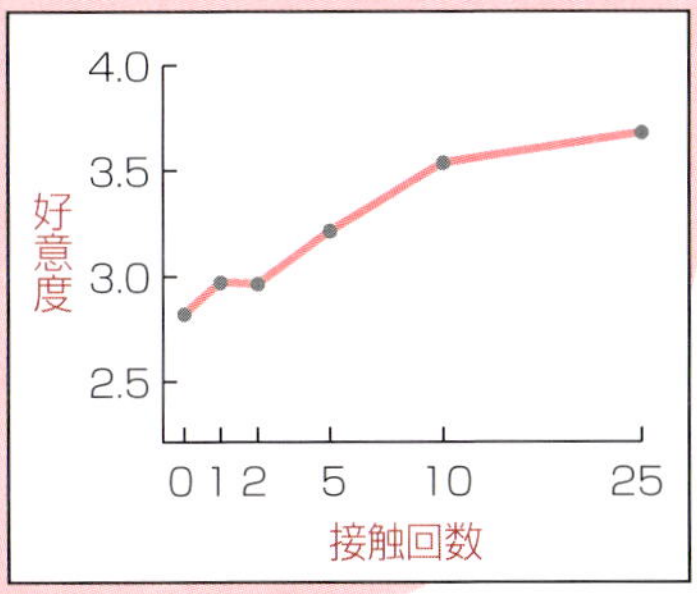


### 好意を示す

人には、自分を好きな人のことを好きになる傾向がある（好意の返報性）。逆をいえば、自分が嫌いだと思うと相手も嫌っているということ

### 同調する

人は、自分が認識している感情を共有できるとその人を受け入れやすい。相手をほめたり相手の意見に合わせたりするとよい

**好感度UP！**

このほか、おカタいと思われていた人物が飲み会で盛り上げ役になるなど、第一印象とは違う面をアピールする「意外性」によって好感を得る方法もある

# 人と人との距離は親しさのバロメーター

## 相手によって変わるパーソナル・スペース

人の距離のとり方は、相手との関係によって左右される。アメリカの文化人類学者ホールは、人間の空間行動について研究し、日常生活での対人距離を8つに分類した。それは大きく4つにまとめられる

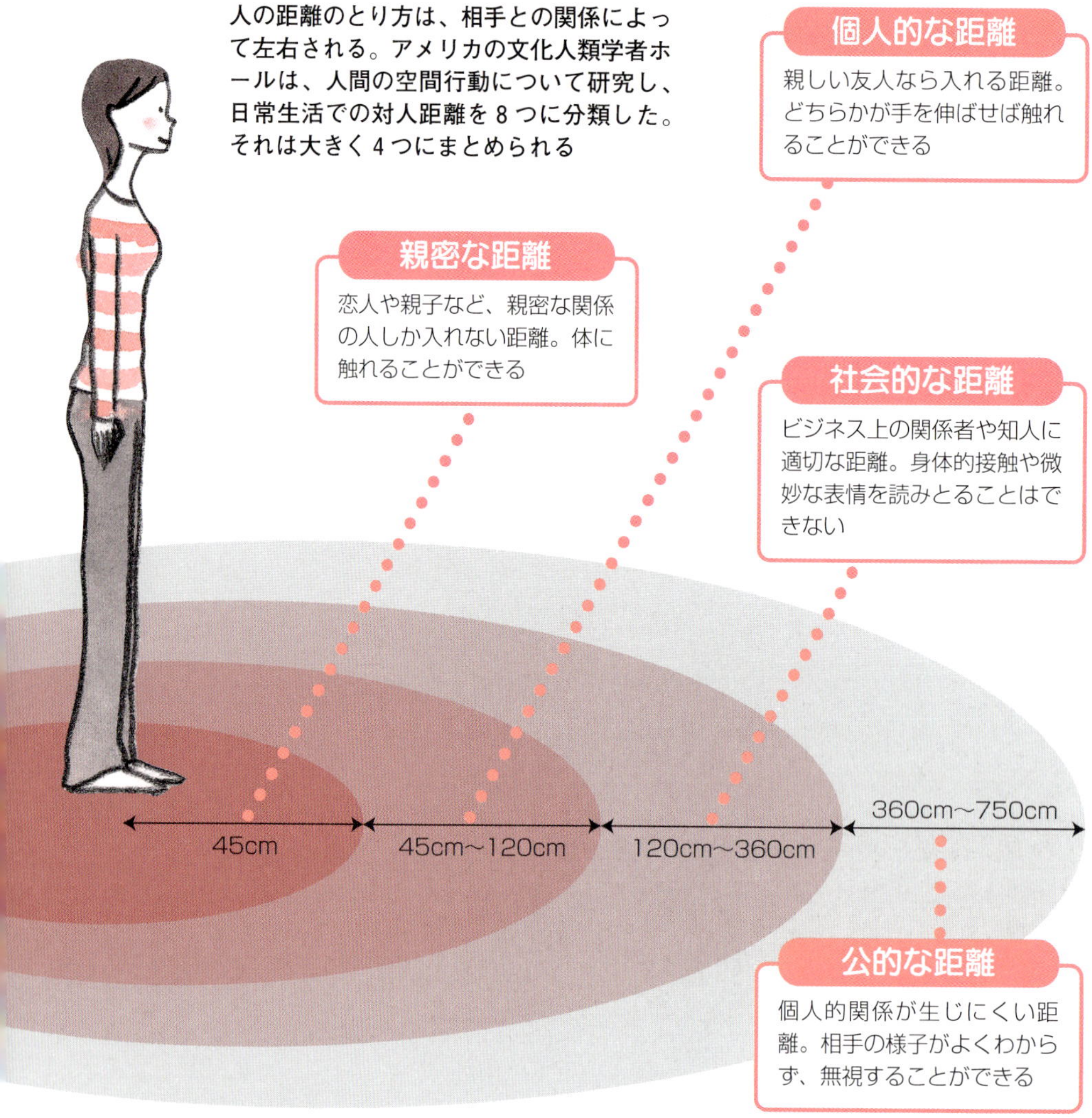
個人的な距離
親しい友人なら入れる距離。どちらかが手を伸ばせば触れることができる
親密な距離
恋人や親子など、親密な関係の人しか入れない距離。体に触れることができる
社会的な距離
ビジネス上の関係者や知人に適切な距離。身体的接触や微妙な表情を読みとることはできない
45cm
45cm～120cm
120cm～360cm
360cm～750cm
公的な距離
個人的関係が生じにくい距離。相手の様子がよくわからず、無視することができる

### 人はだれでも自分のなわばりをもっている

電車や映画館で、ガラガラに空いているのにすぐ隣に人が座ると、違和感や居心地の悪さを感じませんか？　これは、人にパーソナル・スペース（個人空間）を侵されたためです。男子トイレで実験したところ、すぐ隣で排尿されると、排尿しはじめるのが遅くなったり、排尿時間が短縮したりするという結果が出ました。

人は、多くの動物と同じく、なわばりをもっています。このなわばりは、心理的、身体的な安定に必要なもので、これを侵されると、人は本能的に自分を防衛《ぼうえい》しようとします。

パーソナル・スペースは、相手が近づいてくる方向や、相手との関係、その人自身の性別や性格、状態によっても異なります。不安が強い人、自信喪失気味の人のスペースは大きめです。

### 都会人の冷たさは過剰な刺激に順応するため

満員の電車やエレベーターでは、アカの他人

社会心理学

## 都会で生きるための適応行動

**過剰負荷環境**

- 人口過密
- 情報の氾濫《はんらん》
- ラッシュ・アワーのすさまじさ

都会の犯罪の多さには過密状況が影響していると考えられる

**過剰負荷への適応行動**

| | |
|---|---|
| 無視 | 自分にとって重要度の低い情報には知らん顔をする。満員電車で眠る、エレベーターで階数表示を見つめる、知らない人が困っていても助けない、など |
| 個人的なかかわりの回避 | 連絡先や家族構成、出身地などの個人情報を非公開にしたり、個人的な会話をかわす時間を極力短くしたりする |
| 責任のがれ | 優先順位の低い情報には責任をもたない。事件に遭遇しても傍観《ぼうかん》してしまう、選挙で投票しない、など |

● 理想的な空間と考えるパーソナル・スペース（渋谷昌三、1985）

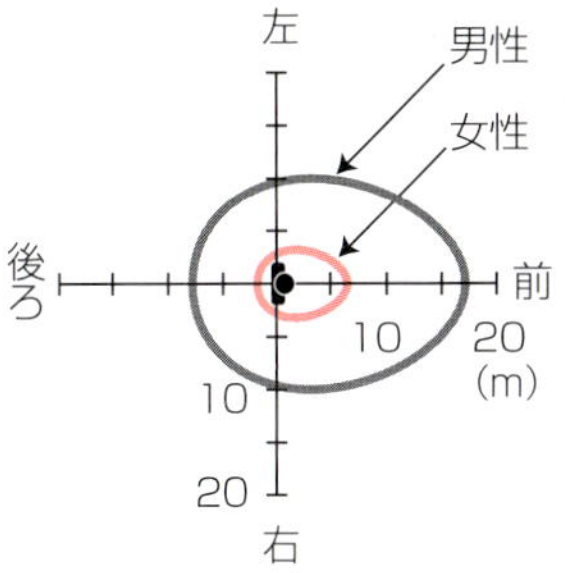


パーソナル・スペースは、概して女性よりも男性のほうが大きく、左右よりも前後のほうが大きい

パーソナル・スペースを知っておくと、相手との関係に応じて適切な距離がとれる。わざと距離を縮めて親しさを演出するテクニックとしても使える

が親密な距離に侵入してきます。都会生活でパーソナル・スペースを保ち続けることは困難で、スペースを侵されるたびに防衛本能を働かせていたら、毎日流血が絶えないでしょう。また、都会にはさまざまな情報があふれ、都会人はつねに「過剰《かじょう》負《ふ》荷《か》環境《かんきょう》」にさらされています。

都会で暮らす人は、電車内の人を物だと思って無視したり、個人的なかかわりを避けたりして、負荷を減らして都会生活に適応しているのです。都会人の冷たさは、人が無意識にとっている防衛行動だといえるでしょう。

Column

### 現代人の悩む「ヤマアラシ・ジレンマ」

冬の日に２匹のヤマアラシが暖めあおうと近づくが、近づきすぎて、互いのトゲで相手を傷つけてしまう……アメリカの精神分析医ベラックは、この哲学者ショーペンハウアーによる寓話を引用して、人との適度な距離を見つけられないでいる現代人の状況を、「ヤマアラシ・ジレンマ」と名づけました。

つかず離れずの現代的な人間関係には、携帯メールは最適の手段かもしれません。しかし、10分以内に返信がないと嫌われているのでは？と悩む現代の若者たちのジレンマは、相当深いともいえます。

# 信頼を得るには少しの自己演出とコツがいる

## オフィスにはいろいろな心理がうずまいている

### 上司と部下の心理

あなたが中間管理職なら、自分を部下にあてはめたり上司にあてはめたりして、まわりの人間関係を思いうかべてみるとよいだろう

**自己びいきをしない**
成功は自分のもの、失敗は部下に責任転嫁では、部下はついてこなくなる。成果は部下に、失敗は自分がかぶるぐらいの寛容さがほしい

**公平な分配**
労力に見あった公平な分配をすることが大切。働き具合を無視した「平等」な分配では、かえって不平が生まれる

人は、他者から期待される人物像に自分を近づけていく（自己成就予言）。スポーツ選手に監督やコーチがよく用いる手法

**期待をかける**
期待をかければ、部下はそれにこたえようとして発奮する。期待が高すぎないよう気を配ること、適度にサポートすることも忘れずに

**ほめる**
家庭や学校でもほめる効果が叫ばれているが、ほめ方にも工夫が必要（下図参照）。理由なくしかることは絶対に避けたい

**部下**

**好意を示す**
人は好かれると好きに、嫌われると嫌いになる（好意の返報性）。嫌いな上司でも、職場でだけは好意的に接するようにすると高評価が

**シンクロニー**
「シンクロニー」とは、互いがしぜんに同じ動作をすること。好意的な関係の場合に起こる。打ち合わせ中に上司のしぐさをマネると信頼され評価が高まるかもしれない

会社は仕事場、上司の命令にしたがう役割を果たすところ、という割り切りが、オフィスでストレスをためないコツ

**●けなしてからほめるのがいい**

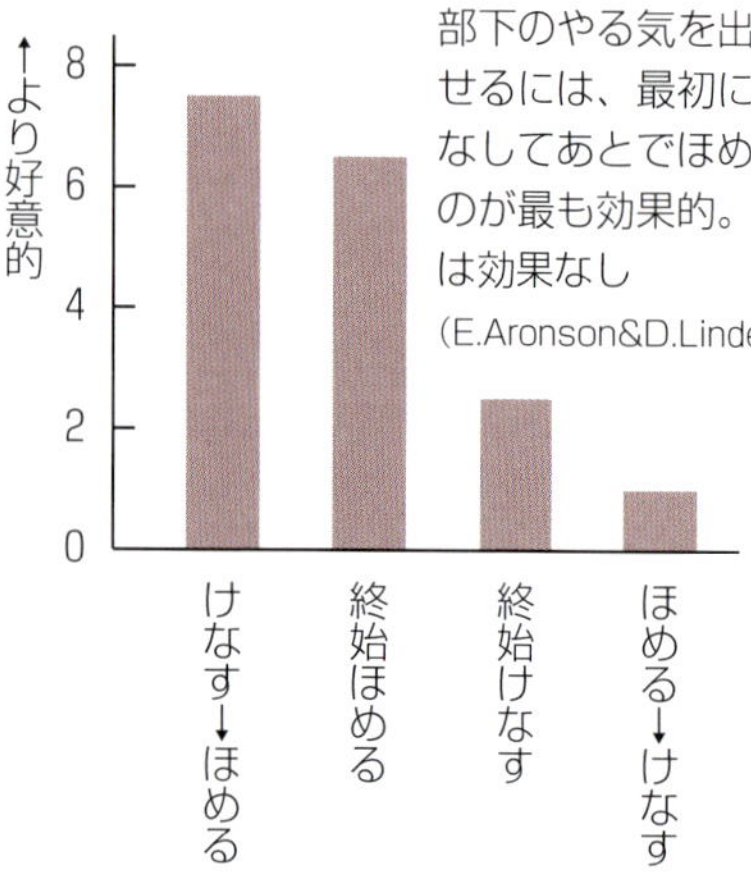
↑より好意的
8
6
4
2
0
けなす→ほめる
終始ほめる
終始けなす
ほめる→けなす

部下のやる気を出させるには、最初にけなしてあとでほめるのが最も効果的。逆は効果なし
(E.Aronson&D.Linder)

### 心理学の知識は職場でこそ活《い》かされる

頭にくる上司、干渉《かんしょう》しすぎる先輩……職場に人間関係の悩みはつきません。しかし、上司も部下も仕事の場でだけの役割だと考えれば、職場の関係は恋人や家族よりも、ある意味気楽な人間関係だともいえるのです。とはいえ、一日の大半を過ごす場合も多い職場。人間関係を少しでもスムーズにするために、上に挙げたような心理学の知識を知っておくとよいでしょう。

社会心理学

## 上司に何より大切なのは部下から信頼されること

管理職になると、それまで自分なりのやり方で実績を上げてきた人も、部下への指導という役割が加わり、すべて自己流というわけにはいかなくなります。部下にやる気を出させて精力的に動いてもらわなければ、チームとしての成果も出せず、自身の評価にもつながりません。

上司として最も大切なのは、部下の心をつかむことです。部下との信頼関係ができていれば、仕事の流れがスムーズになります。そのためには、上司という役割にふさわしい言動を身につけて、多少自己演出することも必要です。

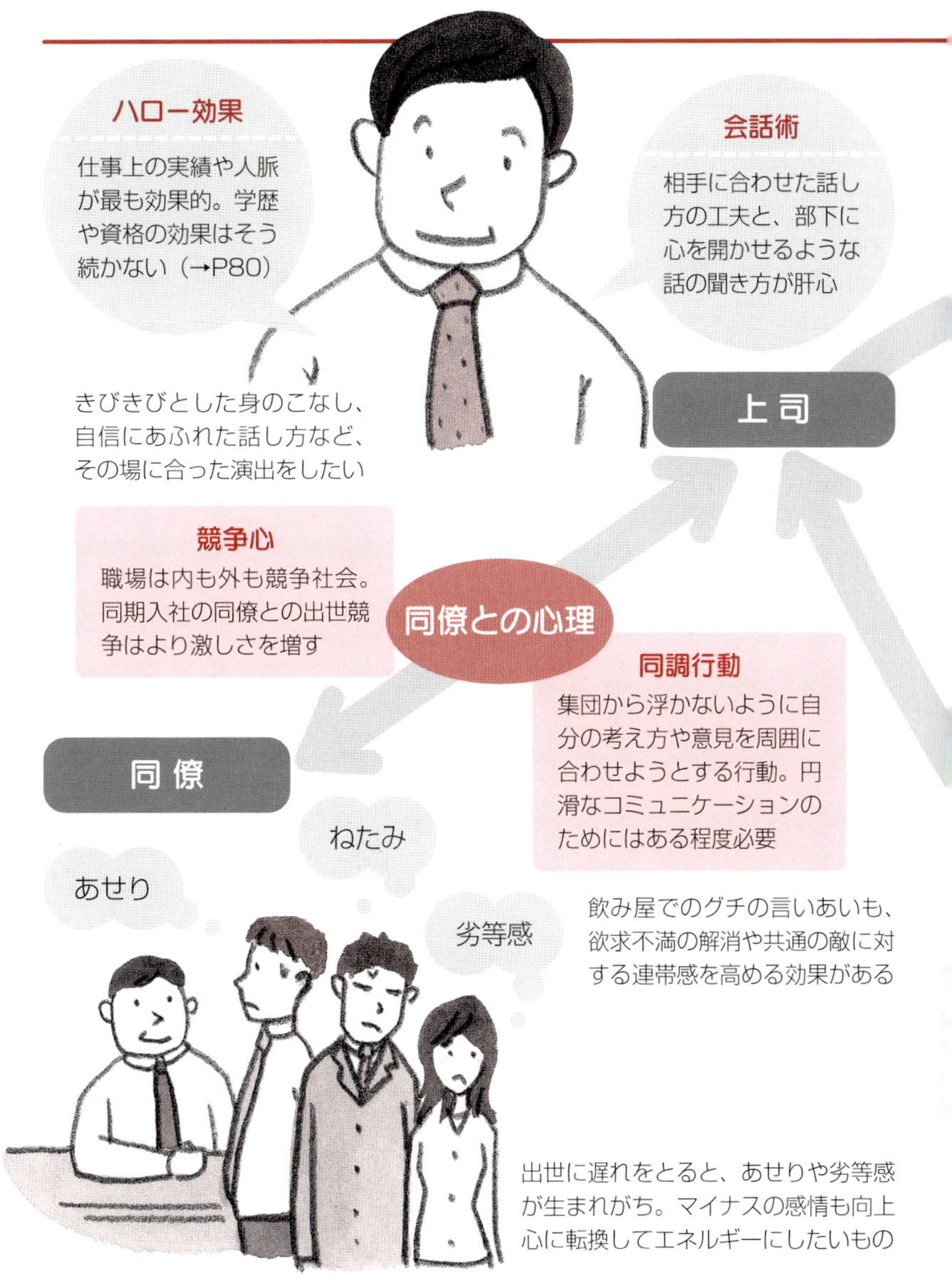

ハロー効果
仕事上の実績や人脈が最も効果的。学歴や資格の効果はそう続かない（→P80）
会話術
相手に合わせた話し方の工夫と、部下に心を開かせるような話の聞き方が肝心
きびきびとした身のこなし、自信にあふれた話し方など、その場に合った演出をしたい
上司
競争心
職場は内も外も競争社会。同期入社の同僚との出世競争はより激しさを増す
同僚との心理
同調行動
集団から浮かないように自分の考え方や意見を周囲に合わせようとする行動。円滑なコミュニケーションのためにはある程度必要
同僚
ねたみ
あせり
劣等感
飲み屋でのグチの言いあいも、欲求不満の解消や共通の敵に対する連帯感を高める効果がある
出世に遅れをとると、あせりや劣等感が生まれがち。マイナスの感情も向上心に転換してエネルギーにしたいもの


Column

### 仕事で役立つ「説得」のテクニック

意図的な働きかけによって相手の態度や意見を変えさせることを、「説得」といいます。説得のテクニックは、社内でも社外での営業活動でも役立ちます。代表的なテクニックを紹介しましょう。

- **フット・イン・ザ・ドア・テクニック**　最初に小さい要求をして、あとで本題を切りだす。一度承諾すると断りづらくなる心理を突いたもの。
- **ドア・イン・ザ・フェイス・テクニック**　最初に無理な要求をして断らせたあとで本題を切りだす。最初に断った罪悪感を補おうとする心理を突いたもの。説得する側が譲歩したように感じさせる効果もある。
- **両面表示**　プラス面の情報だけでなく、マイナスの情報も伝える。説得する側の利益ばかり追求しているわけではないことを示す。自分に都合のよい点ばかりならべることは「一面表示」という。

# 業績も職場の雰囲気もリーダーの力量しだい



## 仕事一筋でも和気あいあいだけでもダメ

集団の長《おさ》にはリーダーシップが求められます。リーダーに必要な能力や知識を、心理学的に整理してみましょう。

心理学者の三隅二不二《みすみじゅうじ》は、リーダーシップの機能を、仕事の目標達成のために計画や指示を与えるP機能と、集団の雰囲気づくりやまとまりを維持するM機能からとらえたPM理論を提唱しました。リーダーシップには4つの類型があり、PM型が最も理想的とされます。

会議でリーダーシップを発揮したいときは、座る位置が重要です。リーダーに最もふさわしい席は、左頁の上の図ではAの席です。ただし、自由に意見を出しあう会議ではBの席に座るか、アーサー王と円卓の騎士にならって、丸テーブルにするとよいでしょう。

自分には管理職の素質がない、と嘆く人もいますが、入れ物にはしぜんに中身が備わってくることが、実証されています。仕事の内容や部下の意欲を見きわめてP機能とM機能を使い分

## リーダーシップの4つのタイプ

三隅二不二のPM理論は、リーダーシップの機能を、P機能（目標達成機能）とM機能（集団維持機能）の両面からとらえたもの。集団の生産性、メンバーの満足度は、最大がPM型で、次いでM型、P型、pm型の順とされる

高
M型
仕事よりもアフターファイブや趣味を優先するタイプ。目標達成にはあまりこだわらない。メンバーの意欲が高いときは適している
PM型
仕事第一ではあるが、家庭も大切にする、勤勉かつバランスのとれたタイプ。目標達成にも人間関係にも気を配る、リーダーの理想型
M機能（集団維持機能）
仕事はほどほどに、地域活動などにエネルギーを傾けるタイプ。目標達成にも人間関係にも関心が低く、部下の裁量に一任する
家庭をかえりみず、仕事一筋、業績第一の、猛烈タイプ。人間関係にはあまりこだわらない。メンバーの意欲が低いとき適している
集団の状況によって求められるリーダー像は変わる。新プロジェクトの立ち上げにはP型リーダーが、個々のメンバーのP機能が高いときはM型リーダーが適しているといわれる
pm型
P型
低
P機能（目標達成機能）
高

けたり、空間の心理学の知識を活《い》かしたりしながら、だんだんとリーダーシップを身につけていくとよいでしょう。

## 席の選択には参加者の心があらわれる

### 会議の場合

実務的で集団を引っ張るタイプのリーダーの席。特に主導権を握りたいときにはこの席に座るとよい。自由に意見を募《つの》りたいときのリーダー席には適さない

会議に対して消極的な人が座る席

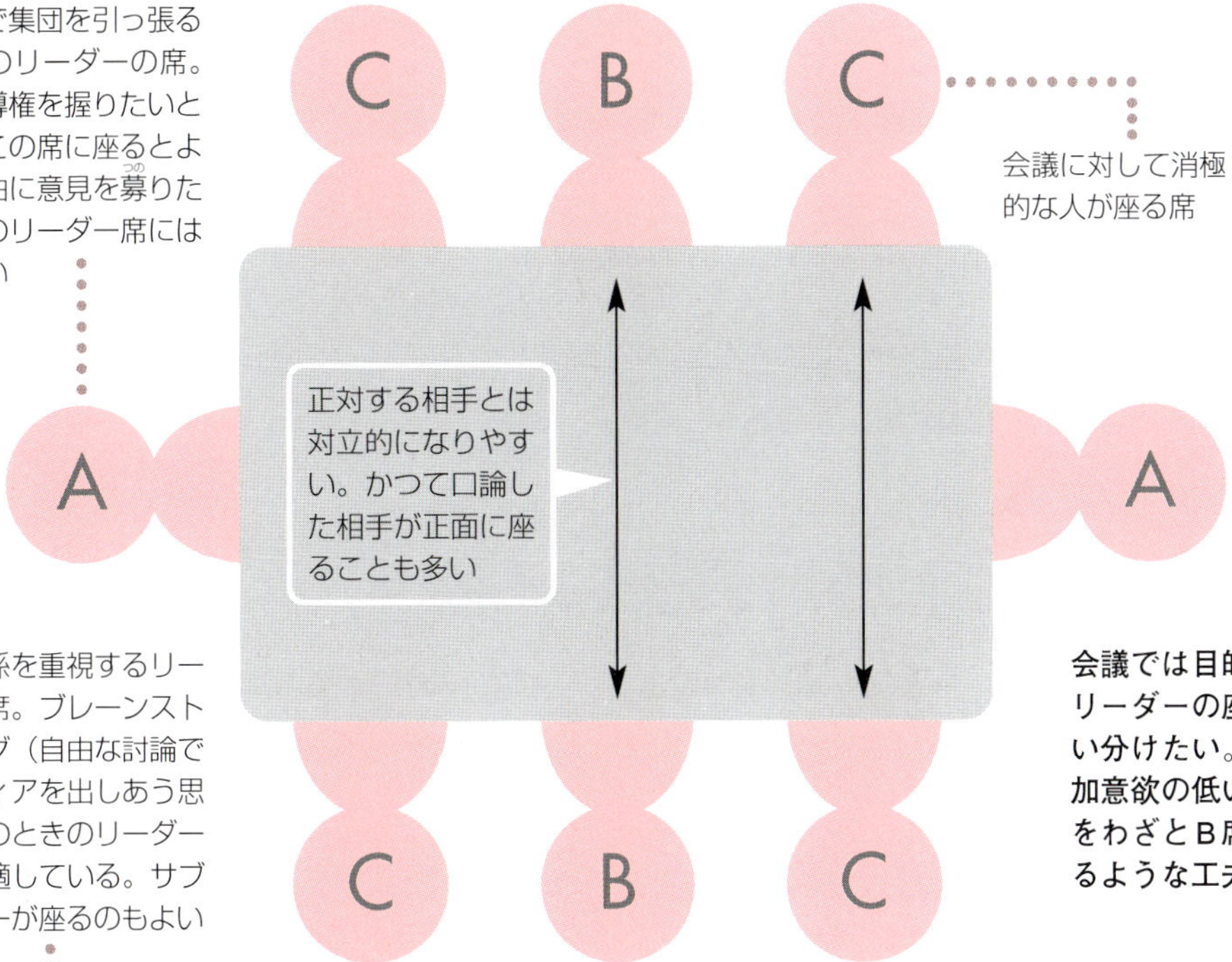

C
B
C
A
正対する相手とは対立的になりやすい。かつて口論した相手が正面に座ることも多い
A
C
B
C


人間関係を重視するリーダーの席。ブレーンストーミング（自由な討論でアイディアを出しあう思考法）のときのリーダーの席に適している。サブリーダーが座るのもよい

会議では目的によってリーダーの座る席を使い分けたい。また、参加意欲の低いメンバーをわざとB席に座らせるような工夫もできる

### 1対1の話しあいの場合

**打ち合わせの内容によって、意識して座り方を変えるとよい**

協力的な関係を感じさせる席。共同で仕事をするとき適している

最もリラックスして話ができる席。雑談にも適する

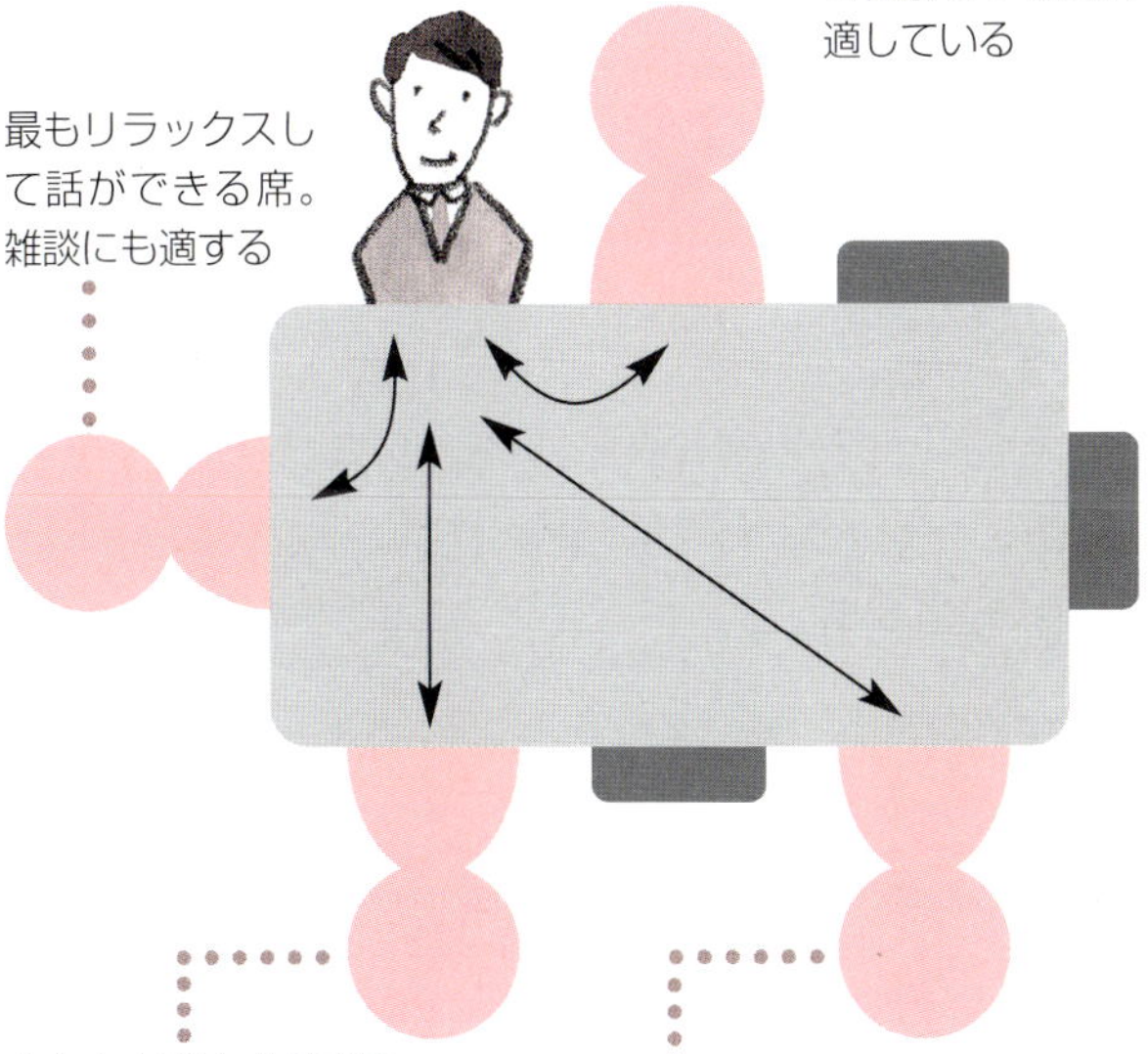

きちんと話をする雰囲気の席。改まった話も雑談もできるが対立的になりやすいので注意

遠慮があったり話をしたくなかったりするときの席。個別の仕事のときも適している

Column

### おいしい食事は効果絶大！［ランチョン・テクニック］

食欲は快楽のともなう強い1次的欲求です（→P41）。食欲が満たされた経験は、食事中の話やその場にいた人とともに、好ましい記憶として残るといいます。これを利用して、食事をいっしょにとることで、好感度を高めたり商談を成功させたりすることを、「ランチョン・テクニック」といいます。政治家や会社の役員がよく行う料亭での接待は、このテクニックの効果を期待しているのです。

ときには思いきって部下をランチに誘ってみたらどうでしょうか。

# 昼下がりの上司

ちょっと聞いて、課長ったら許せないよまったく
おやおや、どうしたの？
自分はテキトーにダラダラとやってるくせに、部下には厳しいのよ！それにさ、面倒な仕事を押しつけるし、イヤミは言うし、部長の顔色うかがうし、えこひいきするし、
えーとえーと
まぁまぁ
べつに、24時間課長と顔合わせてるわけじゃないんだしさ、
会社は、上司の命令で仕事をして給料をもらう所だと割り切っちゃえば？
まあ、そう言われればそうなんだけど
それにね、キミがもし課長に好意的に接するようにしたら、きっと課長も好意的な態度になると思うなあ
えー、ありえないー
課長！
出張、お疲れさまでーす
うっ、なんだコイツまともなあいさつも一応できるのか
がんばって、これ、きのうのうちにまとめておきました
ま、しょーがないか仕事してナンボだもんね、ワタシら

へぇー
おどろいたな、以前からキミの才能には気がついていたんだが、
アホだと思っていたら結構能力あるじゃないか
こりゃ完ぺきだ！
今日はお昼おごるようまいものでも食べよう
こうなったらランチョンテクニック使ってみるか
あ、はい
あいつもいっしょにいいですか？
世話になってるし
キミはうちの課のムードメーカーだよね
期待してるぞ
いつもきげんがよければいいことないんだけど
次の仕事もキミの力を借りたいんだがどうだろう？
冒険だけど任せてみるか…
感心だね
助かるなぁ
ここ、おいしいですね
課長のご指導のおかげだと思います
好意を示す好意を示す
いい職場
見直しちゃった
いろいろチャレンジさせてもらって感謝してます
ホントは楽な仕事がいいんだけどね
う、うれしいなぁ
はじめて部下と気もちが通じたような気がする
ジーン
なんなの？この感動
コミュニケーションってこんなに素敵なことなの？
あのー、ところでお昼休みとっくに終わっちゃってますけど、ぼちぼち会社に戻りませんか？
えーヤダー

# 恋する心は運命の赤い糸のしわざではない

社会心理学

## さまざまな要因が恋愛を深めていく

出会い

**態度や性格、考え方の類似**

一定期間が経過すると、近接性よりも、性格や趣味、価値観などの類似性が親密度に影響するようになる。自分と異なるタイプの人に対しては不安を感じる心理（自己不確実感）も影響するといわれる

このときに共有できるところ、できないところをよく理解しておくことが恋愛の長続きのひけつ

特定の異性をただ選ぶときには、とにかく美男美女が選ばれるという。しかし、現実のカップルには「美女と野獣」のような組み合わせはめったに見られない

**外見の魅力**

人は、無意識に自分と外見的につりあいのとれた人を選ぶ（マッチング・セオリー）。ひとたび恋愛感情が生まれると、自分の獲物を高く評価したがる心理が働き、「あばたもエクボ」状態になる

**社会的な評価**

職業や地位、学歴、収入などのハロー効果をもたらす情報も、恋のはじまりには影響力をもつ

**不安定な心理状態**

不安なときはだれかといっしょにいたい気もち（親和欲求）が高まる。失恋したときなど、一時的に自己評価が下がっているときにも恋に落ちやすい

**性格の好ましさ**

容姿だけでなく、明るさや優しさなどの人柄も重要な要素

**単純接触の効果**

近くにいる人と親しくなるのは、会う機会が多いため（熟知性の原則）。気になる相手とはとにかく会う機会をふやすこと。ただし、第一印象が悪くないことが大前提

**身近にいる（近接性）**

クラスで席が近い人、同じ部活の人、帰る方向が同じ人など、最初のうちは物理的な距離が近い人と親しくなる

物理的距離の長さに比例して結婚の可能性は低くなるという（ボッサードの法則）。遠距離恋愛は高いコストと見合うぐらい高い報酬《ほうしゅう》（相手の魅力が高い）でないと長続きしない

### 心と体が成長するとだれでも恋に落ちてしまう

人はなぜ恋をするのでしょうか？　星の数ほどいる異性の中で、あなたが彼や彼女に恋したのは運命なのでしょうか？

人の恋愛は、動物が発情期に行う求愛行動の発展形です。心身ともに恋愛をする準備がととのった時期に、たまたま出会った、自分が魅力を感じる人に恋をするのです。

青年期に入ってはじめて胸を焦がすような恋をしたという人も多いでしょう。フロイトのリビドー理論（→P55）でいう「性器期」にあたる青年期は、性衝動の高まりと心理的離乳があいまって、家族以外の異性への関心が高まる時期です。心身が恋愛しようと身構えているのです。

また、青年期は、動悸《どうき》や赤面などの生理現象が多い時期です。これらの現象を恋のせいだと誤解してしまうこともよく起こります。「一目惚《ぼ》れ」「雷に打たれたような運命的出会い」だと思ったあの恋は、運命ではなく、成長ホルモンのしわざだったかもしれません。

## Column

### 惚れたほうが負け？［最小関心の法則］

恋愛では、２人の恋心がいつもバランスがとれているとは限らず、一方の愛情が強くもう一方はそうでもないという状況がよく起こります。惚れられているほうは相手の愛情を独占している自信があるので、相手を何時間も待たせたり好き勝手に行動したりします。愛情が強いほうは、なんとか相手の愛情を自分に向けさせようとしていいなりになってしまうのです。このように、愛情が弱いほうが強いほうに対して有利な立場に立つことを、「最小関心の法則」といいます。

## タイミングよく水をやって好意の種を恋に育てる

相手の魅力となる要因は、恋愛の段階によっていろいろと変わります。

親密になりたい人とは、とにかく何度も会うようにすると、好意が高まります（熟知性の原則→P81）。くり返し会って会話を重ね、共通の価値観や趣味などが見いだせると、さらに相手に魅力を感じるようになります。

人は、自分を好きな人を好きになるものです（好意の返報性→P81）。時期が来たら、好きだという気持ちをあらわすことも必要です。方法としては、言葉やスキンシップはもちろん効果的ですが、相手の負担にならない程度のプレゼントも、送り主の魅力を高めてくれます。

恋愛関係は、性別の異なるまったくの他人と築きあげていく、あらゆる技術が要される人間関係です。恋愛でみがいた人間関係の技術は、他の人間関係でも必ず役立つでしょう。

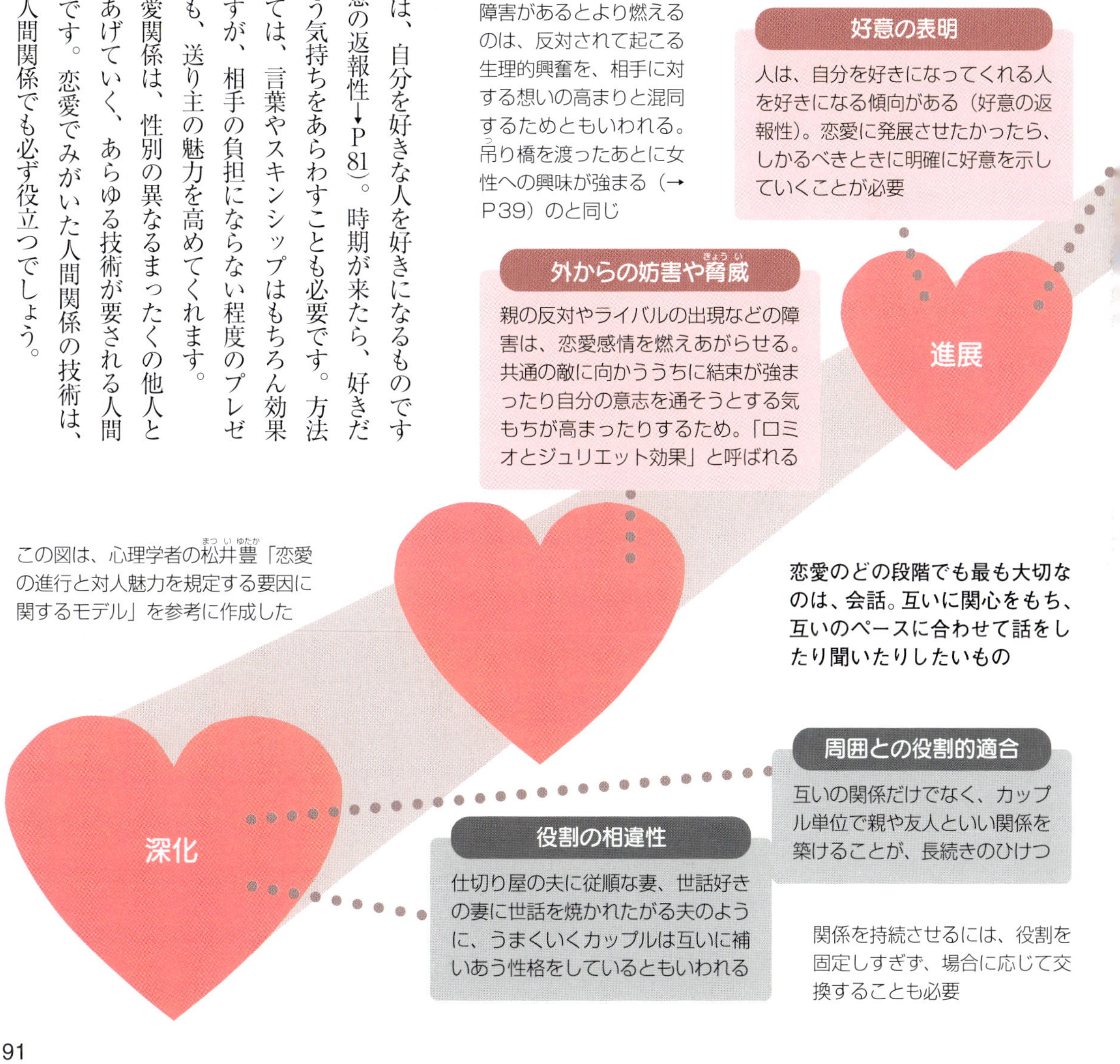
好意の表明
人は、自分を好きになってくれる人を好きになる傾向がある（好意の返報性）。恋愛に発展させたかったら、しかるべきときに明確に好意を示していくことが必要
障害があるとより燃えるのは、反対されて起こる生理的興奮を、相手に対する想いの高まりと混同するためともいわれる。吊《つ》り橋を渡ったあとに女性への興味が強まる（→P39）のと同じ
進展
外からの妨害や脅威《きょうい》
親の反対やライバルの出現などの障害は、恋愛感情を燃えあがらせる。共通の敵に向かううちに結束が強まったり自分の意志を通そうとする気もちが高まったりするため。「ロミオとジュリエット効果」と呼ばれる
恋愛のどの段階でも最も大切なのは、会話。互いに関心をもち、互いのペースに合わせて話をしたり聞いたりしたいもの
周囲との役割的適合
互いの関係だけでなく、カップル単位で親や友人といい関係を築けることが、長続きのひけつ
深化
役割の相違性
仕切り屋の夫に従順な妻、世話好きの妻に世話を焼かれたがる夫のように、うまくいくカップルは互いに補いあう性格をしているともいわれる
関係を持続させるには、役割を固定しすぎず、場合に応じて交換することも必要

この図は、心理学者の松井《まつい》豊《ゆたか》「恋愛の進行と対人魅力を規定する要因に関するモデル」を参考に作成した

夫婦の心理学

# 結婚は他人と結ぶ手のかかる契約と心得る

## 結婚生活には危険がいっぱい

結婚や新生活のストレスは想像以上。リストラや親友の死以上のストレスがかかるという （→P109）

ストレス

性的な欲求
妊娠の不安や罪悪感からの回避など

愛情の欲求

社会的欲求
社会的信用や家柄の獲得など

心理学者の國分《こくぶ》康孝《やすたか》は、結婚する理由としてこの3つの欲求の充足を挙げている。恋愛か見合いか、年齢、人生観などによって比重は変わる

ゴールイン！

結婚

言語化されない欲求、無意識の欲求がのちの危機の原因となることもある。互いの理解を深める、結婚前の会話が、これらを避けるカギ

無意識の欲求

結婚には、「幸せな家庭を築きたい」のような表面化した思いのほかに、結婚当初は言いだしにくい「家事をたくさんやってほしい」「自給自足の生活をしたい」などの願望や夢もある。また、本人にも意識されていない「母親のように甘えさせてほしい」「相手を支配したい」などの無意識の欲求が潜《ひそ》んでいることも多い

● 結婚することの利点

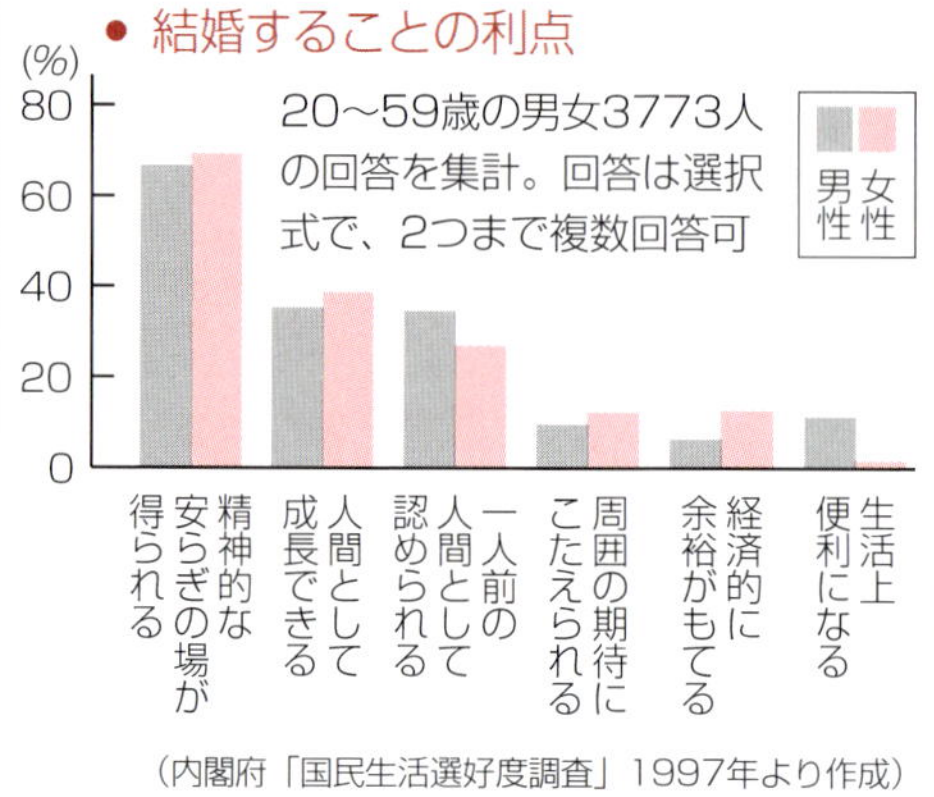

(%)
80
60
40
20
0
20〜59歳の男女3773人の回答を集計。回答は選択式で、2つまで複数回答可
男性
女性
精神的な安らぎの場が得られる
人間として成長できる
一人前の人間として認められる
周囲の期待にこたえられる
経済的に余裕がもてる
生活上便利になる


（内閣府「国民生活選好度調査」1997年より作成）

### 欠かさぬメンテナンスと妻の信号キャッチが重要

内閣府の「結婚することの利点」の調査では、経済的安定や社会的信用よりも、精神的な安らぎの場を得ることが高く評価されています。結婚は、心の居場所を提供してくれるのです。

しかし、結婚したら必ず愛情に満ちあふれ、安定した毎日が手に入るわけではありません。結婚すること自体がストレスとなるうえ、子どもの誕生は、夫婦2人の時代よりも1段階愛情レベルを引き下げます。また、言葉にしない欲求や無意識の願望が、長年連れ添ううちにDVや浮気という形であらわれることもあります。

夫婦の心理の研究によると、離婚に至るような夫婦は、夫が妻の気もちを察知していない場合が多いそうです。言葉なしで通じあえる空気のような存在と思っていた相手と、実はコミュニケーション不足だったということでしょう。

結婚とは異なる環境で育った他人との契約であり、関係の点検と理解しあう努力が不可欠であることを頭に置いておく必要があります。

Column

## 結婚しない若者たちの心理

20～30代の未婚率は上昇の一途です。これまで若者が結婚しない理由として、自由を失うぐらいなら無理に結婚しなくてもよいという意識の変化や、女性の高学歴化、家事の省力化などが挙げられてきました。しかしここ数年は、「格差社会」という言葉が示す社会状況も無視できません。結婚したくてもそれを実現しにくい不安定な低収入にあえぐ人が増加しています。また、年金や保険の先行き不透明など、将来に対する漠然とした不安も、家庭をもつ気にならない心理に影響を与えているようです。

感謝の言葉
プレゼント

自己開示と
相手の理解

定期的なメンテナンスが必要なのは結婚も同じ。「釣った魚に餌《えさ》はやらない」態度は厳禁

**子どもの誕生**

話題は子どものことだけ、とならないよう、互いの自己開示（→P81）を欠かさないこと

**危機**
**DV**

DV（ドメスティック・バイオレンス）は、夫婦や恋人間の暴力のこと。昔からある問題だが近年顕在化し、2001年にはDV防止法が施行された。性役割の意識が強い日本では、夫の暴力は自分のせいだと妻が我慢したり、家庭内の問題だと片づけられたりすることが多かったためと考えられる

**危機**
**浮気＆不倫**

職場不倫は特に多い。若くて美人のOLがしょぼくれた中年の夫と不倫に走るのは、毎日顔を合わせているという単純な理由からのことも多い（熟知性の原則→P81）

**空の巣症候群**

子育てを生きがいにしていた親が、子どもの独立によって抑《よく》うつ状態に陥ること。子どもの独立後が真の夫婦関係のはじまりであるともいえる

**夫婦円満**

「似た者夫婦」（類似性）や「割れ鍋《なべ》にとじ蓋《ぶた》夫婦」（相補性）がうまくいくといわれる

**危機**
**夫在宅ストレス症候群**

定年を迎えたり残業が減ったりして在宅時間が長くなった夫に対して、妻が覚えるストレス。部下にしていたように妻に命令したり、妻の家事に対して自分は動かず苦情だけ言ったりするような夫の態度が問題。妻が体調を崩し抑うつ状態になることや、最悪の場合離婚に至ることもある

夫婦は一心同体だと思っている夫は、ちょっと夫婦関係がうまくいかなくなるとすぐあきらめてしまいがち

**離婚**

夫婦はしょせん他人、愛情は育てていくもの、という認識をもつ妻は、危機を迎えてもまたやり直そうと心機一転できる場合も多い

# 父には父の、母には母の普遍的役割がある

社会心理学

## 親にはそれぞれの役割がある

親の役目が果たされると、子は社会で生きる能力を身につけることができる。現代では社会人になっても親離れ・子離れができない親子が多い

**子どもの保護**
母親が子を抱いて守り、その母親を父親がささえる

**子別れ**
母親の子離れを父親が手助けし、子の自立をうながす。第2反抗期のころに果たすべき役目

**しつけ**
行動の限界や道徳を教える

**父親の役割**
子に敵対
↓
子が自分自身を客観視して自己を形成する
↓
子が自立する

父親との衝突、葛藤《かっとう》によって、子は自分の能力が無限ではないことを知る。男児には同一視する存在、女児には異性像として、母子関係を断ち切る父親の役割は、子の自己形成に不可欠

**両親の役割**
母親が父母両方の役割を果たしたり、父親が母性を担ったりしても、もちろんかまわない

**母親の役割**
スキンシップ
↓
母子の愛着《あいちゃく》（アタッチメント）の形成
↓
子がコア・アイデンティティ（自己の核）を確立

子は、乳幼児期に形成される母親との愛着関係を、周囲への信頼や自分の自信のよりどころとして、世界を広げていく（→P66）

**ミルクより大事なスキンシップ**

アメリカの心理学者ハーローが、針金でできたワイヤーマザーと布をかぶせたソフトマザーを入れた檻《おり》にサルの子を1匹ずつ入れて育てたところ、どちらのマザーからミルクが出た場合も、サルの子はより長くソフトマザーに抱きついていた。愛着の形成には、餌《えさ》よりスキンシップがより重要だということが証明された

### 父性も母性も子どもに育てられていく

一般的に、親子のきずなは何より深いと考えられています。しかし、母性や父性は、実際に子を育てる中で身につけていくものです。

生後6か月ぐらいになると、赤ちゃんは世話をしてくれる親に対してだけ、ほほえんだりしがみついたりするようになります。赤ちゃんのほほえみを報酬《ほうしゅう》として、親はますます愛情を強めて子育てを続けます。子は、親離れするまで親にいろいろと形を変えた報酬を与え続け、親はそれにこたえて子を愛し育てるのです。

### どんな時代でも親子関係の基本は同じ

赤ちゃんは、母親からの授乳や抱擁《ほうよう》によって、自分が愛され受け入れられているという、周囲に対する信頼や自分に対する自信を深めます。

これに対して父親は、「壁」の役割を担います。自己を形成する時期になると、子は自分の前に立ちはだかる父親の存在によって、自らの

## 家庭内に起こる暴力の一例

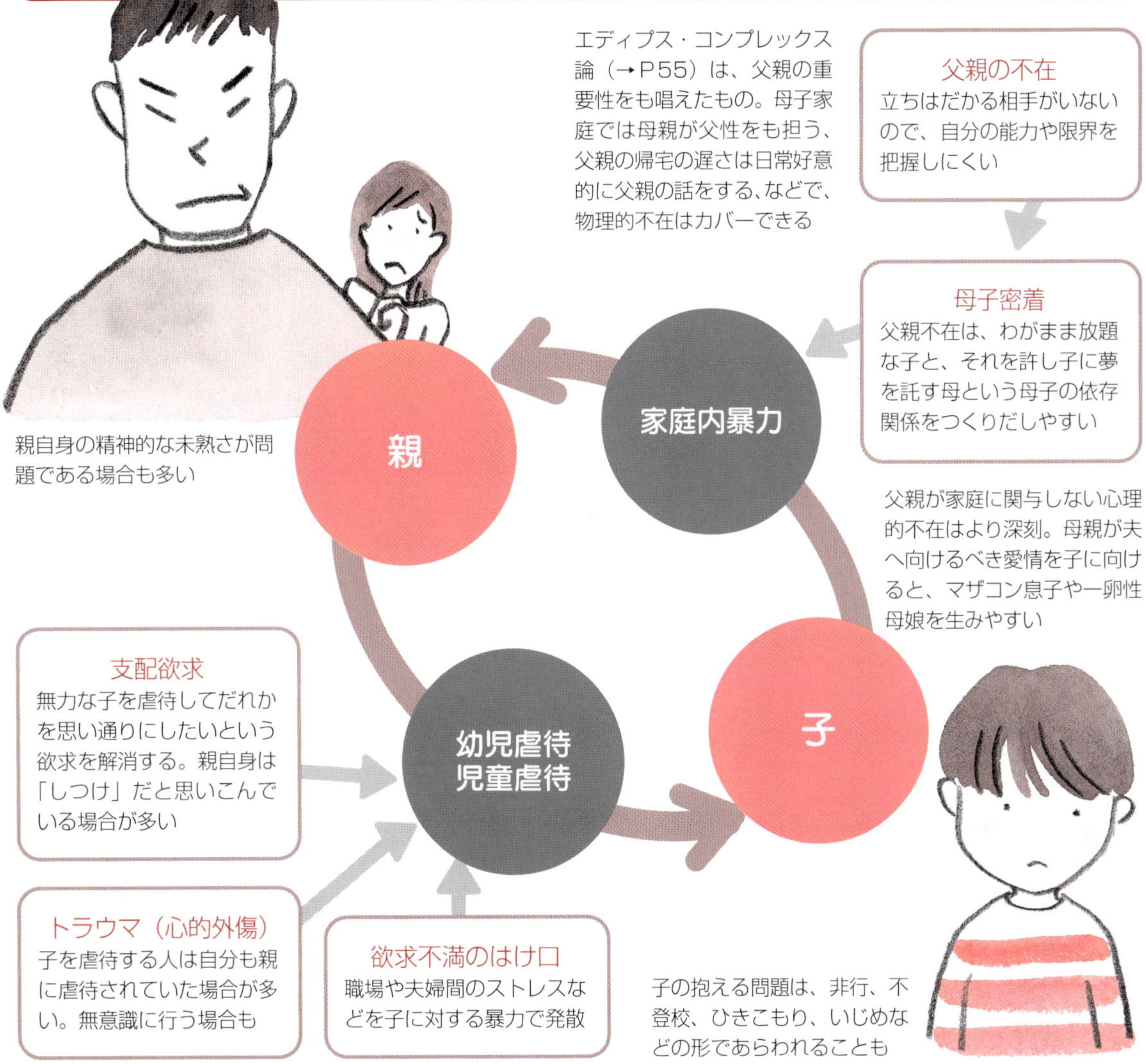
エディプス・コンプレックス論（→P55）は、父親の重要性をも唱えたもの。母子家庭では母親が父性をも担う、父親の帰宅の遅さは日常好意的に父親の話をする、などで、物理的不在はカバーできる
父親の不在
立ちはだかる相手がいないので、自分の能力や限界を把握しにくい
母子密着
父親不在は、わがまま放題な子と、それを許し子に夢を託す母という母子の依存関係をつくりだしやすい
家庭内暴力
親
親自身の精神的な未熟さが問題である場合も多い
父親が家庭に関与しない心理的不在はより深刻。母親が夫へ向けるべき愛情を子に向けると、マザコン息子や一卵性母娘を生みやすい
子
幼児虐待
児童虐待
支配欲求
無力な子を虐待してだれかを思い通りにしたいという欲求を解消する。親自身は「しつけ」だと思いこんでいる場合が多い
トラウマ（心的外傷）
子を虐待する人は自分も親に虐待されていた場合が多い。無意識に行う場合も
欲求不満のはけ口
職場や夫婦間のストレスなどを子に対する暴力で発散
子の抱える問題は、非行、不登校、ひきこもり、いじめなどの形であらわれることも



能力の限界を知ります。また、父親と衝突する中で、困難な状況を乗り越えたり、自分の内に潜《ひそ》む攻撃性を処理したりすることも学びます。

これらの親の役割は、時代が移ろうとも変わらず必要なものです。

### ぶつかる相手の不在や閉塞《へいそく》感がもたらす家庭内の暴力

2004年度の児童相談所における児童虐《ぎゃく》待《たい》の相談件数は34652件で、1992年の25倍です（厚生労働省）。暴力の末の子殺し、親殺しの事件もあとを絶ちません。

上の図は、家庭内に起こる暴力の典型的な例を示したものです。子の暴力の大きな原因は、親との葛藤《かっとう》の不足だといわれます。葛藤経験なしに甘えた関係の中だけで育つと、ふとしたことで挫折《ざせつ》したりキレたりしがちになります。特に、大人の代表である父親の存在は重要です。

また、親から子への虐待やネグレクト（育児放棄）は、親の精神的未熟さやストレスの大きさ、社会の閉塞感などによると考えられます。

社会の高齢化にともない、中年の子の老年の親に対する家庭内暴力もふえています。老人介護のストレスもさることながら、中年になるまでパラサイト・シングルを続け、心理的離乳がなされないことも、理由の1つでしょう。

集団と群衆

# 大きくなればなるほど集団には危険がいっぱい

## 集団は正常な判断を狂わせる

集団の斉一性《せいいつせい》の圧力（集団を維持するための圧力）は強大。集団内では人は集団から逸脱することを避け、多数派の意見に同調してしまう傾向がある

よくわかんないけど、みんなが賛成してるならいいか……

自分じゃなくてもだれかがやるだろう

同調行動

一体化

### アッシュの実験

心理学者アッシュは、大学生を7人ごとのグループにし、ある線分と同じ長さのものを3本の線分の中から1つ選ばせた。1人のときはほぼ正答率100％の一目瞭然の問題に対し、6人のサクラがそろってウソの答えをいうと、つられて誤って答えてしまう学生が多く、正答率が極端に低下した

無名性

無責任性

他者の目を意識して作業効率が上がる、複数で話しあうことでよりよい解決策が生まれるなど、集団がプラスに作用する場合も、もちろん多い

### 傍観者効果

自分1人のときや相手が顔見知りのときには当然行う他者に対する援助行動が、集団になると行われにくくなること。責任が分散する心理のほか、的外れな援助を笑われるのではないか、などの心理も原因とされる

### 社会的手抜き

集団で課題に取り組む場合に、個人の発揮する力や意欲が低下してしまうこと

個人の努力がどれだけ集団の成果に結びついているかが見えにくいことも手抜きの理由とされる

### キティ・ジェノバース事件

ニューヨーク市内でキティという女性が殺されたとき、38人もの近隣住民が目撃し、殺害まで30分以上かかったにもかかわらず、キティを救おうとしたり警察に通報したりした住民は1人もいなかったという。この事件は、援助行動の研究のきっかけとなった

### リンゲルマン効果

集団の規模が大きくなるほど1人あたりの生産性は下がるという。だれかがやるだろう、自分だけ目立つのもよくない、などの意識が手抜きをさせてしまう。発見者のドイツの学者の名前をとって、「リンゲルマン効果」ともいう

## 社会不安が流言を広めていく

### ● 1973年のトイレットペーパー騒動

第4次中東戦争をきっかけに原油価格が急騰《きゅうとう》し、政府が石油供給を削減。エネルギー節減を呼びかける（第1次オイルショック）

↓ **情報の簡略化**

**流言**

「物不足になる」という噂が広まり、大阪のスーパーでトイレットペーパーが売り切れる

↓ **情報の強調**

**パニック**

トイレットペーパーや洗剤などの価格が急騰し、商品の品切れや奪いあいが起こり、大混乱に

**メディアの報道**

メディアの報道も手伝って「資源不足で物の供給が止まる」という不安がさらに拡大。それまで静観していた人も不安に陥ることに

社会に不安が漂う中であいまいな情報しか得られないと流言が広がりやすい。流言・デマやパニックを防ぐには正確な情報の取得が肝心

### 集団思考

まとまりの強い集団では、集団に対する盲信や集団の斉一性の圧力が強くなる。また、集団の意思決定は個人の決定よりも極端になる傾向がある。利益も危険も大きい決定に傾く場合は「リスキー・シフト」、安全第一の決定に傾く場合は「コーシャス・シフト」という

**不敗幻想《ふはいげんそう》**

集団の結束の強さを集団自体の強さ、能力の高さだと錯覚《さっかく》して、問題や障害を楽観視してしまう

**全員一致の幻想**

現実的・建設的な問題解決よりも、全員の意見が一致することに重点が置かれてしまい、反対や誤りの指摘ができなくなる

### 群衆心理・群衆行動

不特定多数の人の集まりである群衆の中では、個性が失われ、独特の心理状態（暗示にかかる、感情的、過激）になりやすい。群衆心理は流言やデマ、スポーツ観戦やコンサートでの熱狂、暴動・リンチなどの攻撃行動などにつながる

**流言・デマ**

個人間で伝えられる真偽未確認の噂《うわさ》を「流言」といい、そのうちの捏造《ねつぞう》や中傷を「デマ」と呼ぶこともある。メディアの誤報が生むことも多い

**パニック**

災害などによる恐怖から逃げようとして起きるヒステリックな集団行動。流言・デマによる実体のない恐怖に対しても起きることがある

**暴動**

群衆が行う、社会の秩序を乱すような感情的で過激な攻撃行動や略奪行為。暴動のきっかけをつくる人を「アジテーター」という

### 「三人寄れば文殊《もんじゅ》の知恵」とは限らない

人の集団は、すぐれた解決策を生んだり大事業を達成したりするパワーをもっています。一方、1人ではないという安心や油断が、責任感や適切な判断を失わせてしまう危険も隣りあわせています。いじめを傍観《ぼうかん》してしまう心理も、集団のマイナス面のあらわれかもしれません。

強烈なリーダーに導かれる集団では、集団の結束が優先され、悲惨な結果を招く場合があります。日米開戦、ケネディ政権下のキューバ侵攻などはその代表例だといわれています。

### 社会の不安はウイルスのように伝染する

大地震のあとなど、正確な情報が得られにくく人々の間に不安が存在するときには、流言《りゅうげん》が生じやすくなります。人には、情報を他者に伝えてその真偽を確かめたり自らの不安をやわらげようとしたりする傾向があるので、伝染病のように情報が伝わり、不安が拡大するのです。

このときの情報は主観的で単純化されていることが多く、極端になりがちです。流言やデマは、過激で暗示にかかりやすい群衆心理とあいまって、パニックや暴動を生むこともあります。

# 流行は人の心理を攻略するメディアの産物

社会心理学

## 流行は2つの欲求からつくられる

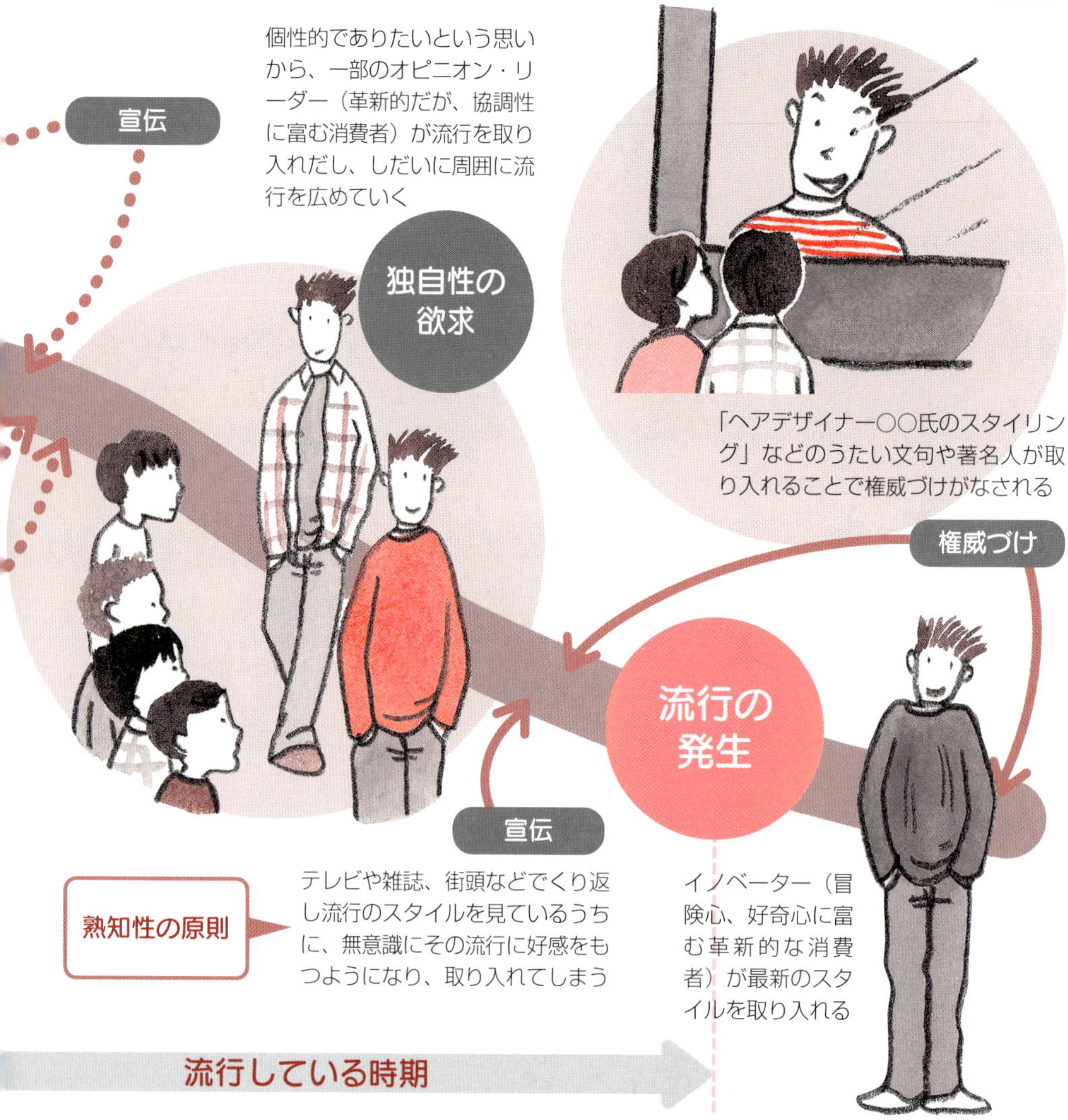
個性的でありたいという思いから、一部のオピニオン・リーダー（革新的だが、協調性に富む消費者）が流行を取り入れだし、しだいに周囲に流行を広めていく
宣伝
独自性の欲求
「ヘアデザイナー○○氏のスタイリング」などのうたい文句や著名人が取り入れることで権威づけがなされる
権威づけ
流行の発生
宣伝
熟知性の原則
テレビや雑誌、街頭などでくり返し流行のスタイルを見ているうちに、無意識にその流行に好感をもつようになり、取り入れてしまう
イノベーター（冒険心、好奇心に富む革新的な消費者）が最新のスタイルを取り入れる
流行している時期

### 個性を求める心と同調したい心が流行を生む

流行に左右されない自分らしいファッションをめざしているのに、どうも去年買ったスカートの丈《たけ》が気にくわない……あなたはやはり、流行の心理に支配されているのかもしれません。

流行は、個性的でありたい、人より高く見せたい、という独自性の欲求と、他人や集団に適応したいという同調性の欲求の、2つの心理によって生まれると考えられています。

企業やメディアは、流行にともなう心理を利用して、意図的に流行をつくりだします。タレントなどを商品の宣伝に活用するのは、著名人と自分を同一視して、その人の服装や髪型を模《も》倣《ほう》する人が多く、それが流行となって企業に利益をもたらしてくれる可能性が高いからです。

### くり返されるCMは消費者の無意識に働きかける

くり返し接触するだけで好感度が増すという熟知性の原則（↓P81）は、広告や宣伝でも作

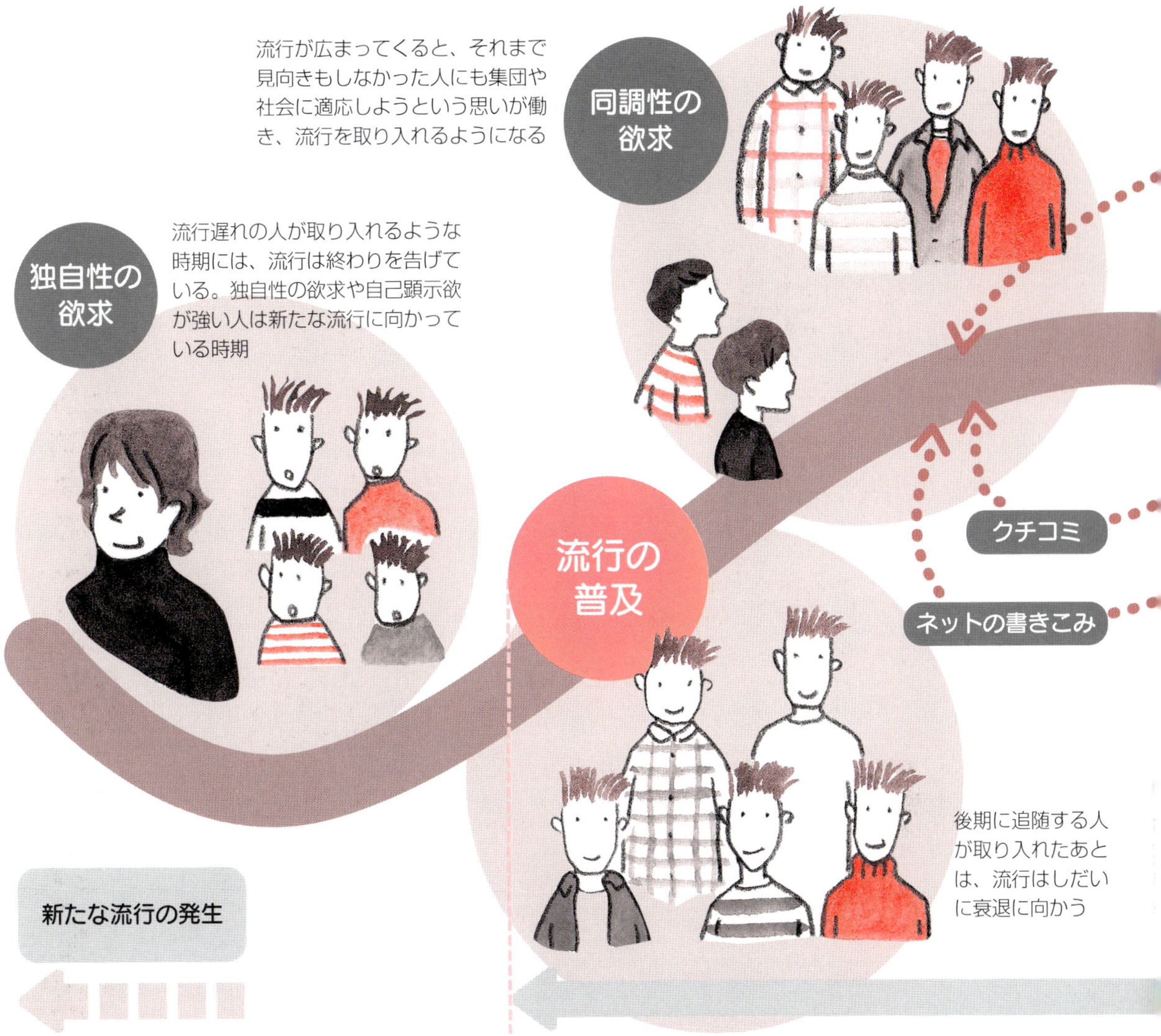
流行が広まってくると、それまで見向きもしなかった人にも集団や社会に適応しようという思いが働き、流行を取り入れるようになる
同調性の欲求
流行遅れの人が取り入れるような時期には、流行は終わりを告げている。独自性の欲求や自己顕示欲が強い人は新たな流行に向かっている時期
独自性の欲求
流行の普及
クチコミ
ネットの書きこみ
後期に追随する人が取り入れたあとは、流行はしだいに衰退に向かう
新たな流行の発生

用します。数ある商品の中からなんとなくその商品を選んで買ってしまうのは、くり返されるCMや、駅の広告などで何度も目にすることによって、無意識に「認知」や「理解」がなされ、商品に対する関心が増すからなのです。

## 商品の購入には4段階の心理が働く

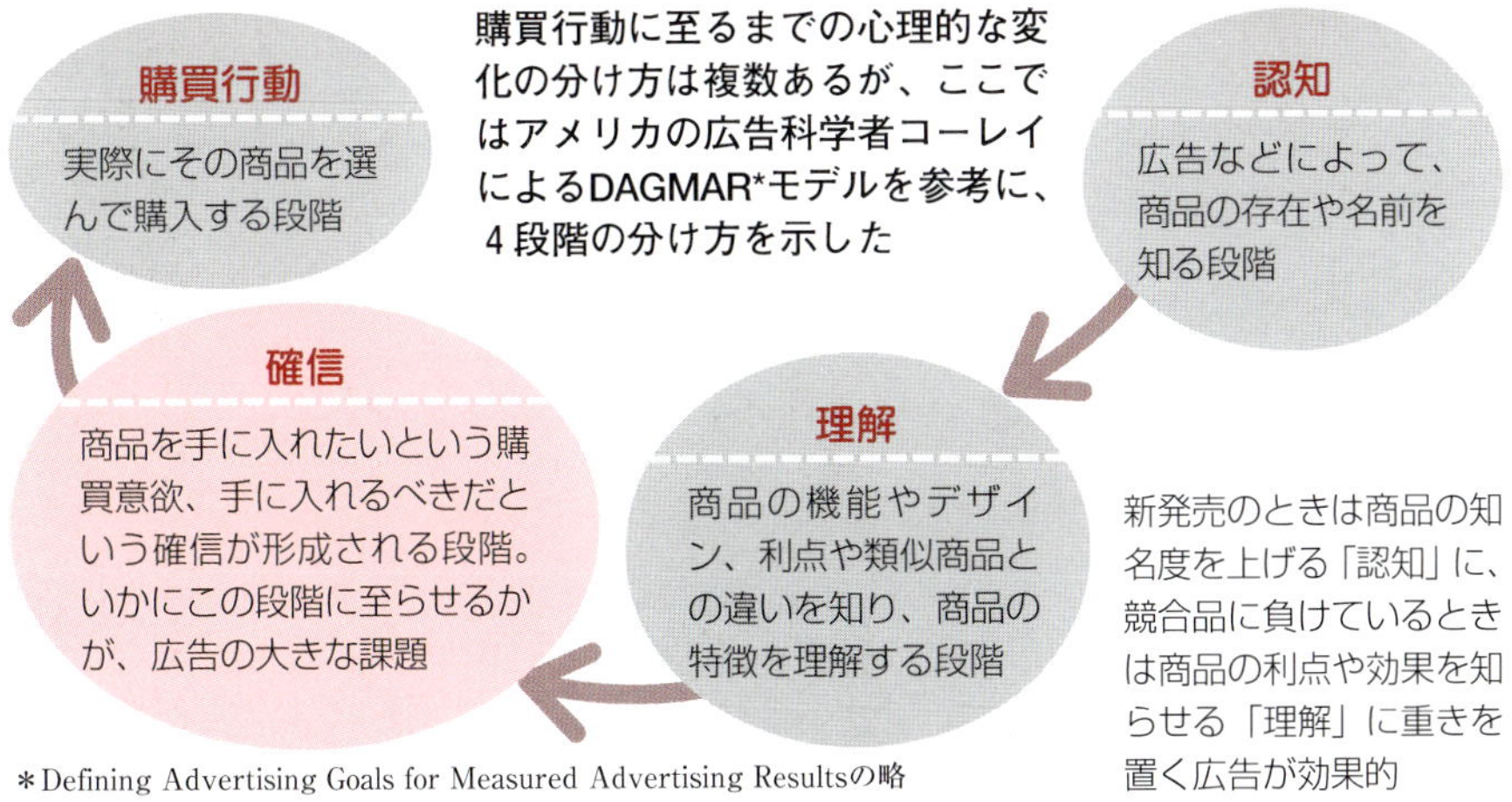
購買行動に至るまでの心理的な変化の分け方は複数あるが、ここではアメリカの広告科学者コーレイによるDAGMAR*モデルを参考に、4段階の分け方を示した
認知
広告などによって、商品の存在や名前を知る段階
理解
商品の機能やデザイン、利点や類似商品との違いを知り、商品の特徴を理解する段階
確信
商品を手に入れたいという購買意欲、手に入れるべきだという確信が形成される段階。いかにこの段階に至らせるかが、広告の大きな課題
購買行動
実際にその商品を選んで購入する段階
新発売のときは商品の知名度を上げる「認知」に、競合品に負けているときは商品の利点や効果を知らせる「理解」に重きを置く広告が効果的

＊Defining Advertising Goals for Measured Advertising Resultsの略

# 犯罪は特殊な異常人格者のしわざではない

## 犯罪心理学の最終的な目的は犯罪の抑止

「犯罪」とは、法律違反や非行などの「他者に影響を与える反社会的な行動」のことです。犯罪心理学は、心理学の知識を犯罪の抑止に活《い》かすものです。犯罪者の特性を分析し、人が罪を犯す原因や環境を研究するほか、心理分析を犯罪捜査や裁判に役立てたり、犯罪者の更生《こうせい》に関して研究したりします。また、近年では、犯罪被害者の心のケアも大きなテーマです。

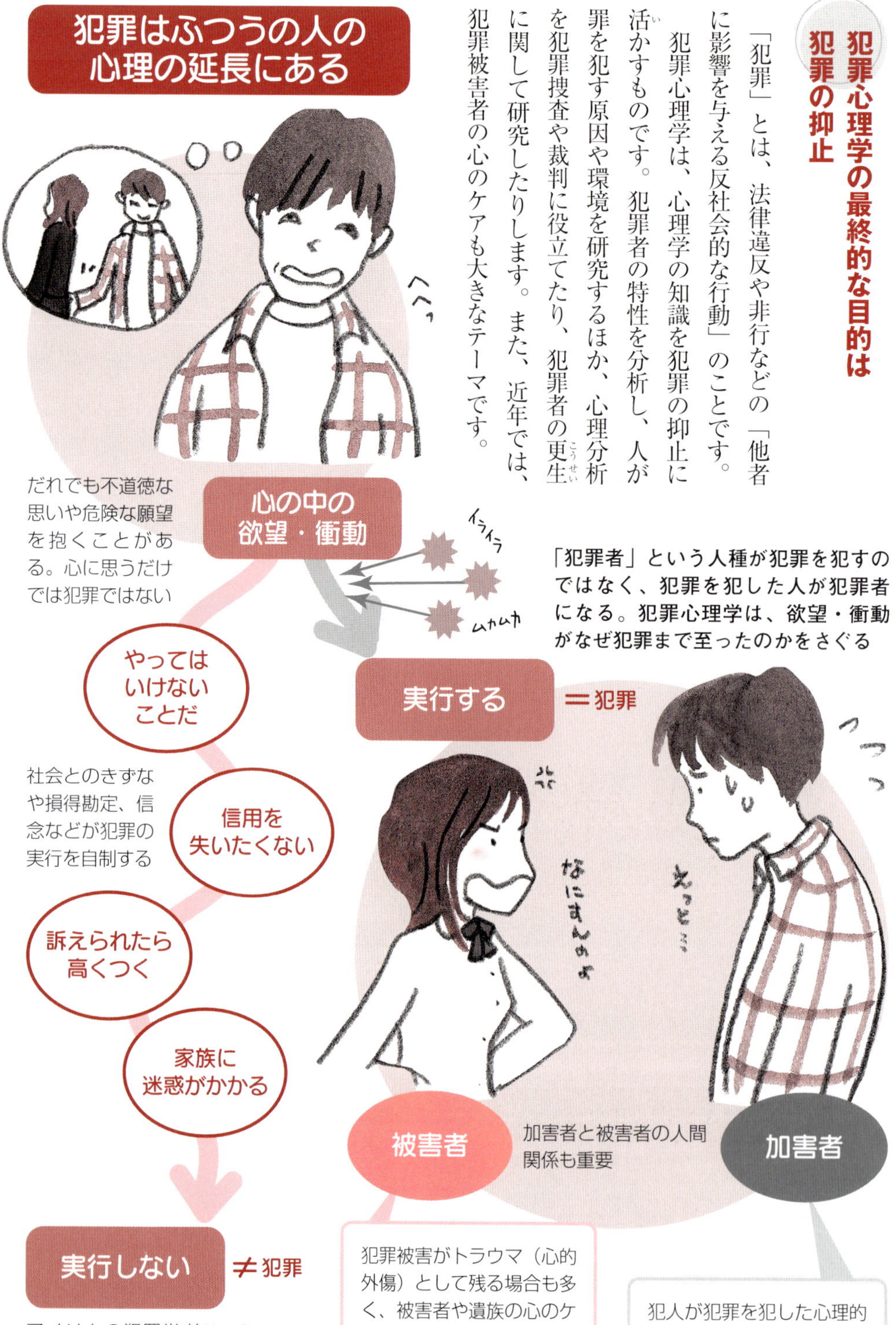
犯罪はふつうの人の心理の延長にある
だれでも不道徳な思いや危険な願望を抱くことがある。心に思うだけでは犯罪ではない
心の中の欲望・衝動
イライラ
ムカムカ
「犯罪者」という人種が犯罪を犯すのではなく、犯罪を犯した人が犯罪者になる。犯罪心理学は、欲望・衝動がなぜ犯罪まで至ったのかをさぐる
実行する
＝犯罪
やってはいけないことだ
社会とのきずなや損得勘定、信念などが犯罪の実行を自制する
信用を失いたくない
訴えられたら高くつく
家族に迷惑がかかる
なにすんのよ
被害者
加害者と被害者の人間関係も重要
加害者
実行しない
≠犯罪

アメリカの犯罪学者ハーシィは、「なぜ多くの人は犯罪を犯さないのか」という逆の視点で犯罪の原因を追求した。ハーシィは、家族の存在、社会的信用などの社会とつながるきずなが弱まったとき、人は犯罪の一線を越えやすくなるとしている

犯罪被害がトラウマ（心的外傷）として残る場合も多く、被害者や遺族の心のケアが近年重視される。また、詐欺《さぎ》にあいやすい人や攻撃行動を誘発しやすい人など、犯罪被害を受けやすい特性の研究も進んでいる。ただし、「悪いのは被害者」という短絡的な結論にしないことにも注意が必要

犯人が犯罪を犯した心理的要因をさぐること、犯人の特性を分析しておくことは、今後の犯罪の抑止につながる。犯罪捜査では、過去の犯罪のデータから犯人像を割りだすこと（プロファイリング）に、心理学が大きな役割を果たしている

犯罪心理学

## 犯罪は内にも外にも要因がある

**社会的要因**

犯罪心理学の始祖、イタリアの精神科医ロンブローゾは、犯罪者には生まれつきの心身の特徴があると述べた（生来性犯罪人説）。その後、犯罪者の生育環境が重視されるようになった

**家庭環境**
親のアルコールやギャンブルなどへの依存、父親不在、母子密着などは家庭内暴力や虐待《ぎゃくたい》につながりやすい。きょうだいとのあつれき、家族構成の複雑さ、老人介護なども要因に

**経済的条件**
貧しさは犯罪の引き金の1つ。所得格差による貧困層の増加も問題視される

**時代状況**
情報の氾濫《はんらん》、格差社会、雇用や社会福祉制度の不安定さ、テロや天災に対する恐怖など、現代は社会的な緊張が高く、将来に対して展望がもちにくい時代

**地域**
過密で治安の悪い都会、集合住宅がならぶ新興住宅地、地縁が強く閉鎖的な地方、それぞれ特有の環境や人間関係の問題がある。外国人住民との不和も問題になりやすい

**学校・職場**
人間関係、いじめの問題、リストラや倒産のおそれなどがストレスに

上のような社会環境に置かれた人すべてが犯罪を犯すわけではなく、下のような心理的要因をもつ人がすべて犯罪者になるわけでもない。2つの要因が作用しあって犯罪を起こす原因となる

遺伝だけで犯罪者になることはないとされているが、一族700人余のうち5人に1人が犯罪者というアメリカの家系の存在も報告されている

**心理的要因**

**心の病**
統合失調症、パーソナリティ障害などの心の病が要因となることも。犯罪者に対する求刑では、精神障害による責任能力の有無が問題になる

**性格**
ドイツの精神医学者シュナイダーは、爆発性、情性欠如性（人間的な感情がない）、狂信性、発揚性（興奮しやすい）、意志欠如性、顕示性（目立ちたがり）などを、犯罪者に多い性格として挙げた

**情緒障害**
幼児期以降の人間関係で生じた愛情の不足、自己を表現できなかった思い、劣等感などの情緒障害が犯罪の原因になるという考え方がある

**人格の未熟さ**
青少年の犯罪では体と心の成長のズレが大きな要因。成人犯罪でも、心理的未離乳が要因とされるものが多い

### 心理的要因と社会的要因を両方とらえると見えてくる

殺意を抱くほどだれかを憎んだ経験はありませんか？ たいていの場合、その殺意は一時の衝動で終わるでしょうが、もし実行したら「犯罪」です。犯罪はよその世界の出来事ではなく、日常の延長線上にあるものなのです。

どんな犯罪も、異常な「犯罪者」の特殊な行為だと切り捨てては、犯罪の理解はできません。犯罪者を取り巻く環境、犯罪者の性格や心の問題、社会とのかかわり方などを、犯行時の状況とあわせて多面的にとらえることが必要です。

Column

### 状況が人を残酷《ざんこく》にする

アメリカの心理学者ジンバルドーは、学生を雇って大学構内の模擬刑務所で看守や囚人を演じさせました。間もなく看守役は攻撃的で支配的に、囚人役は従属的で抑《よく》うつ的になり、日に日にエスカレートしたため、2週間の予定の実験は、6日間でうち切られました。状況や役割が、ふつうの学生を残虐《ざんぎゃく》な人物や無気力な人物に変えてしまったのです。

この実験は、「es（エス）」（2001、ドイツ）という映画にもなっています。

ブレイク

# ちょっとユニーク？性と愛の心理

性愛に対する個人の嗜好《しこう》は人それぞれ。
性の対象は、つねに年代の近い生身の異性に
対するものとは限らず、同性に対してだったり
物に対してだったりします。
いためつけたりいためつけられたりが好きな人もいます。
バラエティに富んだ性愛の深層心理を
ちょっとのぞいてみましょう。
あなたの中にも新たな嗜好が発見できるかも？

## ＳＭ

相手に苦痛を与えることで性的快感を得るサディズム（サド）と、苦痛を受けることで性的快感を得るマゾヒズム（マゾ）の頭文字をとったもので、フランスの小説家マルキ・ド・サドと、オーストリアの小説家ザッヘル・マゾッホにちなんだ名称。

フロイトはサディズムを、母親の乳首をかむような幼児期の快感が退行現象としてあらわれたものとした。マゾヒズムについては、サディズムが自分に向けられたものとする説や、父親への性的欲望が形を変えてあらわれたものとする説などがある。いずれにせよ、対象が自分か他人かの違いで、サディズムとマゾヒズムの根は同じとされている。

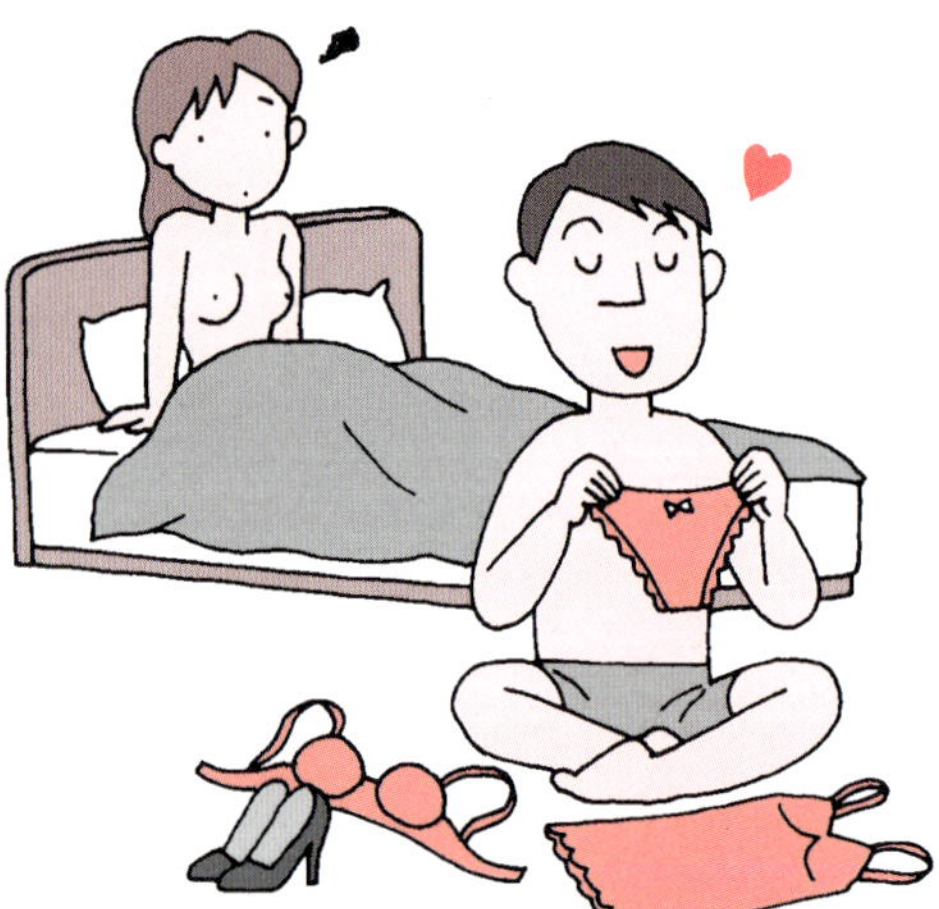

## フェティシズム

略して「フェチ」ともいい、女性の性器よりも、体の一部や衣類、所持品などに欲情したり興奮したりする傾向のこと。呪物崇拝《じゅぶつすうはい》、偶像《ぐうぞう》崇拝、物神崇拝を指すこともある。

「足フェチ」「靴フェチ」のような言葉も一般化したが、フェティシズムの対象は人それぞれで、細かい違いがある。フェティシストには男性が多く、幼いころにある女性に対して感じた性的な興奮が、その人が身につけていた物やそのとき偶然目にした物と結びついて記憶され、その事物がフェティシズムの対象になることなどが原因とされている。

なお、フロイトは、去勢不安が本来母親についていたはずのペニスの象徴である足や靴に執着させると述べている。

## 女装・男装

女装や男装は、世界各国の祭礼や、歌舞伎《かぶき》や宝塚をはじめとする演劇でもひんぱんに見られ、性的イメージをもつものも多い。性的興奮をともなう異性の扮装《ふんそう》には、1人あるいは仲間うちで楽しんで満足する場合と、街中を歩くことで快感を得たり性的に興奮したりする場合がある。

女装・男装の心理は変身願望の一形態と考えられるが、人は本来精神的には両性具有（アンドロギュノス）であり、自身の異性の部分を求める願望が無意識にそうさせるといわれている。また、ユングのいうアニマ・アニムス（→P56）が強い場合に、女装や男装の願望が生まれるとする考え方もある。

## 同性愛

1980年ごろまで精神障害に分類されていたが、現在は個人の嗜好とされる。日本では僧侶《そうりょ》や武士の「衆道《しゅどう》」の歴史があり、キリスト教圏ほどはタブー視されてこなかった。

同性愛には、思春期の一時的なものや、軍隊、寄宿舎などで異性の代わりに同性を性的対象とするもの、異性も対象とする「両刀遣《づか》い」などもある。

同性愛の要因を、胎児《たいじ》期のホルモン量による先天的なものとする説もある（→P77）が、後天的とする一説は、母親に執着し、母親と自分を同一視したため、母が息子を愛するように別の男性を愛するようになったというもの。この場合、息子＝自分なので、ナルシシズムがともなう。

## 近親相姦

近親相姦《きんしんそうかん》は、人類はじまって以来のタブーとされてきた。父親不在と母子密着の傾向が強い日本では、歯止めとなる父親がいないため、特に母子相姦が多いといわれる。

母子相姦の場合、夫不在のストレスがたまった母親が、本来夫に向けるべき欲求を息子に向け、年ごろの息子も、欲求不満やストレスを身近な母親とのセックスで解消しようとすることなどが要因として考えられている。

フロイトは、3～6歳の男児は母親に性的欲望をもつが、父親の存在や去勢恐怖からその思いが抑圧され、性器期には母親以外の異性に関心が向き、母子相姦願望はしぜんに消滅するとしている（→P55）。

# 口ぐせと話し方

## 話し方からわかる 相手の性格と心理

人の印象は、話の内容よりも話し方による部分が大きいといわれます（↓P 80）。言葉はとりつくろえても、話し方には性格や心理状態があらわれるのです。相手の本心を知りたいときは、顔や全身の様子だけでなく、話し方にも注意を払いましょう。

### ●話し方の特徴にあらわれる性格

**①目を見てはっきりと話す**
外向的な性格。社交的で相手に関心を強くもっているが、自己主張が強く支配したい気もちが強い場合も。

**②うつむいてぼそぼそと話す**
内向的な性格。自信がないか緊張している状態をあらわす。人に関心のない、ナルシストである場合も。

**③大げさに話す**
サービス精神にあふれた素直な性格。

**④ジェスチャーが多い**
自己顕示欲が強い。

**⑤横文字や専門用語が多い**
ナルシスト。自己顕示欲が強く、自分が上に立ちたい気もちのあらわれ。

**⑥語尾がはっきりしない**
発言に自信がない場合と、結論をはっきりさせないことで責任をのがれようとする場合とがある。

**⑦かしこまった話し方**
相手と距離を置きたい気もちのあらわれ。自信がなく無難な言葉を使っている場合も。

**⑧反応が速く言葉が短い**
（ふだんと違う話し方の場合は）うそをついている。

## 口ぐせからわかる 心理状態と性格

### ●口ぐせにあらわれる性格

**①「なるほど」**
人の話を聞くより自分の話をしたいという気もちのあらわれ。

**②「そうですね」**
自分が意見を述べる前に相手に同調する心配りを忘れない、リーダー的な性格。

**③「絶対に」「必ず」**
サービス精神が旺盛《おうせい》。多用する場合は自信のなさのあらわれ。

**④「あー」「うー」「えー」**
あまり話したくないという気もちのあらわれ。相手に遠慮しているか、タイミングをはかって反撃しようとしているかのどちらかの場合も。

**⑤「要するに」「つまり」**
話をまとめたがる仕切り屋的な性格。「要するに」のあとがまとまっていない場合は、自己中心的な性格。

**⑥「……ていうか」**
自己主張が強い、攻撃的なタイプ。

# 第6章 心の問題と心理学

人はだれしも不安や葛藤《かっとう》を抱えて生きています。
ときにはそれが病に発展することもあります。
人を悩ます心の問題には
どんなものがあるのでしょうか。

心理学の巨人たち 6

## カール・ランサム・ロジャーズ

Carl Ransom Rogers,1902-1987

アメリカのイリノイ州の敬虔《けいけん》なクリスチャン一家に生まれる。農業を学んだのち聖職を志すが、臨床心理学に転向。1931年ロチェスターの児童愛護協会児童研究部長となり、児童の母親の面接からインスピレーションを得る。42年に『カウンセリングと心理療法』を出版し、44年シカゴ大カウンセリングセンターでクライエント中心療法を確立。オハイオ大、シカゴ大教授などを歴任したのち西部行動科学研究所職員となり、集団療法の活動に没頭した。

コンプレックス

# コンプレックスはだれの心にもある

## コンプレックスは劣等感ではない

「コンプレックス」は、日常的には「劣等感」とほぼ同じ意味で使われますが、心理学では「無意識の中にある複雑にからみあった気持ち」のような意味をあらわします。たとえば、母親に対してコンプレックスがある場合は、家族の話になっても母親の話を避けて話題を変えようとしたり、また、逆に妙にこだわって、興奮しながらえんえんと母親の話を続けたりします。

コンプレックスには、不満、嫉妬《しっと》などの不快な感情をともないます。コンプレックスはもともと、そのまま意識に存在すると抵抗があるために無意識に押しやられたものです。そのため、本人が自覚していない場合が多く、コンプレックスを刺激されたときも、「なぜかわからないが、とにかく不快」になったりします。

## うまくつきあえれば心の指標になる

コンプレックスはだれにでも何かしらあるもので、本人にダメージを与えない程度なら、努力の原動力や、進路決定の助けになります。ユングは、コンプレックスは意識と無意識をつなぎ、自分の心を見つめる指標だと述べています。

しかし、コンプレックスが自我を圧迫し、心の病を引き起こすような場合は、心理療法などの助けを借り、自分のコンプレックスと向きあい、それを受けとめる必要が出てきます。

### おもなコンプレックス

**●母親コンプレックス**
すべてを包んでくれる愛を求めつつ、どうせわかってくれないと思う、母親に対する複雑な感情。男性も女性ももつ可能性がある。いわゆる「マザコン」は、成人男性が母親と依存関係をもち続け、それに疑問を感じない状態の意味。青年期になっても同年代の同性や異性と健全な交友関係が築けず、結婚しても母親に依存しつづけたり妻に母親の役割を求めたりする

**●父親コンプレックス**
父親に認められたい、愛されたいという気もちと、父親に対抗する気もちが複雑に混ざりあった感情。父親に限らず、先生や上司など年長の男性に対しても生じる。女性の場合、父親コンプレックスと恋愛感情とをとり違えて、年長の男性と恋愛をくり返す場合もある

**●シンデレラ・コンプレックス**
童話の主人公のシンデレラのように、自分を現在の境遇から救いだしてくれる王子様を待ちつづける女性の心理状態。男性に依存したい気もちと、自立して自由に生きたい気もちの間で揺れ動く。娘を理想的な女性に育てようとする父親との関係や、母親との葛藤などが原因とされる

**●ロリータ・コンプレックス**
成人男性が、幼女・少女や、はるか年少の女性に寄せる性愛の傾向。成人女性に向きあう自信がなく、少女であればバカにされずにつきあえるという思いや、老いに対する不安から、少女に若さを分けてほしいと願うことなどが原因とされる

**●カイン・コンプレックス**
きょうだい間の確執や葛藤《かっとう》のこと。親の愛を争った幼いころの思いが無意識に抑圧されて残り、成人になって影響するもの。神が、弟のアベルの供物は喜び、兄のカインの供物は歓迎しなかったことから、カインがアベルを嫉妬して殺してしまうという、旧約聖書の創世記の物語から命名された

臨床心理学

# コンプレックスの＋反応と－反応

## コンプレックスの原因

コンプレックスの概念をはじめて明らかにしたのはユング。ユングは「言語連想実験」を行って、言葉に対する反応や態度から、その事物に対してコンプレックスがあるかどうかを判断した

**幼児期の人間関係**

幼児期の家族関係は、親やきょうだいに対してのコンプレックスの原因となっている場合が多い

**トラウマ(心的外傷)**

強いショックやストレスによる心の傷は、無意識に抑圧されて癒《い》えずに残ることが多い

**理想と現実のギャップ**

自分の理想である超自我（→P54）と現実とのギャップに自我が苦しみ、コンプレックスとなることも

**complex**
**コンプレックス**
無意識の中にある
複雑な心理状態

＊complexを直訳すると「複合的な、複雑な」

「学歴コンプレックス」「カラオケコンプレックス」などの言葉から誤解しがちだが、「コンプレックス＝劣等感」ではない。心理学では、コンプレックスは「あってあたりまえ」のもので、個性の1つだと考える

**心の病**

コンプレックスが悪化すると心の病になることもある。ここまでくると原因となるコンプレックスを見つめることで病に対処しなければならない

**悪化**

過剰な反応をくり返していると、病的な症状になってくることも

**＋プラスに反応**

**－マイナスに反応**

### 心の指標

**原動力**

特に劣等感をともなうコンプレックスの場合は、前向きにとらえることでエネルギーに転換できることが多い

### コンプレックスにかかわる話題が出たとき

↓

- その話題にまったく触れない
- 黙りこんで返事をしない
- 話題を変える
- 突然鼻をかむ、席を立つなど、突飛な行動をする

「母親にはよく面倒みてもらって感謝してるよ。でも、愛してはくれなかった…」のように、評価しながらも否定するなど、コンプレックスは屈折した思いとしてあらわれることも多い

### 感情的な反応

**かたくなな反応**

コンプレックスには、不安、嫉妬、憎悪、恐怖、劣等感、罪悪感などの感情がともなう

# ストレスの正体は環境に立ち向かう勇敢な戦士

## ストレスとは環境に適応する反応のこと

現代では、ストレス＝万病のモト、というイメージが定着していますが、わたしたちがさまざまな外界の刺激（ストレッサー）に適応できるのは、実はストレス反応のおかげなのです。「ストレス反応」とは、ストレッサーに反応して起きる心身の反応のことです。現在では、ストレッサーもストレス反応も、あわせて「ストレス」と呼ぶことが多くなっています。

## ストレス反応のしくみ

**ストレッサー**
（外からの有害な刺激）

**生理的ストレッサー**
疲労・空腹・睡眠不足など

**物理的ストレッサー**
暑さ・寒さ・湿気・強風・騒音など

**心理的・社会的ストレッサー**
不安・心配・嫉妬《しっと》・人間関係・家庭の事情・生活環境の変化など

**生物学的・化学的ストレッサー**
花粉・ダニ・カビ・排気ガスなど

**心身の機能低下**
＝ストレス反応

外界の刺激から防御《ぼうぎょ》するため、ホルモンの分泌《ぶんぴつ》異常が起きる。このため心身の機能が一時的に低下する

体　心

発熱　食欲不振　不安
腹痛　慢性疲労　落ちこみ
肩こり　頭痛　不眠　イライラ

ホルモンの分泌が活性化されて抵抗力が高まると刺激に適応できる

**新しい環境に適応**

新たな刺激は最初はストレスとなるが、適応すれば、人間性や知能を発達させる

**適応不能**

強いストレスがかかりつづけると重大な病を引き起こす

体　心

胃かいよう　神経症
ガン　心身症　うつ病
過敏性腸症候群《かびんせいちょうしょうこうぐん》
摂食《せっしょく》障害　適応障害

# ストレス解消法のいろいろ

ストレスを解消するには、情報や音の洪水から心や体を避難させることが必要。自分に合う方法を見つけてうまくストレスとつきあいたい

### ライフスタイルを見直す

人が行動パターンを変えるのは、いうほどたやすいことではない。ストレスの最大の解消法は、ストレスを感じやすい行動パターンをしない時間や場所をもつこと。たっぷり睡眠をとる、趣味の時間をもつ、カラオケ、友人との飲食やおしゃべりなどが効果的

### 自分にやさしく

ストレスをためやすい人は、まじめで、問題を大きくとらえがちな人が多い。完璧《かんぺき》主義をやめて、ときには手抜きしたりサボったりしてもいい、と自分に言い聞かせること、自分の力を過小評価しないで楽に考えることを心がける

### リラックスする

心身の緊張をほぐすとストレスもやわらぐ。ストレッチやウォーキングなどで体をほぐし、深呼吸や瞑想《めいそう》、ゆったりした音楽を聴くことなどで心をほぐすとよい。ヨガは、心身両方をほぐすことのできるリラクゼーション法

ストレスには個人差がある。同じ刺激も負担に感じなければストレスではない

ストレスにならない
ストレス

アロマや落ち着く照明などを利用しながらゆっくり入浴するとリラックスできる

## ストレスはなくすものでなく手なずけるもの

現代は、ひじょうにストレスフルな社会です。心の病だけでなく、生活習慣病の最大の原因もストレスだといわれていますが、ストレスを完全になくすことはできません。

現代人にとって、ストレスに押しつぶされないようストレスをコントロールしていくことは、心身の健康に欠かせない技術だといえます。



Column

## ストレスのない人生なんて……？

人生には喜びも悲しみも満ちています。夫や妻の死、離婚、リストラなどが強いストレスとなるのは当然としても、意外なことに、結婚や妊娠、新居への引越などの楽しいはずの出来事もかなりのストレスになります（→P 92）。

ストレスとは外界の刺激に対する反応なので、極論すれば「ストレスなしの人生はつまらない」ともいえるかもしれません。

●心理的・社会的ストレッサーとその強さ
（「社会再適応評価尺度」Holmes & Rane,1967より抜粋）

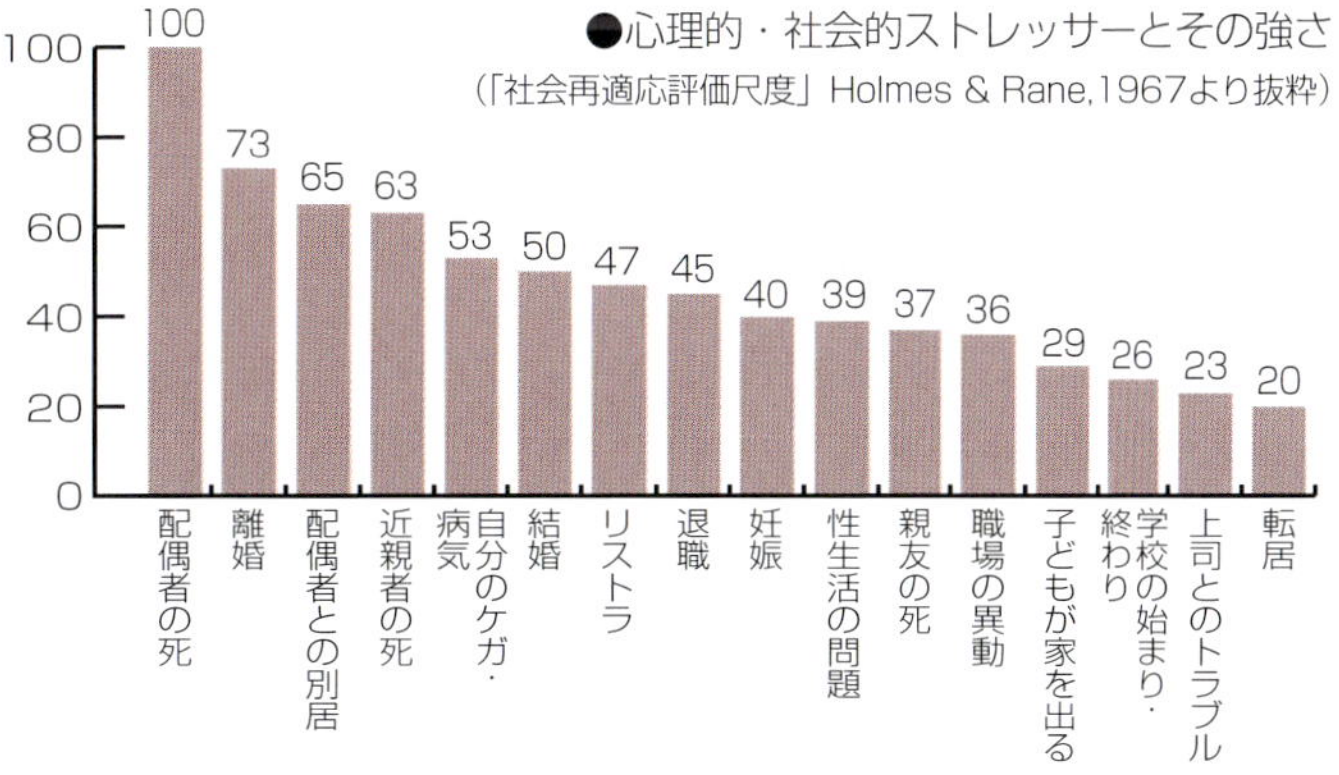
100
80
60
40
20
0
100 配偶者の死
73 離婚
65 配偶者との別居
63 近親者の死
53 自分のケガ・病気
50 結婚
47 リストラ
45 退職
40 妊娠
39 性生活の問題
37 親友の死
36 職場の異動
29 子どもが家を出る
26 学校の始まり・終わり
23 上司とのトラブル
20 転居

# 精神疾患には正しい理解と対処が欠かせない

## 病気とはバランスがとりきれない状態のこと

WHO（世界保健機関）では、「健康」の定義を、「単に病気でないというだけではなく、身体的、精神的、社会的に良好な状態であること」としています。「健康な人」とは、心身ともに健康であることはいうまでもなく、社会に適応し、主体的に社会に働きかけていくことのできる人のことなのです。

人は、心の健康を害すると、通常の社会生活が営めなくなったり、心の病といわれる症状になったりすることがあります。

心の病はこれまで、心因性（心理的要因）のもの、脳障害が中心の外因性のもの、遺伝の影響が大きい内因性のものというように、病気の原因によって分類されていました。

しかし、心の病は複合的な要因によることがほとんどで、原因による分類には無理があります。また、医師によって診断が異なる場合も多いため、近年はアメリカ精神医学会の分類と診断のマニュアルである、DSM—Ⅳ—TR（DSM＝Diagnostic and Statistical Manual of Mental Disorders）が広く用いられています。

### 傾きすぎると病になる

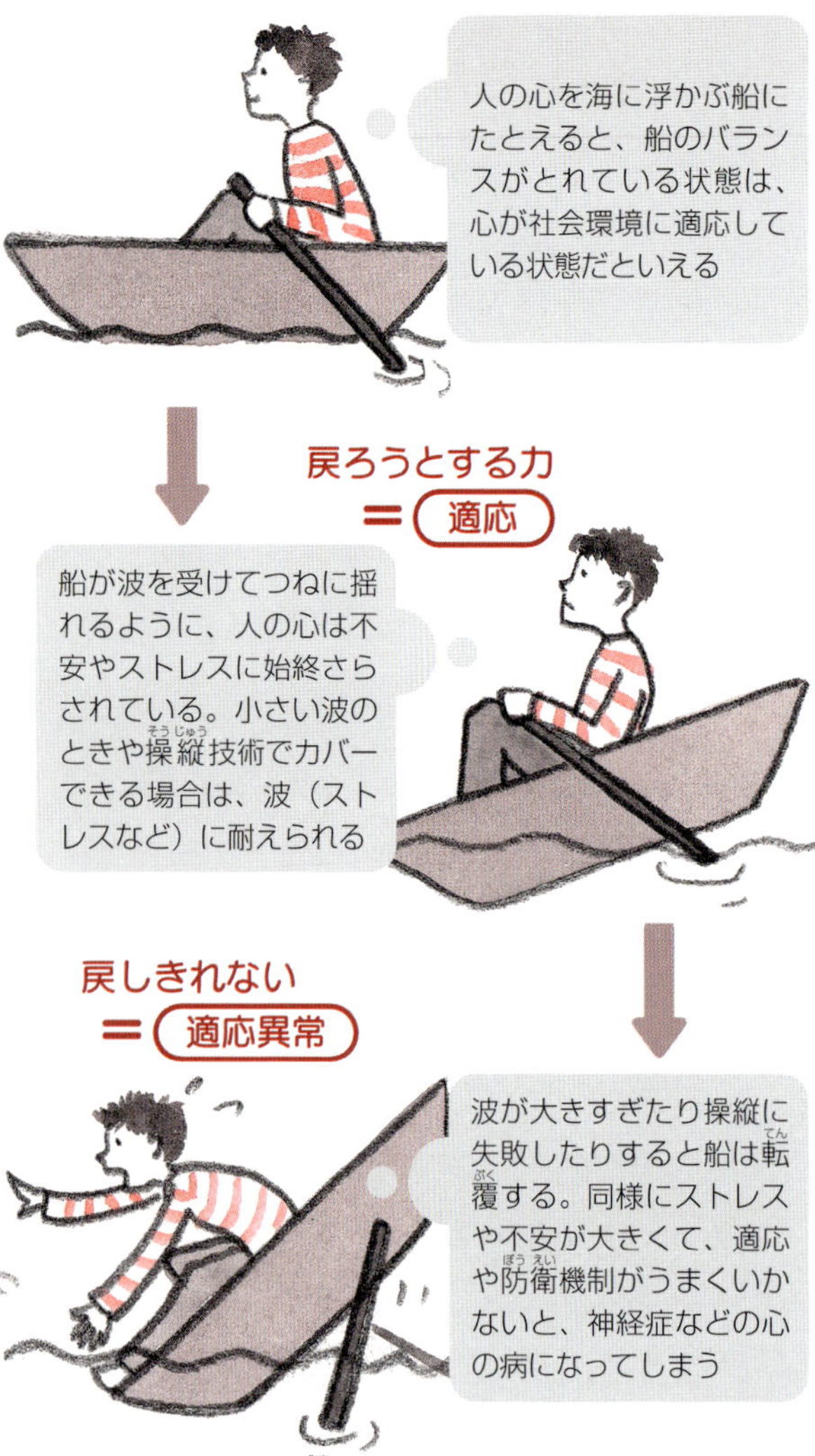
人の心を海に浮かぶ船にたとえると、船のバランスがとれている状態は、心が社会環境に適応している状態だといえる
戻ろうとする力
＝適応
船が波を受けてつねに揺れるように、人の心は不安やストレスに始終さらされている。小さい波のときや操縦《そうじゅう》技術でカバーできる場合は、波（ストレスなど）に耐えられる
戻しきれない
＝適応異常
波が大きすぎたり操縦に失敗したりすると船は転《てん》覆《ぷく》する。同様にストレスや不安が大きくて、適応や防衛《ぼうえい》機制がうまくいかないと、神経症などの心の病になってしまう

### DSM—Ⅳ—TRによる診断カテゴリー

1 通常、幼児期、小児期、または青年期にはじめて診断される障害
2 せん妄《もう》、痴呆《ちほう》、健忘性《けんぼうせい》障害、および他の認知障害
3 一般身体疾患《しっかん》による精神疾患
4 物質関連障害
5 統合失調症《とうごうしっちょうしょう》および他の精神病性障害
6 気分障害
7 不安障害
8 身体表現性障害
9 虚偽性《きょぎせい》障害
10 解離性《かいりせい》障害
11 性障害および性同一性障害
12 摂食《せっしょく》障害
13 睡眠障害
14 他のどこにも分類されない衝動制御の障害
15 適応障害
16 パーソナリティ障害
17 臨床的関与の対象となることのある他の状態

（医学書院『DSM—Ⅳ—TR　精神疾患の分類と診断の手引』より抜粋）

# 心の病のいろいろ

## 統合失調症

2002年まで「精神分裂病」と呼ばれていた病。青年期の発症が多く、遺伝の影響が大きいと考えられているが、原因は特定できていない。幻覚や妄想《もうそう》、集中力の低下、意欲低下、感情の平板化などの症状があらわれる。現在は薬物などによって、かなり症状をおさえられる場合が多い

## 神経症

不安や葛藤《かっとう》の延長にある病気。強いストレスによって恐怖感や不安が強まり、抑《よく》うつ感、頭痛、不眠、動悸《どうき》などの症状が心身にあらわれる。対人恐怖や外出恐怖などの恐怖症、手を洗う行為をくり返すような強迫神経症、強い不安に襲われる不安障害、人ごみで起こるパニック障害などがある

## 心身症

心理的・社会的ストレスが原因で生じる身体の症状。ストレスによって自律神経《じりつしんけい》や免疫系《めんえきけい》、ホルモン分泌《ぶんぴつ》に異常が出て、気管支《きかんし》ぜんそく、自律神経失調症、過敏性腸症候群《かびんせいちょうしょうこうぐん》、インポテンツ、月経異常、アトピー性皮膚炎などを発症する。循環器、消化器、呼吸器、皮膚、婦人科系など、全身どこにでも症状が出る

## 気分障害

「躁《そう》うつ病」と呼ばれることが多い。躁状態のみの躁病、うつ状態のみのうつ病、交互にあらわれる躁うつ病の3種類あり、うつ病の患者数が最大。うつ病は意欲が低下し、無力感、絶望感、食欲や性欲の減退などの症状があらわれる。躁病は気分の高揚、活動的、疲労の無自覚、誇大妄想などの症状があらわれる。薬物で治療可能

うつ病はまじめで手抜きができない人がなりやすいといわれる

## パーソナリティ障害

一般と違うかたよった考え方や行動のために、社会生活に支障が生じる状態のこと。風変わりな考え方や習慣をもつタイプ、感情や行動が過剰で不安定なタイプ、不安感が強く、対人関係に自信がないタイプの3つに分けられる。これまで「人格障害」と呼ばれることが多かった

## 解離性障害

これまで「多重人格」「二重人格」と呼ばれていたもの。無意識の中に抑圧されていた欲求が別の人格として意識上にあらわれてくる。交代人格をコントロールすることはできず、交代人格のときの言動は記憶していない。幼児期の身体的虐待《ぎゃくたい》、性的虐待、心理的虐待などが原因として考えられている

## 心的外傷《しんてきがいしょう》後ストレス障害（PTSD）

災害、事故などのほか、レイプ、殺人事件、児童虐待などもPTSDの原因に。自分の体験だけでなく、人の体験によっても引き起こされる

「PTSD」はPost Traumatic Stress Disorderの略。ベトナム戦争の帰還兵の症状からアメリカで発見され、日本では阪神大震災、地下鉄サリン事件、福知山《ふくちやま》線脱線事故などの被害者に多くみられる。生命の危機をおぼえるような体験がトラウマ（心的外傷）となり、自分の意志と無関係に悪夢やフラッシュバックなどで体験がよみがえり、恐怖や不安、動悸やめまいなどが起きる

# 現代社会は禁断症状に苦しむ人だらけ

## やめたくても やめられなくなる

ある刺激をくり返し求め、自分ではその欲求をコントロールできず、刺激なしではいられない状態を、「依存（症）」または「嗜癖《しへき》（アディクション）」といいます。

依存症の背景には、心の未熟さがあると考えられます。人の依存関係は、母親への依存から、独立した人格どうしがささえあう健康的な依存へと成長していきます。しかしときには大人になっても、自分を保護し、なんでも望むようにしてくれた母親に対して一方的に依存するような心が、そのまま残ってしまう場合があります。断乳した子どもが母親のおっぱいの代わりに指をしゃぶるように、大人の場合は、アルコールやニコチンなどに依存するのです。

アルコール依存症などが度を越すと、中毒となります。健康や社会生活を冒していくので、本人もやめようとしますが、精神的な要因から生じた依存は、そう簡単には断ち切れません。

依存症の治療では、本人が病気を自覚し、家

## ダメな夫と別れられなくなる共依存

**アルコール依存などの依存症を発している人の家庭には、共依存関係が潜《ひそ》んでいることが多い。共依存とは、夫婦、親子、恋人などの人間関係に依存し、他人を自分の存在証明にするような依存のこと**

アルコール依存
夫
暴力に耐える
夫との関係に依存
共依存
DV
妻との関係に依存
妻

表面的には被害者に見える妻が、この人にはわたしがいないとダメ、と思いこみ、尋常《じんじょう》でない暴力にも耐え、夫の暴力を助長している場合もある

アルコール依存の夫がDVを併発することも多い。妻を自分の思いどおりにしたいという気もちの一方、妻に面倒をみてもらいたいという気もちも強い

依存症の治療に大切なことは、自分が病気であることの自覚。上の図のような共依存の夫婦の場合は、夫婦ともに治療しなければ状況を改善できない

族など周囲で協力して治療に取り組んでいくことが大切です。

## モノにばかり依存するわけではない

現代は、依存の対象が多様化してきています。酒やタバコ、薬物などの物質に対してばかりでなく、買い物やギャンブルなどの「プロセス依存（行為依存）」や、家族間などの人間関係に依存する「共依存」も多くみられます。

## おもな依存症

現代社会の依存の対象はさまざま。ここでは、物質依存、プロセス依存（行為依存）のうち、おもなものを取り上げる

### 物質依存

**薬物依存**

高揚《こうよう》感や爽快《そうかい》感、エクスタシーなどを得るため、コカイン、覚醒剤《かくせいざい》などの麻薬や、シンナー、風邪薬などを常用する。薬のききめが切れると、不快感やイライラなどの禁断症状があらわれる

**アルコール依存症**

ストレス解消になるはずの飲酒は、度を越すとストレスを高め、さらに飲酒がふえるという悪循環に。幻覚や妄想《もうそう》、震えなどの症状が起きる。近年は主婦のアルコール依存症もふえている

一定の周期で刺激を味わう快感が依存症状を悪化させる。依存症の治療には、刺激を絶つほか、思いっきり刺激に浸らせるなど、刺激のリズムを崩す方法を用いることが多い

**ネット依存症**

日本のネット人口は8529万人（総務省、2005年末）だという

何もかもインターネットに頼り、双方向コミュニケーションを面倒がったりネット上の情報をうのみにしたりする傾向。「ケータイ中毒」という言葉もある

### プロセス依存

**買い物依存症**

商品への欲求でなく、買い物という行為に依存する。買い物をするときに気分が高揚し、終わると罪悪感をおぼえる。発症者の大多数が女性。近年はネット買い物依存症も増加している

**仕事依存症**

長時間労働に心理的負担を感じないことが特徴。家庭や地域に居場所がなかったり、役割を放棄《ほうき》したりしている場合が多く、自分の存在のよりどころを職場や仕事に求める。仕事熱心と勘違いされやすい

「仕事が忙しい！」は人生の諸問題から目をそむけるための言い訳かもしれない

Column

### ギャンブルにはまるのはなぜ？

ときどき、家計が崩壊するほどギャンブルにはまってしまう人がいます。ギャンブルをやめられない理由は、精神的な未熟さだけではありません。

餌《えさ》が手に入る行動が強化されるスキナーの実験（→P 36）では、ときどき餌が出るようにした場合にも、条件づけがなされます。これを「部分強化」といいます。ネズミにレバーを押す行動をやめさせようとすると、毎回餌が出て強化したときよりも部分強化したときのほうが、やめるまで時間がかかるそうです。

人間も同じで、競馬や宝くじは、毎回でなく、たまにあたるからこそあきらめきれないというわけです。

子どもの心の病

# 早期発見とその子に合ったサポートが肝心

## 発達の途上で起こるさまざまな障害

自閉症、ＡＤ／ＨＤ、ＬＤなどの発達の遅れは脳の障害によるもので、心理学からアプローチできるものばかりではない。対処しきれない場合は、児童相談所や保健師への相談、小児科や児童精神科など医療機関への受診も検討したい

### チック

意志と無関係に筋肉が突発的に動く症状。まばたき、しかめっ面などの運動性チックと奇声などの音声チックがある。遺伝的要因と心理的要因が複合して起きるといわれる。発症から1年未満でおさまる場合が多い

発達の遅れにみえても、個人差にすぎなかったり一過性だったりすることも多い。子どもの心が発達途上であることを頭に置いて、あせらず長い目で見守ることも大切

### 自閉症

広《こう》汎《はん》性《せい》発達障害のうちの1つ。言語や環境の認知、情報処理能力に問題がある。言葉の遅れが生じ、コミュニケーションが成立しにくく、対人関係がつくれない。特定のものに強くこだわる

### アスペルガー症候群

自閉症と同じく、広汎性発達障害のうちの1つ。会話が一方的なこと、強いこだわりをもつことなどは自閉症と共通するが、言葉の遅れや知的障害がないため、発見されにくい

### AD／HD

「注意欠陥／多動性障害」のこと。集中が保てない、落ち着きがない、衝動的な行動が特徴。知的能力には問題はないが、集中力のなさから学力に問題が生じることが多い。薬物による治療も行われる

周囲の適切な対応や治療で、社会生活に適応できるようになる場合が多い。坂本竜馬やエジソンはＡＤ／ＨＤだったのではないかという説もある

## 発達の遅れは2～3歳時に特に注意

攻撃性、落ち着きのない動き、指しゃぶりなど、子ども特有の問題行動は、たいていの場合一過性のものです。また、スキンシップを心がけたり、子どもの心をしっかり受けとめたりすることで改善する場合がほとんどです。

しかし、これらの行動が心身の発達の遅れ（発達障害）のサインである場合もあります。発達障害は、脳などの機能障害をともなうことが多く、この場合は医師の診療が必要です。

発達障害が親によって認識されるのは、2～3歳のときが最も多いといいます。子どもを温かく見守ると同時に、子どもの心身の問題を早期発見するのもまた親の役目です。症状に応じて各機関の助けも借りながら、子どもの心の健全な発達をサポートすることが大切です。

## 心身の不安定さが心の病につながりやすい

思春期は心と体が不安定な反抗期の時期で

## 思春期に多い心の問題

### ●摂食障害
思春期以降の女性に多い。病的にやせ、内臓障害や無月経などの症状が出る拒食症、過食後吐くことをくり返し、抑《よく》うつ感などが出る過食症が代表的。拒食症は本人に自覚がない場合も。容姿のコンプレックスのほか、親に甘えたい気もちがかくれていることも多い

### ●不登校
心理的、身体的、社会的要因から、児童が登校しない、あるいはしたくてもできない状況のこと。のちにひきこもりに発展することもある。背景には、自我を守ろうとする心理的退行や、自立への葛藤《かっとう》などがあるといわれる。本人はたいてい罪悪感に苦しんでいる

### ●リストカット
ストレスを解消するため、自分の手首を切る自傷行為で、何度もくり返されることが特徴。女性に多く、自殺願望からというよりも、失恋やいじめなどさまざまな出来事をきっかけとして、自信や生きる目的を失うことなどから起きることが多い

思春期は、大人の体に発達途上の心が宿った状態。さまざまな心の問題が起きやすい

### LD
「学習障害」のこと。全体的な知的能力に問題はないが、読み書き、計算、推論などの特定の分野の能力を、年齢相応に身につけられない状態。AD／HDを併発することも

思春期の心の問題の改善には、受け入れることと自立をうながすことの両面の対応が必要

持続した反社会的行動は、発達障害の1つである「行為障害」と診断される

### ●非行
青少年の反社会的行動。愛情の不足により自我が適切に発達しなかったため、反抗期の自立願望や自己主張がエスカレートしたものといわれる。大人に対しては反抗的・攻撃的だが、同年代の仲間うちでは結束する。成長や周囲のサポートでおさまる場合も多い

す。このとき攻撃的な反抗をするのではなく、摂食《せっしょく》障害やリストカットのように自分を傷つけたり、心の病になったりすることがあります。

思春期の子どもは、自立したい一方で甘えたい、干渉《かんしょう》はイヤだけど不安、などの矛盾した思いを抱えています。子どもの心をしっかり受けとめられるよう、親自身が心を病まないようにすることも必要です。

Column

### いじめ問題をなくすには

年々深刻化するいじめの問題には、他人との距離感がわからず、自分と違う子を許容できないいじめっ子の心理、いじめを指摘できない傍観《ぼうかん》者集団の心理など、いろいろな心理が絡んでいます。

毎日新聞の報道によると、アフリカ諸国ではいじめ問題が深刻化していないそうです。学校が午前中のみで学校への依存度が少ないこと、午後は年齢を超えた地域の友達と遊ぶことなどが理由とされます。

いじめを完全になくすのはむずかしいことですが、自分を認めてくれる居場所づくりが、いじめられっ子を自殺から救うカギの1つかもしれません。

# 専門家の力を借りて悩みと向きあう方法もある



## 対照的な２つの心理療法

正統な精神分析では治療者はクライエントから顔が見えない後方に座る。連想を妨げず、人間関係をつくらないため

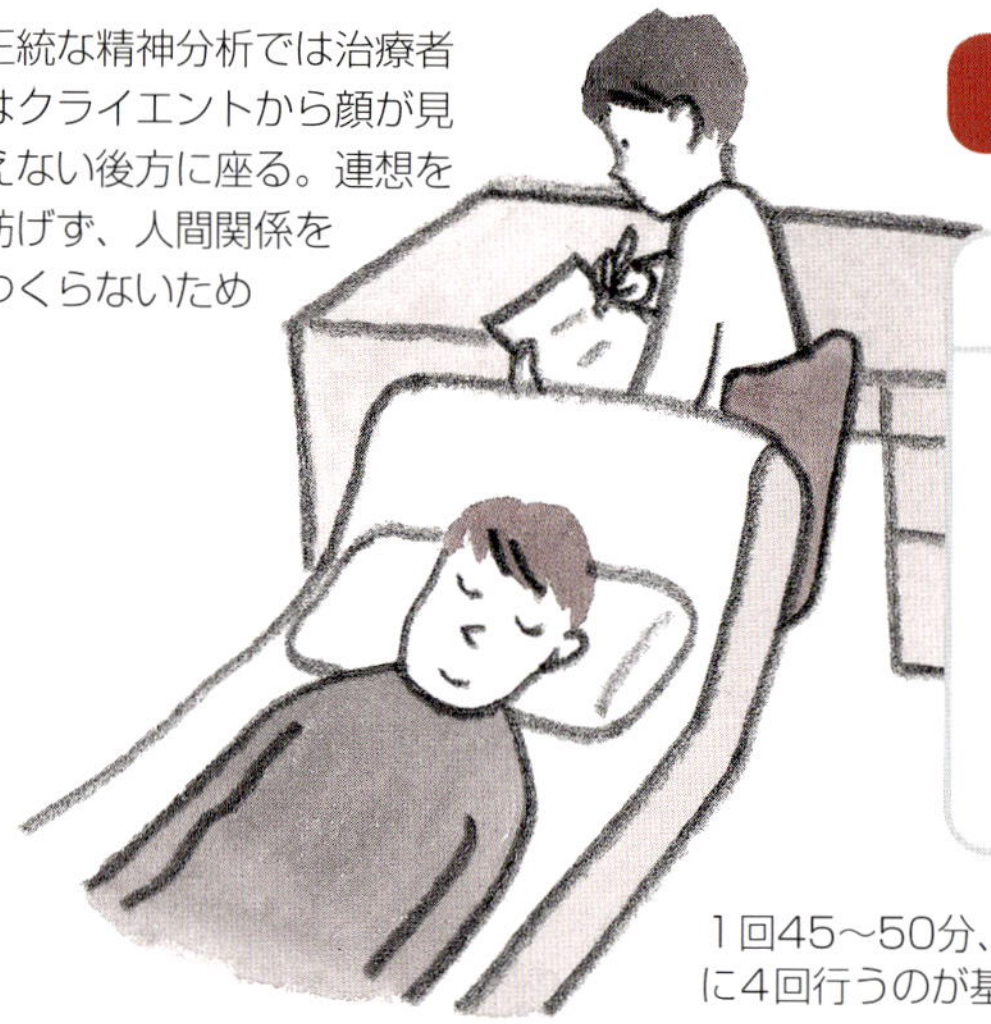

1回45～50分、週に4回行うのが基本

### 精神分析療法

フロイトにより創始された療法。寝イスに横たわるクライエントに、思いうかぶことをそのまま話してもらう自由連想法を用いる。クライエントが意識化するのに抵抗を感じる物事を治療者が解釈して、無意識に抑圧されている欲求や葛藤《かっとう》を明らかにしていく。

フロイト

対照的

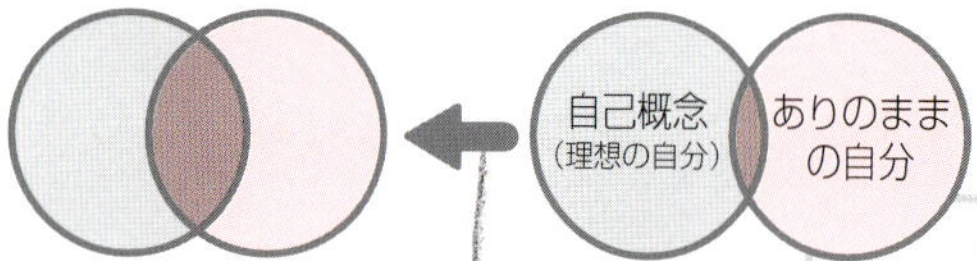


ありのままの自分と自己概念とのズレが少なくなるほど、人は活動的に生きられるとされる

### クライエント中心療法

ロジャーズが創始した療法。クライエント（来談者）自身の潜在的な回復能力を引きだせばよいとする。

●カウンセラーに必要な態度→①カウンセラー自身に裏表がない（自己一致）、②クライエントを無条件に受け入れる（無条件肯定的関心）、③クライエントの内的世界を自分のこととして感じる（共感的理解）

クライエント中心療法はクライエントとカウンセラーが対面して行われる

カウンセラーの指示や解釈は不要！問題解決できるのはクライエント本人だけ！

ロジャーズ

## 治療のしかたは1つではない

「心理療法」とは、心の問題に対して、専門的な知識をもち、訓練を受けた人が、心理的な方法によって行う治療のことです。

心理療法では、薬物の使用や外科的治療は行わず、診断よりも治療に重きを置きます。現在では、フロイトの理論にもとづく精神分析療法をはじめとして、さまざまな心理療法が行われています。

心理療法には、大きく分けると、個人で行う個人療法と、集団で行う集団療法とがあります。どの症状にどの療法がいいとはいちがいに決められず、療法や治療者との相性なども、治療の効果を大きく左右します。

近年では、心理療法と薬物療法を併用するケースが多くなりました。また、瞑想《めいそう》、宗教などの科学的でない方法によって、症状がやわらぐ場合もあります。本人の心の症状の改善を最優先に、最も適切な方法を、多角的に判断していきます。

## 個人療法

**治療者とクライエントとが1対1で行う療法。なお、「カウンセリング」は、正確には「クライエント中心療法」を指す言葉**

### ● 芸術療法
音楽療法、絵画療法、なぐり描き法などがある。音楽療法には、音楽を聴く受容的音楽療法と、合唱や演奏、作曲などを行う能動的音楽療法とがある

### ● 箱庭療法
57cm×72 cm×7cmの砂を入れた木箱に、人物や動物、建物、乗り物、植物などのミニチュアでドラマをつくったり遊んだりする。作品にはクライエントの無意識があらわれるとされる

### ● ゲシュタルト療法
ゲシュタルト心理学の理論にもとづく療法。その場の「気づき」や欲求をありのままに表現し、現実を直視することで、より円熟し統合された人格が獲得されると考える。クライエントが1人で自分のいろいろな部分を演じ分けることが特徴

### ● 遊戯《ゆうぎ》療法
子どもを対象とした療法。治療者が遊びによって子どもの自己表現を引きだして行う。遊びの中で、子どもは抑圧された不満や葛藤を発散し、不安を解消する

### ● 行動療法
見えない無意識よりも行動そのものを変えて改善すればよいと考え、学習によって不適切な行動や考え方を消去させ、適切な行動を獲得させる療法。段階的に行動を改善する系統的《けいとうてき》脱感作《だつかんさ》法《ほう》、自律訓練法、主張訓練法などが代表的

### ● 認知行動療法
行動療法に認知療法の考え方をあわせた療法。認知療法は人が積み重ねた知識や思いこみを変えることで問題を改善していく療法

### ● 森田療法
精神科医森田《もりた》正馬《まさたけ》が考案した療法。問題や不安も含めてあるがままの自分を受け入れることを基本とする。臥褥《がじょく》*期、作業期、生活訓練期と経て、生の欲望が発揮されるよう改善していく

*臥褥…床につくこと

箱庭療法ではクライエントの作業中の様子の観察も重要

日本で生まれた療法では、このほか浄土真宗の僧侶《そうりょ》吉《よし》本《もと》伊信《いしん》が創始した内観療法が有名

## 集団療法

**家族や、同じ問題に悩む集団で取り組む集団療法は、自分の感情が受容され、共有される新しい体験を呼び起こす**

### ● サイコドラマ
演劇を用いた心理療法で、「心理劇」ともいう。主役、補助自我（重要な他者）、観客（一般社会）、舞台、監督の役割に分かれて即興劇を行い、演者と観客の交流を通じて、新しい自分を模索《もさく》していく。劇終了後は、感想や体験を分かちあう作業（シェアリング）を行う

### ● 家族療法
心の問題の原因が家族システムにあると考える心理療法。家族は、母親の溺愛《できあい》が原因で子どもが不登校になるというような直線的な関係ではなく、円を描くようにそれぞれが影響を与えあっている（円環的因果論）と考え、家族システムの改善をはかろうとする

### ● 交流分析
精神分析の理論にもとづく心理療法。個人の心の中で「親（P）」「成人（A）」「子ども（C）」の3つが状況に応じて働くと考えて心の構造を分析する構造分析、P、A、C間のベクトルの向きで人間関係を分析する交流パターン分析、人生の脚本の書きかえを目的とする脚本分析などがある

# 心の悩みの経験者が心の専門家をめざしてもいい

## 心の悩みを助ける臨床心理学と心の専門家

心の問題の治療を助ける心理学を「臨床心理学」といいます。「臨床」とは実際の診察や治療のことです。近年、臨床心理学を学んで心の専門家になりたいという人がふえています。

心の専門家には、臨床心理士のほか、産業カウンセラー、認定カウンセラーなど、多くの資格がありますが、まず大学に進学するのが一般的です。たとえば臨床心理士の場合は、大学で基礎心理学をみっちり学んだうえで、指定された大学院で実践を学び、受験資格を得ます。社会人が夜間大学院で学ぶケースもあります。

心の専門家は完成した人格のもち主のように思われがちですが、実際の臨床心理士などの専門家は、たいてい、自身が深く悩み、自分の心を見つめてきた人です。心に問題を抱える人を援助する仕事には、悩んだ経験をもつ人こそがふさわしいともいえるでしょう。

## カウンセラーに欠かせない資質

### 1 すぐれた聴き手となる

心理療法は、クライエントとカウンセラーの間に信頼関係があってこそのもの。自己一致、無条件肯定的関心、共感的理解（→P116）を頭に置き、うなずきやあいづち、適切な質問の投げかけなどの聴く技法を駆《く》使《し》して、クライエントの話に耳を傾ける

### 2 秘密を守る

クライエントとの守秘義務を破ると、信頼関係が壊れ、治療も続けられなくなる。ただし、クライエントの自殺や殺人の可能性など、危機介入の必要があるときは、柔軟に対処しなければならない

### 3 研究を続ける

臨床心理士の資格は5年更新。人の心を扱う専門職であることを頭に置き、社会の状況、最新の心理学や医学の動向にも目を配り、精進を欠かさない

必ずしも完成した人間でなくてよい。自分の未熟さを自覚し、自身が心身とも健康であることが大切

Column

### 心理学と医学の違い

心の問題を扱う心理学と精神医学ですが、どこが違うのでしょうか？

病気を見つけて治療する医学に対し、心理学は、心の問題を乗り越えるのをサポートするというスタンスをとります。治療は心理学にとってはあくまでも結果です。また、国家資格の医師は薬物治療が行えますが、法人認定資格の臨床心理士には薬の処方ができません。

重要なことは、その人の心の問題の改善です。心理学と医学が各々の特徴を活《い》かして協力しあい、症状に適した対処をすることが大切です。

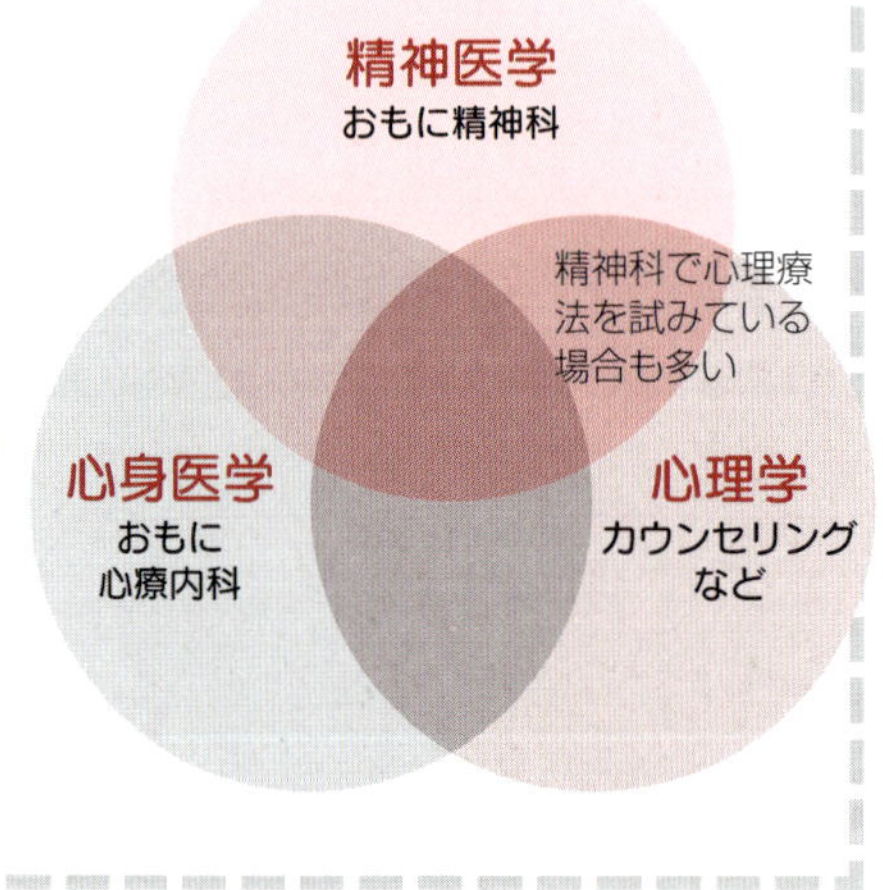
精神医学
おもに精神科
精神科で心理療法を試みている場合も多い
心身医学
おもに
心療内科
心理学
カウンセリング
など

臨床心理学

## 心の専門家のリストと道すじ

心理学に関係する資格は数多くあるが、現在のところ業務独占の資格ではなく、一定水準にあることを示すもの。ここでは、法人認定資格と、心理学に深く関係した国家資格を中心に紹介する

- 教…教育分野。学校、自治体の教育相談室など
- 医…医療・保健分野。病院、保健所など
- 福…福祉分野。児童相談所、福祉施設、老人ホーム、リハビリテーションセンターなど
- 司…司法・矯正《きょうせい》の分野。家庭裁判所、少年院、刑務所・拘置所など
- 産…産業分野。ハローワーク、企業内の健康相談室など
- 研…大学・研究の分野。大学、短期大学、専門学校、国や自治体、企業の研究機関など

| | 資格名 | 仕事内容・活躍の場 | 資格取得のおもな方法 | 代表的な団体名と連絡先 |
|---|---|---|---|---|
| 法人認定資格 | 臨床心理士 | 専門的な知識や技法を用いて心の問題のケアや解決にあたる。多くの分野で活躍。スクールカウンセラーの9割を占める 教 医 福 司 産 研 | ①指定大学院Ⅰ種修了<br>②指定大学院Ⅱ種修了＋実務経験1年以上<br>→協会の資格認定試験 | (財)日本臨床心理士資格認定協会<br>☎03-3817-0020 |
| 法人認定資格 | 産業カウンセラー | 職場の人間関係や、転勤・異動にともなうストレスなどの心の悩みを扱う。初級・中級・上級の3区分がある 産 | ①大学で心理学を専攻<br>②実務経験4年以上<br>③協会の講座を修了<br>→協会の資格認定試験 | (社)日本産業カウンセラー協会<br>☎03-3438-4568 |
| 法人認定資格 | 認定心理士 | （資格の概要）心理学の専門家としての必要最低限の学力や技能の修得を認定する資格。４年制大学で心理学を専攻したことの証明となる | 4年制大学で心理学関連などの指定された科目を履修<br>→書類審査 | (社)日本心理学会<br>http://www.psych.or.jp |
| 心理学に関連の深い国家資格 | 精神保健福祉士 | 精神障害者の社会復帰のために指導や援助をする 医 福 | ①福祉系大学で指定科目を履修<br>②福祉系短大か専門学校＋実務経験2年か1年<br>③一般4年制大学か実務経験4年以上＋養成校1年以上<br>→国家試験 | (財)社会福祉振興・試験センター<br>☎03-3486-7559<br>（試験案内専用） |
| 心理学に関連の深い国家資格 | 社会福祉士 | 心身障害者や老人福祉に関する相談に応じたり援助したりする 福 | | |
| 心理学に関連の深い国家資格 | 視能訓練士 | 眼科医のもとで視覚機能の検査を行ったり、斜視や弱視の回復訓練や治療を行ったりする 医 | ①養成校3年以上<br>②大学、短大などで指定科目を履修＋養成校１年以上<br>→国家試験 | 厚生労働省医政局医事課試験免許室<br>☎03-5253-1111 |

### 学会認定の民間資格

- **認定カウンセラー** 日本カウンセリング学会 ☎03-3942-6833
- **臨床発達心理士** 臨床発達心理士認定運営機構事務局 fax：03-5348-5903
- **学校心理士** 学校心理士認定運営機構事務局 ☎03-3818-1554
- **認定キャリア・カウンセラー** 日本キャリア教育学会 ☎06-6387-3696
- **音楽療法士** 日本音楽療法学会事務局 ☎03-5777-6220
- **自律訓練法認定士・認定医** 日本自律訓練学会事務局 ☎029-853-7517

心の専門家への道は狭き門。また、それのみで生計を立てることが困難な場合も多いことを頭に入れておきたい

# 宗教と心理学は底の部分でつながりがある

## 宗教と心理療法は似ている

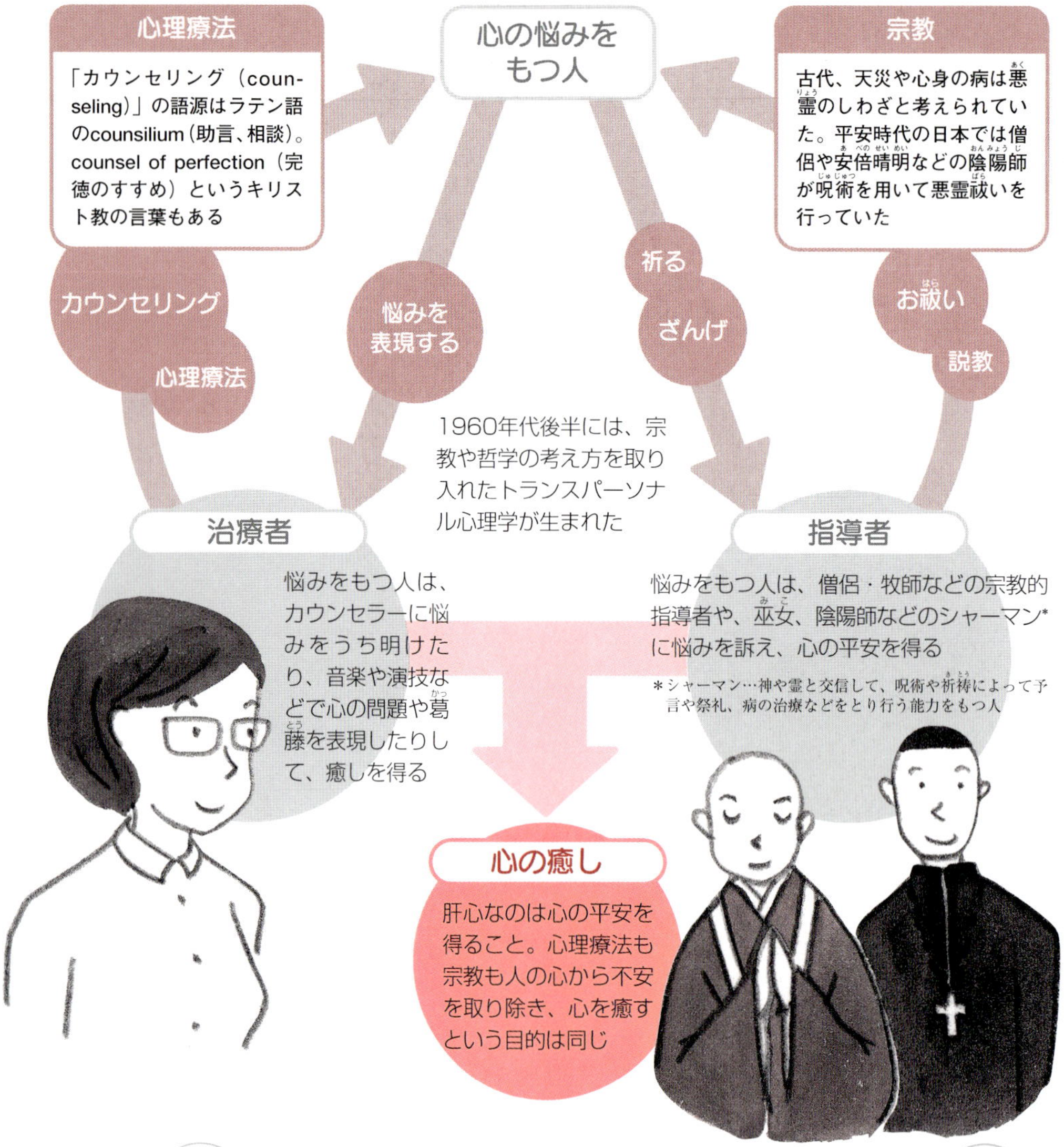
心理療法
「カウンセリング（coun-seling）」の語源はラテン語のcounsilium（助言、相談）。counsel of perfection（完徳のすすめ）というキリスト教の言葉もある
心の悩みをもつ人
宗教
古代、天災や心身の病は悪《あく》霊《りょう》のしわざと考えられていた。平安時代の日本では僧侶や安《あ》倍《べの》晴《せい》明《めい》などの陰《おん》陽《みょう》師《じ》が呪《じゅ》術《じゅつ》を用いて悪霊祓《ばら》いを行っていた
カウンセリング
心理療法
悩みを表現する
祈る
さんげ
お祓《はら》い
説教
1960年代後半には、宗教や哲学の考え方を取り入れたトランスパーソナル心理学が生まれた
治療者
悩みをもつ人は、カウンセラーに悩みをうち明けたり、音楽や演技などで心の問題や葛《かっ》藤《とう》を表現したりして、癒しを得る
指導者
悩みをもつ人は、僧侶・牧師などの宗教的指導者や、巫《み》女《こ》、陰陽師などのシャーマン*に悩みを訴え、心の平安を得る
＊シャーマン…神や霊と交信して、呪術や祈《き》祷《とう》によって予言や祭礼、病の治療などをとり行う能力をもつ人
心の癒し
肝心なのは心の平安を得ること。心理療法も宗教も人の心から不安を取り除き、心を癒すという目的は同じ

### 今も昔も人は癒《いや》しを求めている

心理学や心理療法が生まれるずっと前から、人の心を癒してきたのは宗教です。アニミズム、シャーマニズムなどの古代宗教、3大宗教、多くの新興宗教など、世界に数限りない宗教があるのは、太古の昔から人は不安を抱え、心の安定を求めていたことの証《あかし》でしょう。

信仰を強迫神経症のようなものととらえたフロイトをはじめ、近代の心理学者たちは、「科学」である心理学から非科学的な宗教的側面を切り捨ててきました。しかし心理療法の研究が進むにつれ、人の心は科学で癒せる場合ばかりではないこともわかってきました。現代では宗教のもつ力が再認識され、宗教的な考え方を取り入れている心理療法も多くあります。

### 心理学の底に横たわる宗教の流れ

ユングは古代宗教や東洋思想と心理学を結びつけ、マンダラも制作しました。また、カウン

## 人が宗教を求める心理

自分を変えたい
魂を救いたい
スピリチュアルな世界に触れたい
不安を解消したい
人といっしょにいたい
願いをかなえたい
宗教
満足感
居場所
病や苦しみの意味づけ
安心感
絶対的な存在を信じ、それをよりどころにすることで、人は不安から逃れ、自身を少しでも安定させることができる
医師や科学の説明では納得できない場合に、指導者などから宗教的な意味づけを与えられることによって自分の生きる意味を見いだせる場合もある
宗教集団に帰属することで親和欲求・所属欲求が満たされ、集団に同調することでカタルシスが得られる。また、信仰をともにする集団の中で悩みを打ち明けあうことは、集団療法に近い効果をもつ

セリングの始祖ロジャーズの示す3つの条件（→P116）は、キリスト教の教義のようです。欲求の発達階層説で知られるマズロー（→P41）は、宗教の場でよく起こる神秘的体験（至高体験）は自己実現に深く関係すると唱え、これがトランスパーソナル心理学に発展しました。

日本でも心理療法は宗教と深いかかわりがあります。内観療法は浄土真宗の僧侶《そうりょ》の吉本《よしもと》伊信《いしん》が考案したものですし、森田療法の「あるがまま」の考え方は禅宗のそれとよく似ています。

Column

### マインド・コントロール

「マインド・コントロール」とは、人に暗示をかけ、価値観を植えつけることです。それまでの価値観や信念のみならず、無意識まで変化させます。道徳教育も広い意味ではマインド・コントロールの1つですが、なかには一部の新興宗教で行われたように、教祖の言葉や思想を無条件に受け入れることで犯罪に結びつくものもあります。

マインド・コントロールでは、①眠らせない　②自由時間を与えない　③飢餓《きが》状態　④外部刺激の遮断《しゃだん》　⑤薬物使用　⑥同調する集団心理を利用　などのテクニックを駆使《くし》します。そのうえで単純なメッセージをくり返したり、判断停止状態に陥らせて教祖に依存させたりするのです。

ブレイク

# ちょっと困った社会の心理

世の中には、社会の不安をあらわすような犯罪一歩手前の現象や、人の心理につけこんだ犯罪がゴロゴロしています。
あなたもいつ被害者になるかわかりません。
また、ふとしたことから、だれかのあとをつけたりゴミ屋敷に住んだりする人になってしまう可能性もゼロではありません。問題行動をしてしまう人の心理や、社会現象の裏にかくれた心理を、ちょっと分析してみましょう。

## ストーカー

ストーカーには2種類ある。1つはエロトマニア（被愛《ひあい》妄想《もうそう》）からのもの。相手は自分を愛しているが、恥ずかしくて表現できないのだ、など、根拠のない妄想をもち、つきまとう。無条件に愛されたいという願望が背景とされる。

もう1つは、無視した、気をもたせておいて自分をふった、などの勘違いから、復讐《ふくしゅう》や報復行為として行うもの。この場合は、無言電話やわいせつメールなどのいやがらせ行為によって、相手がおびえたり困ったりすることに快感をおぼえるため、サディズム的心理とも関係している。

いずれにせよ、ストーカー行為は犯罪であり、相手の心を傷つける許されない行為である。

## 援助交際

少女と男性との間の売春・買春行為。「エンコー」「サポ（サポートの略）」とも呼ばれる。携帯から手軽に出会い系サイトにアクセスできることも手伝って広がった。

標準的な家庭で育った少女が、洋服やバッグを買う小遣いほしさから行う場合が多いが、親との愛情関係や信頼関係が不充分で、自分への自信のなさ、存在の不安定さなどが背景にあると考えられている。援助交際を行う少女たちは、寂しさや不安をかくし、ブランド品によって自信をもったり自分の価値を高めたりしようとしているといわれる。

男性のほうには、ロリコン嗜好《しこう》、弱者を思いどおりにしたい、楽に性欲を解消したいなどの心理が指摘されている。

## ゴミ屋敷

ゴミ屋敷に住む人は、１人暮らしの場合が多い。同居家族に注意されないためでもあるが、ゴミを積みあげることで、寂しい心のすき間をうめているのだという指摘がある。配偶者の死やリストラなどがきっかけで抑《よく》うつ状態となり、家がゴミ屋敷化することもある。

ゴミを集める人は自分なりの理屈をもっているが、この理屈も孤独な自我を守るためのもの。周辺住民にけむたがられてさらに孤独感や寂しさを強め、ますますゴミを集めるようになる、という悪循環に陥っていく場合が多い。

極端な騒音を立てて訴えられるような人にも、同じ心理が潜《ひそ》んでいると考えられる。

## ネット掲示板

1990年代後半から、インターネット上の掲示板は、自由な議論や情報交換の場として発展してきた。しかし、一方で中傷や誤った情報が１人歩きし、「祭り」といわれるような個人攻撃が起こりやすいことが問題となっている。

不特定多数の人が参加するネット掲示板では、安易に人に同調する集団思考や、デマ・流言《りゅうげん》の広まる群衆心理が生まれやすい状態がつくりだされる（→P97）。心理学者ジンバルドーは、没個性化された状況では人は冷酷《れいこく》になりがちなことを実験で証明したが、匿名《とくめい》性が高く、別人格を装うことも可能なネット掲示板では、これと同じように、人がより攻撃的になってしまうのである。

## 振りこめ詐欺

オレオレ詐欺《さぎ》などの振りこめ詐欺は、だれにもある不安に弱い心理、権威を信用しやすい心理を利用したもの。

電話を受けた人は、警官や裁判所を演じる詐欺師に、「事故」「逮捕」「借金の保証人」などのショッキングな言葉をならべられると、信じる信じないにかかわらず、心拍数の上昇や発汗が起こり、不安になる。人は不安になると、安心させてくれるものにすがろうとするので、銀行の閉店間際などの時間的余裕がなく冷静な判断のできない状態で「お金を振りこむことが唯一の解決方法」だと信じこまされると、最初はウソだと思っていても、つい振りこんでしまうようなことが起きるのである。

# 心理学用語の基礎知識

## あ行

**愛着《あいちゃく》** P66、94
乳児が母親などとの間に心理的、身体的密着によって結ぶきずなで、「アタッチメント」ともいう。愛着によって、子はコア・アイデンティティ（自己の核）を形成する。

**アイデンティティ** P65、69、70
「自我同一性」のこと。自分が何者かという問いに対する自分なりの答え。この答えがわからない状態を「同一性拡散」という。

**アダルトチルドレン**
アルコール依存症などの家庭内の問題のため、トラウマや家庭に対する不信感を抱えたまま成長した大人のこと。

**依存(症)** P112
ある刺激を絶えず求める状態。「嗜癖《しへき》」「アディクション」ともいう。

**エディプス・コンプレックス** P3、55、95
男根期（3～6歳）に生じる、異性の親を求め、同性の親を憎む気もち。

**エロスとタナトス**
性の本能や自己保存の本能などの生の本能と、自己破壊につき進む死の本能。フロイトによって提唱された。

**オペラント条件づけ** P36
偶然行われた行動に報酬《ほうしゅう》を与えて強化することで、自発的な行動を身につけさせること。提唱者のスキナーが、レバーを押すと餌《えさ》が出る装置（スキナー箱）を用いたことから「道具的条件づけ」ともいう。

## か行

**カウンセリング** P117
もとは心理療法のうちのクライエント中心療法を指す言葉だが、一般には心の問題の相談や、解決のために援助することを指す。援助をする専門家を「カウンセラー」、相談に訪れる人を「クライエント（来談者）」という。

**カクテルパーティー効果** P28
複数の音声から目的の音声を聞き分ける情報処理能力。

**葛藤《かっとう》** P111、116など
2つ以上の同等の要求や衝動のうちから1つを選択できず、行動が決められない状態。「コンフリクト」ともいう。

**感覚貯蔵記憶** P32
知覚するまで感覚器官に貯蔵される一瞬の記憶。

**ギャング集団** P68
6～12歳ごろのギャング・エイジの子どもが形成する、閉鎖的で結束の強い集団。特に男児に多い。

**共依存** P112
他人との人間関係を自分の存在証明にするような依存関係。

**強化** P36、113
餌などの報酬を与えて、ある行動を出やすくすること。逆に、報酬を与えなかったり罰を与えたりして行動をやめるようしむけることは、行動の「消去」「弱化」という。

**共感覚** P31
ある刺激が、本来の感覚のほか、別の感覚も引き起こす現象。ある音に一定の色彩を感じる能力を「色聴」という。

**共感的理解** P116、118
カウンセラーがクライエントの内面世界を自分のもののように感じとること。

**群衆** P97、123
一時的な不特定多数の人の集まり。感情的で暗示にかかりやすい群衆心理から、流言《りゅうげん》・デマや暴動・パニックが生まれやすい。

**結晶性知能** P71
それまで蓄積された知識や経験から得られる知能。処理能力や記憶力が要求される知能は「流動性知能」という。

**元型** P56
ユングのいう普遍的無意識を構成する基本要素。ペルソナ、シャドウ、アニマ、アニムス、グレートマザー、オールドワイズマンなどがある。

**好意の返報性** P81、84、91

心理学にはたくさんの専門用語があります。ここでは、一部本文中で扱っていないものも含め、
ごく基本的な用語について簡単にまとめました。
この本の知識の整理として、これから心理学を学ぶ手がかりとして、役立ててください。

自分に好意を示す人のことは好きに、嫌悪を示す人のことは嫌いになる現象。

**向性説** ➡P45、56
心的エネルギーが外界に向かうか自分の内に向かうかによって、人格を内向と外向の類型に分ける考え方。

**行動** ➡P16など
心理学では、動作、感覚・知覚、言葉などを含む、人間の活動すべてを指す。

**古典的条件づけ** ➡P36
パブロフによって発見された条件づけ。条件刺激（ベルの音）とともに無条件刺激（餌）をくり返し与えると、条件刺激のみで反応（だ液）が生じること。「レスポンデント条件づけ」「条件反射」ともいう。

**コンプレックス** ➡P106
無意識の中にある複雑な心理状態。

## さ行

**錯覚《さっかく》** ➡P4、27、28
実際の事物と異なるように知覚すること。視覚の錯覚は「錯視《さくし》」という。

**サブリミナル効果** ➡P29
映画やテレビ・ラジオなどの放送の中で、通常の感覚ではとらえられない速度や音量のメッセージをくり返して潜在意識に働きかけること。

**残像** ➡P29
刺激が消えてもその刺激の影響が残ること。「残効」ともいう。

**ジェンダー** ➡P76
時代や文化の中で形成される、社会的な性。

**自己開示** ➡P81
自分の私的情報や感情を明かすこと。

**自己成就予言** ➡P49、84
周囲が期待する人物像に自分を近づけていく現象。周囲の期待に応じた効果があらわれることは「ピグマリオン効果」という。

**自己親密行動** ➡P42、62
自分に触れて安心を得る行動。

**自己呈示《ていじ》** ➡P80
自分に都合のよい情報を取捨選択して呈示し、印象を操作すること。

**自己認知** ➡P67
自分の存在や名前を認識すること。

**集団** ➡P96
共通の目的をもち、互いに依存する関係を継続する人の集まり。

**集団思考** ➡P97、123
集団の結束を重視し、集団の能力を過信することで、個人が冷静な判断力を失い、不敗幻想《ふはいげんそう》や全員一致の幻想が生まれ、愚かな決定を下しがちになる思考の傾向。

**熟知性の原則** ➡P81、90、93、98
接触回数に比例して、無意識のうちにそれに対する好感度が高まる現象。「単純接触効果」ともいう。

**生涯発達** ➡P64
受胎《じゅたい》から死までの心身の変化を「発達」ととらえる考え方。

**情動** ➡P25、38
筋肉の緊張や心拍上昇などの生理的変化をともなう激しい心の動き。

**初頭効果《しょとうこうか》** ➡P80
最初に提示された情報が評価を規定すること。あとに提示された情報が評価に影響することは「親近効果」という。

**ジョハリの窓** ➡P50
自分や他者が、未知か既知かによって、4つの部分に分けた、人の心のモデル。

**シンクロニー** ➡P84
互いの動作がしぜんに一致する現象。

**心身二元論** ➡P18
肉体が死んでも霊魂は存在し、心と体は別だとする考え方。心と体は一体だとする考え方は「心身一元論」という。

**深層心理学**
無意識での心の働きを研究する心理学。発達心理学、社会心理学などの、通常の心理学の領域とは、質の異なる名称。（➡P54～59）

**親和欲求** ➡P90、121
他者といっしょにいたいと願う欲求。

**スキーマ**
人がそれまでの経験で得た知識や情報

の集合体のこと。人はこれにもとづいて情報を選択したり理解したりする。

**ストレス** →P92、108
外界の刺激（ストレッサー）や、ストレッサーに対して起きる心身の反応。

**斉一性《せいいつせい》の圧力** →P96
集団を維持するための圧力。

**精神分析学**
無意識を中心とする精神構造を分析する学問。フロイトによって創始された。心は本能的なエス（イド）、自我、道徳的な超自我（スーパーエゴ）で構成されていると考える。（→P54）

**前意識** →P54
ふだんは無意識に属しているが、比較的簡単に意識化できる部分。

**ソーシャルスキル**
社会生活における人間関係の技術。

## た行

**タイプA** →P22
狭心症《きょうしんしょう》や心筋梗塞《しんきんこうそく》などの虚血性心疾患にかかりやすい人の性格の傾向や行動パターン。①せっかち、②精力的、③競争心が強く攻撃的、④仕事中心で目標達成意識が高い、など。

**短期記憶** →P32
時間の経過とともに忘却される一時的な記憶。

**知覚** →P26、28、32
感覚情報を認識する働き。知覚情報に記憶や推論を加えた働きのことは「認知」という。

**知能指数（IQ）** →P74
年齢に応じた発達の程度を示す指数。精神年齢と実際の年齢から算出する。

**中年期クライシス** →P70
成人後期（中年期）の身体的、精神的変化による精神の危機。

**長期記憶** →P33
知識として蓄積される永続的な記憶。言葉や画像の宣言的記憶と、運動や技能などの手続き的記憶がある。

**転移**
クライエントと重要人物との関係が、クライエントと治療者との関係に置きかえられること。

**動機づけ** →P37
人に行動を起こさせたり持続させたりするもの。好奇心や興味から生じる「内発的動機づけ」と、賞罰や競争などによる「外発的動機づけ」がある。

**同調行動** →P85、96
集団から逸脱しないよう、意見や思考様式を周囲に合わせる行動。

**特性論** →P45、50
人の性格は、特性（人の行動の一貫した傾向）の組み合わせで構成されるとする理論。

**トラウマ** →P95、100、107、111
「心的外傷」のこと。心理的に深く傷を残すようなショッキングな体験。

## な行

**ネグレクト** →P95
「育児放棄」のこと。親などの養育者が、衣食住や医療などのケアや子どもの保護などの義務を怠ること。

**ノン・バーバル・コミュニケーション**
表情やしぐさなどの非言語コミュニケーションのこと。

## は行

**パーソナル・スペース** →P82
他人の侵入を拒む個人のなわばり。性別や人間関係によって距離が異なる。

**発達課題** →P65
人生の各発達段階で達成すべき課題。

**ハロー効果** →P80、85、90
ある1つの特徴がその人全体の印象を高めたり悪化させたりすること。「光背効果」「後光効果」ともいう。

**PM理論** →P86
目標達成と集団維持の能力の高低でリーダーシップ機能をとらえる考え方。

**フット・イン・ザ・ドア・テクニック** →P85
小さい要求をしてから本題を切りだす

こと。無理な要求をしてから本題を切りだすことは「ドア・イン・ザ・フェイス・テクニック」という。

**部分強化** P113
報酬《ほうしゅう》をときどき与えることによる強化。行動がより強く促進される。

**普遍的無意識** P56
個人の心の奥底にある、人類共通のイメージや記憶。「集合的無意識」ともいう。ユングによって提唱された。

**平行遊び** P67
個人個人が別々に行う遊び。通常、子どもの遊び方は、こののち玩具の受け渡しなどがある「連合遊び」、共通のイメージと目的をもつ「協同遊び」へと発達していく。

**防衛《ぼうえい》機制** P40、54、110
心の危険から自我を守り精神的な安定を保つため、無意識に行われる心理的作用。抑圧、昇華、退行などがある。

**傍観《ぼうかん》者効果** P96
その場にいる人数が多いほど、援助行動が行われにくくなること。

**ボッサードの法則** P90
互いの居住する場所が遠ければ遠いほど結婚の可能性が低くなる現象。

## ま行

**マインド・コントロール** P121
暗示をかけることによって人に価値観や信念を植えつけること。

**マッチング・セオリー** P90
人は、現実のパートナーには無意識に外見的につりあう人を選ぶという理論。

**無意識** P54、56など
日常そのままの形では意識化されない心の領域。「無意識に〜」は、意識しないで行うこと。

**モデリング** P37
周囲の人の言動を観察して知識を身につけること。「観察学習」ともいう。

**モラトリアム** P69
社会人としての義務や責任を猶予《ゆうよ》される青年期の期間。

## や行

**ヤマアラシ・ジレンマ** P83
他者との適切な距離感がつかめず、人間関係に悩んでいる状況。

**欲求** P40
行動の要因となる、不足を満たそうとする思い。基本的欲求と成長欲求とがある。欲求が満たされず、心理的、生理的な緊張が高まると、「欲求不満（フラストレーション）」状態になる。

## ら行

**ランチョン・テクニック** P87
食事をともにして、物事を有利にすすめること。

**リスキー・シフト** P97
集団意思決定が利益も危険も高い方向にふれること。より慎重な方向に傾くことは「コーシャス・シフト」という。

**リハーサル** P32、35
頭の中で情報を何度も反復すること。

**リビドー** P55、56
人が生まれながらにもっている本能的な心のエネルギー。フロイトはリビドーを「性的欲動」だとし、リビドーの発達理論を唱えた。

**臨床** P118など
実際の診察や治療のこと。

**類型論** P45
人の性格を全体としてとらえ、いくつかの類型（タイプ）に分類する考え方。

**レミニッセンス**
学習した直後よりも、時間が経過したほうが再現できる情報量が多くなる現象。そのため、学習後の睡眠や休憩が有効とされる。

**レム睡眠** P58
レム（急速な眼球運動）をともなう睡眠のこと。筋肉は弛緩《しかん》するが脳が覚醒《かくせい》していて、夢をみている場合が多い。

**ロミオとジュリエット効果** P91
障害が大きいほど執着心が高まること。

■監修者略歴

**渋谷昌三（しぶや しょうぞう）**

1946年、神奈川県生まれ。学習院大学文学部卒業、東京都立大学大学院博士課程修了、文学博士。山梨医科大学教授を経て、現在、目白大学社会学部・大学院心理学研究科教授。専門は空間行動学。著書には『上司が読む心理学』（日本経済新聞社）、『なぜ、この人に部下が従うのか』（東洋経済新報社）、『手にとるように心理学がわかる本』（かんき出版）、『心をつかむ心理学』（三笠書房）、『人はなぜウソをつくのか』（河出書房新社）など多数ある。

■参考文献

『心とは何か』（宮城音弥／岩波書店）、『エッセンシャル心理学』（藤永保他／ミネルヴァ書房）、『心理学がわかる事典』（南博編著／日本実業出版社）、『心理学キーワード』（田島信元編／有斐閣）、『心理学基礎事典』（至文堂）、『続 名画を見る眼』（高階秀爾／岩波書店）、『色彩の心理学』（金子隆芳／岩波書店）、『色の雑学事典』（岩本知莎土／日本実業出版社）、『色の心理学をかしこく活かす方法』（重田紬美子／河出書房新社）、『心理学がわかる。』『新版心理学がわかる。』（朝日新聞社）、『ここまでわかった脳と心』（大島清監修／集英社）、『記憶力をつける』（山下富美代／日本経済新聞社）、『脳を鍛える！』（シンシア-グリーン著・手塚勲訳／山と渓谷社）、『行動分析学入門』（杉山尚子／集英社）、『家族関係の心理』（依田明／有斐閣）、『きょうだいの研究』（依田明／大日本図書）、『血液型ズバリわかる人間学』（能見正比古他／青春出版社）、『血液型性格研究入門』（白佐俊憲他／川島書店）、『フロイト―無意識の扉を開く』（ピエール-ババン著・小此木啓吾監修／創元社）、『無意識の世界 上』（鈴木晶／日本放送出版協会）、『ユング―自己実現と救いの心理学』（林道義／河出書房新社）、『発達心理学への招待』（柏木恵子他／ミネルヴァ書房）、『社会心理学キーワード』（山岸俊男編／有斐閣）、『恋ごころの科学』（松井豊／サイエンス社）、『結婚の心理』（國分康孝／三笠書房）、『はじめて学ぶ人の臨床心理学』（杉原一昭監修／中央法規）、『図解雑学　深層心理』（渋谷昌三／ナツメ社）、『３秒で「他人が読める」心理学』（渋谷昌三／新講社）、『すぐに使える！心理学』（渋谷昌三／ＰＨＰ研究所）、『よくわかる心理学』『よくわかる深層心理』（渋谷昌三監修／西東社）、『手にとるように心理学がわかる本』（渋谷昌三他／かんき出版）、『上司が読む心理学』（渋谷昌三／日本経済新聞社）

■イラスト　松本剛　丸山裕子
■校正　小村京子
■デザイン　ライムライト（酒井一恵　高木菜穂子）
■編集協力　オフィス201　安原里佳
■編集担当　澤幡明子（ナツメ出版企画）



**見てわかる心理学**

2007年4月10日　初版発行

監修者　渋谷昌三
発行者　田村正隆
発行所　株式会社ナツメ社
東京都千代田区神田神保町1-52　加州ビル2F（〒101-0051）
電話　03(3291)1257(代表)／FAX03(3291)5761
振替　00130-1-58661
制　作　ナツメ出版企画株式会社
東京都千代田区神田神保町1-52　加州ビル3F（〒101-0051）
電話　03(3295)3921(代表)
印刷所　ラン印刷社

ISBN978-4-8163-4290-5　Printed in Japan